高等院校经济管理类专业应用型系列教材

股票投资
理论与实务

林 峰 主编

清华大学出版社
北 京

内 容 简 介

当前,中国股民数量已经超过 2.2 亿人,而"股市有风险,入市需谨慎"已被大众所熟知,这意味着投资者教育必不可少,本书正是为此而编写。本书不但介绍了股票投资的基础理论和基础知识,如股票与股份及其关系,股票与其他投资工具的差异,投资与投机的关系,股票的价值、价格、价格指数,以及股票的基本分析、技术分析、风险与收益,还介绍了股票投资的原则与方法。本书通过典型案例,引导投资者完成对实战经验的观摩和思考,籍以获得相对理性的认知,并在未来的投资活动中保持平常心,控制节奏、扩大收益、缩小亏损。

本书不仅适用于高校财经类专业的教学,也适用于股票投资者的培训和自学。

图书在版编目(CIP)数据

股票投资理论与实务 / 林峰主编. -- 北京:清华大学出版社,
2025.2. --(高等院校经济管理类专业应用型系列教材).
ISBN-978-7-302-68244-8

Ⅰ.F830.91

中国国家版本馆 CIP 数据核字第 2025GB9922 号

责任编辑:左卫霞
封面设计:傅瑞学
责任校对:刘 静
责任印制:沈 露

出版发行:清华大学出版社
　　　　网　　　址:https://www.tup.com.cn,https://www.wqxuetang.com
　　　　地　　　址:北京清华大学学研大厦 A 座　　　　邮　　编:100084
　　　　社 总 机:010-83470000　　　　　　　　　　　邮　　购:010-62786544
　　　　投稿与读者服务:010-62776969,c-service@tup.tsinghua.edu.cn
　　　　质量反馈:010-62772015,zhiliang@tup.tsinghua.edu.cn
　　　　课件下载:https://www.tup.com.cn,010-83470410
印 装 者:北京联兴盛业印刷股份有限公司
经　　销:全国新华书店
开　　本:185mm×260mm　　　　印　　张:14.25　　　　字　　数:346 千字
版　　次:2025 年 2 月第 1 版　　　　　　　　　　　印　　次:2025 年 2 月第 1 次印刷
定　　价:49.00 元

产品编号:106893-01

前言
Preface

当前,面对复杂严峻的国际形势及其导致的巨大风险与挑战,中国资本市场的稳定和繁荣显得尤为重要。党的二十大报告指出,"健全资本市场功能,提高直接融资比重",为进一步深化中国 A 股市场的高质量发展指明了方向。

中国股票市场自 1990 年恢复设立以来,发挥了重要的投资、融资功能,成为中国乃至世界金融市场的重要组成部分。截至 2024 年年底,中国沪、深、京三市上市公司总数已超过 5 400 家;中国 A 股市值和资本市场总体规模均稳居世界第二,仅次于美国;上海证券交易所和深圳证券交易所双双稳居世界前十交易所;A、B 股投资者总数超过 2.21 亿人,其中,自然人投资者占比为 99.76%。这意味着中国的投资者教育工作任重道远。

为了追踪不断更新的股票投资理论,进而满足投资者实训的需要,也为了满足高等院校经管类以及其他相关专业学生日常学习的需要,编者根据股票投资理论及实战研究的不断深化,总结在山东青年政治学院 18 年来的教学实践,在保证知识体系完整性和典型案例新颖性的同时,增加了专业内容的实战性,重新梳理了股票投资学习的逻辑顺序,编写了本书。

全书共七章,第一章是股票投资基础,特别介绍了股票与股份的关系、股票与其他投资工具的差异、投资与投机的关系;第二章介绍了股票的价值、价格以及价格指数;第三章介绍了股票发行市场、交易市场及其监管;第四章是基本分析,包括宏观经济分析、中观分析和微观分析,特别介绍了信息的内涵与获取途径、股票投资主体的市场分析等;第五章是技术分析,介绍了技术分析的基本假设和构成要素、道氏理论、K 线理论、切线理论、形态理论、波浪理论、技术指标,以及对应的实战技巧;第六章是风险与收益,介绍了股票投资的风险、风险的分类、风险分析的方法、风险管控的逻辑原则和措施,股票投资的货币性收益和权益性收益;第七章介绍了股票投资的原则与方法。

为了方便广大社会投资者和在校生学习,本书在每章之初列明了需要达到的知识目标和能力目标,以便明确学习方向;在每章之后提供了拓展阅读资料,以便扩大视野、增长见识,如国内外股市经典影视作品、股市术语、巴菲特的投资哲学、A 股庄家简史、股票投资八大策略等。

鉴于中国股市发展的独特之处,许多西方投资理论的适用性存在较大争议,这需要我们在教学和投资操作实践中不断摸索、验证、总结和提升,逐步找到适合中国投资者的股票理论、投资逻辑及实战技能。

  本书在编写过程中，编者借鉴、参考了国内外大量的研究文献和资料，在此一并向著作者表示衷心的感谢。

  书中不足之处恳请各界同仁不吝指教。

林 峰

2024 年 12 月

目录 Contents

第一章 股票投资基础

知识目标

基本概念：股票、股份、绩优股、垃圾股、蓝筹股、红筹股、成长股、周期股、防守股、投机股、收入股、概念股、投资、投机、股票投资、股票投机。

基本理论：股票的性质；股票的特征；优先股的主要特征；股份的特性；股票投资与储蓄投资的区别、股票投资与债券投资的区别。

能力目标

1. 系统认识股票的性质、特征、种类、作用。
2. 正确认识 ST 与 * ST 的特性及投资价值。
3. 清楚股票投资与储蓄、债券、证券投资基金的区别。
4. 辩证认识股票投资与股票投机。

第一节 股　　票

一、股票的定义

股票(stock)是股份证书的简称，是股份公司为筹集资金而发行给投资者作为其持股的凭证，用以证明持有者的股东身份，并籍此取得股息、红利以及其他财产权益的一种有价证券。

股票一经发行，登记的持有者即成为股东。股票可以证明股东在该公司的地位和权利，以及承担的责任与风险。

二、股票的性质

股票是一种有价证券、要式证券、证权证券、资本证券和综合权力证券。

（一）股票是一种有价证券

有价证券是财产价值和财产权利的统一表现形式。持有有价证券一方面表示拥有一定价值量的财产，另一方面也表明有价证券持有人可以行使该证券所代表的权利。股票是有价证券的一种，原因如下。

（1）虽然股票本身没有价值，但其包含着股东要求股份公司按规定分配股息和红利的请求权，同时代表着拥有股份公司一定价值量的资产。

（2）股票与其代表的股东权利有着不可分离的关系，两者合为一体。换言之，股东权利的转让应与股票的转移同时进行，不能只转移股票而保持原来的股东权利，也不能只转让股东权利而不转移股票。

（二）股票是一种要式证券

股票应记载一定的事项，其内容应全面真实，这些事项往往通过法律形式加以规定。在我国，股票应具备《中华人民共和国公司法》（后简称《公司法》）规定的有关内容；如果缺少规定的要件，股票就无法律效力。而且，股票的制作和发行必须经过证券主管机关的审核和批准，任何个人或者团体不得擅自印制和发行股票。

（三）股票是一种证权证券

证券可以分为设权证券和证权证券。设权证券是指证券所代表的权利本来不存在，而是随着证券的制作而产生，即权利的发生是以证券的制作和存在为条件的。而证权证券是指证券是权利的一种物化的外在形式，它是权利的载体，权利是已经存在的。股票代表的是股东权利，它的发行是以股份的存在为条件的。股票只是把已存在的股东权利表现为证券的形式，它的作用不是创造股东的权利，而是证明股东的权利。股东权利不随股票的损毁、遗失而消失，股东可以依照法定程序要求公司补发新的股票。所以说，股票是证权证券。

（四）股票是一种资本证券

股份公司发行股票是一种吸引认购者投资以筹措公司自有资本的手段。对于认购股票的人来说，购买股票就是一种投资行为。因此，股票是投入股份公司的资本份额的证券化，属于资本证券。但是，股票又不是一种现实的财富。股份公司通过发行股票筹措的资金，是公司用于营运的真实资本。而股票独立于真实资本之外，只是凭借着它所代表的资本额和股东权益在股票市场上进行着独立的价值运动，是一种虚拟资本。

（五）股票是一种综合权利证券

股票既不属于物权证券，也不属于债权证券，而是一种综合权利证券。物权证券是指证券持有者对公司的财产有直接支配处理权的证券。债权证券是指证券持有者为公司债权人的证券。而股票持有者作为股份公司的股东，享有独立的股东权利。股东权利是一种综合权利，包括出席股东大会、投票表决、分配股息红利等，但对于公司的财产不能直接支配处理。可对财产进行直接支配处理是物权证券的特征，所以股票不是物权证券。另外，一旦投资者购买了公司股票，他即成为公司部分财产的所有人，但该所有人在性质上是公司内部的构成分子,而不是与公司对立的债权人,所以股票也不是债权证券。

三、股票的特征

股票具有如下特征。

（一）价格上的波动性

股票在交易市场上作为交易的对象,同普通商品一样,有自己的市场行情和市场价格,股票交易价格经常处于波动之中。影响股价波动的因素有很多,如公司经营状况、供求关系、银行利率、大众心理、突发事件等。而正因为有价格的波动,才有逐利者的参与,才有活跃的市场交易。

（二）收益的风险性

风险性即不确定性,这种不确定性有两个层面,一是股票的股息或者红利是不确定的,二是股票价格的波动是不确定的。这种不确定性有可能使股票投资者无法获得预期收益,进而遭受损失。价格波动的不确定性越大,投资风险也越大。因此,股票投资是一种高风险的金融投资。股票持有者能否获得预期收入,不但要看公司本身的经营情况,而且还要看股票交易市场上的行情,甚至还会受国内国际重大事件的影响,这些因素都是不确定的,变化极大。因此,股票持有者必须准备承担风险。

（三）操作上的投机性

股票价格的波动性会导致收益的风险性,使股票操作具有极大的投机性。股票的风险性越大,市场价格越波动,就越有利于投机。投机虽然有破坏性,但也加快了资本流动,加速了资本集中,活跃了资本市场。

（四）期限上的永久性

期限上的永久性也称不可返还性、不可偿还性。股票是一种无偿还期限的法律凭证。投资者认购股票后,即成为股东,不能向发行人要求退股,只能到二级市场转让给其他投资者。股票的转让,只意味着该股份有限公司股东的变更,但并不变更公司资本额。

从期限上看,只要该公司存在,它所发行的股票就存在,股票的期限等于公司存续的期限。股份公司在破产、清偿、被收购或因故解散的情况下,依相关法定程序宣布结束,但这不是股份到期。

（五）责任上的有限性

对于股份有限责任公司而言,股份有限公司的股东以其认购的股份为限对公司承担责任。根据《公司法》,有限责任公司的"有限责任"是指股东责任的有限性,公司责任是无限的,公司以其全部财产对公司的债务承担责任。一旦公司破产倒闭,除了股东认购的股金外,股东对公司所欠的债务没有连带清偿责任。

（六）流通性

股票的流通性是指股票在不同投资者之间的可交易性。股票具有不可偿还性,这意味着持有人不能从公司退股,但股票转让为其提供了变现的渠道。流通性通常以可流通的股票数量、股票成交量以及股价对交易量的敏感程度来衡量。可流通股数越多,成交量越大,价格对成交量越不敏感,股票的流通性就越好;反之,则越差。股票的流通,使投资者可以在市场上卖出所持有的股票,取得现金。股票的流通和股价的变动,有助于帮助投资者判断相关行业和上市公司的发展前景、盈利潜力。

（七）参与性

参与性是指股票持有人有权参与公司重大决策的特性。例如,股东有权出席股东大会,选举公司董事会,参与公司重大决策。股票持有者的投资意志和享有的经济利益,通常是通过行使股东参与权来实现的。股东参与公司重大决策权力的大小,通常取决于其持有股份数量的多少,如果某股东持有的股份数量达到决策所需要的有效多数时,就能够对公司的经营决策有实质性的影响。

（八）收益性

收益性是指股票的持有者可以据此获取收益的特性,是股票的最基本特征。持有股票的目的就是获取收益。股票的收益来源可分为两类:一类是来自股份公司派发的股息、红利,数量多少取决于股份公司的经营状况和盈利水平;另一类是来自股票流通带来的价差,这种价差收益称为"资本利得"。股票持有者可以持股票到依法设立的证券交易场所进行交易。当股票的市场价格高于买入价格时,卖出股票就可以赚取价差收益。

对于不同的股票投资者,其在投资收益上所注重的方面有所不同。根据股票收益的两个来源,大型投资者或者保守的投资人一般更加注重公司的盈利能力,购买股票主要是获取稳定的股息、红利等投资收益,只有在公司或者宏观经济出现恶化时才会进行减持。目前,以绝大多数散户为代表的个人或小机构投资者,则会以"资本利得"的差价收益为主。股票投资中,投资者要先确定自己的投资策略和风格,这样才能在投资过程中制订合理的投资计划。

四、股票的种类

依据不同的分类标准,常用的股票分类方式如下。

（一）按股东权力分类

股票按股东权力可分为普通股和优先股。

1. 普通股（common stock）

普通股是指在公司的经营管理、盈利、财产分配等方面享有普通权利的股份,或者说是享有普通权利、承担普通义务的股份,是公司股份的最基本形式。普通股的股东对公司的管理、收益享有平等权利,根据公司经营效益分红,风险较大。

普通权利代表满足所有债权偿付要求及优先股东的收益权与求偿权要求后对企业盈利和剩余财产的索取权,其剩余财产分配的次序排在最后。普通股是随着企业利润变动而变动的一种股份,其基本特点是其投资收益(股息和分红)不是在购买时约定,而是事后根据股票发行公司的经营业绩来确定。公司的经营业绩好,普通股的收益就高;反之,若经营业绩差,普通股的收益就低。普通股是股份公司资本构成中最重要、最常见、最基本的股份,亦是风险最大的一种股份,在上海、深圳和北京证券交易所进行交易的股票都是普通股。普通股股票持有者按其所持有股份比例享有以下四个基本权利。

1) 公司决策参与权

公司决策参与权也称为投票表决权。普通股的股东一般有出席股东会议权、表决权、选举权,可以选出公司的董事会或监事会,从而对公司的经营有一定的发言权。

普通股股东有权参加股东大会,体现其作为公司所有者的地位,并参与公司的经营决策。在股东大会上,普通股股东有权就公司的财务报表和经营状况进行审议,有权对公司的经营计划和经营决策发言、建议,有权选举董事和监事,有权对公司的财务预决算方案、利润分配方案、增资减资决议、合并与解散及修改公司章程等进行表决。股东若不参与股东大会,可以填写授权委托书,委托代理人行使其投票权。

一般情况下,公司决策实行"一股一票"原则,即股民在选举董事、监事或对公司重大决策实施投票时,每一股普通股票是平等的,持有同样股份的股东享有同样的权利,即"同股同权",股东之间的权利平等;对于重大人事、策略的变更,由票数多的股东说了算。一股一票是确保资本"民主化"、管理科学化的一个重要原则。因为上市公司的所有权属于大小股东,公司的专业管理人员仅仅是"高级打工人"。一股一票可以保障资本方的根本利益,实现对专业管理方的有效监控与制约。

"一股多票"的情况同样存在,即 AB 股制度。其指的是持有相同股份的股东享有的对公司事务的决策权、监督权或资产收益权是不同的。"同股不同权"的股权架构,在实践中主要有以下三种操作方式。

(1) 双重股权架构。双重股权架构即公司设置不同投票权架构,将公司股份划分为特别投票权股份与普通投票权股份。每份特别投票权股份享有若干票数的投票权,由管理层(创始人团队)持有;每份普通投票权股份享有一票投票权。两类股份仅投票权不同,分红权等其他权利相同。

双重股权架构充分体现了法律的人性特征。成长性企业在发展过程中,需要有大资金进来推动其跨越式发展。但资本是嗜血的,如何平衡看好企业未来发展的投资人与创始股东或管理股东之间的利益,是一个非常关键的问题。"同股不同权"的双重股权架构,刚好能满足这一要求。这种架构既有利于利用这一制度来进行股权融资,又能避免因股权过度稀释导致创始股东丧失公司控制权的情况发生,从而保障企业的长期、持续、稳定发展。

(2) 合伙人架构。合伙人架构是阿里巴巴首创的管理制度。这种制度的核心仍然是"同股不同权",但在具体操作层面形成了自己的特色。股东只要持有公司股份,就能保持股东身份。而阿里虽然要求合伙人必须持有公司的股份,但是合伙人要在 60 岁时退休或在离开阿里巴巴的同时退出合伙人(永久合伙人除外)。

阿里的合伙人身份不等同于公司董事。招股说明书显示,在阿里集团内部,董事会拥有极高的权力。阿里合伙人会议并没有取代董事会来管理公司,合伙人会议的主要权力是董事会成员候选人的提名权。也就是说，合伙人拥有人事控制权，而非公司运营的直接管理权。

阿里的合伙人不需要承担无限连带责任。合伙人的职责是体现和推广企业的使命、愿景和价值观等精神和身份层面的内容，没有具体的财产赔偿责任。

（3）优先股架构。优先股是指依照《公司法》，在一般规定的普通种类股份之外，另行规定的其他种类股份。优先股持有人可优先于普通股股东分配公司利润和剩余财产，但参与公司决策管理等权利受到限制。

2）利润分配权

利润分配权也称盈余分配权，普通股股东有权从公司净利润分配中得到股息、红利。普通股的股息是不固定的，由公司赢利状况及其分配政策决定。普通股股东必须在优先股股东取得固定股息之后，才有权享受股息分配权。

3）优先认股权

如果公司需要扩张而增发普通股股票时，现有普通股股东有权按其持股比例，以低于市价的某一特定价格，优先购买一定数量的新发行股票，从而保持其对企业所有权的原有比例。

4）剩余资产分配权

当公司破产或清算时，若公司的资产在偿还欠债后还有剩余，其剩余部分按先优先股股东、后普通股股东的顺序进行分配。

2. 优先股（preferred stock）

优先股是相对于普通股而言的，主要指在利润分红及剩余财产分配的权利方面，优先于普通股。

1）优先股的两种权利

（1）优先的盈余分配权。在公司分配盈利时，拥有优先股股票的股东比持有普通股股票的股东，分配在先，而且享受固定数额的股息。普通股的红利则不固定，视公司盈利情况而定，利多多分，利少少分，无利不分，上不封顶，下不保底。

（2）优先的破产清偿权。在公司解散、分配剩余财产时，优先股在普通股之前分配。

2）优先股的主要特征

（1）股息率预先设定。优先股通常预先定明股息收益率。由于优先股股息率事先固定，所以优先股的股息一般不会根据公司经营情况而增减，也不能参与公司的分红，但优先股可以先于普通股获得股息。对公司来说，由于股息固定，它不影响公司的利润分配。

（2）权利范围小。优先股股东一般没有选举权和被选举权，对股份公司的重大经营事项无投票权，但在某些情况下可以享有投票权。

（3）优先的盈余分配权与优先的剩余索偿权。优先股股东可对盈余分配提前设定，优先分配；破产清偿时，如果公司股东大会需要讨论与优先股有关的索偿权，优先股的索偿权先于普通股，而次于债权人。

3）优先股的种类

（1）累计优先股和非累计优先股股票。累计优先股是指将以往营业年度内未支付的股息累积起来，由以后营业年度的盈利一起支付的优先股股票。非累计优先股是按当年盈利分派股息，对累计下来的未足额的股息不予补付的优先股股票。

（2）参加分配优先股和不参加分配优先股。参加分配优先股是指那种不仅可以按规定分得当年的定额股息,而且还有权与普通股股东一起参加公司利润分配的优先股股票。不参加分配优先股是指只按规定股息率分取股息,不参加公司利润分配的优先股股票。

（3）可转换优先股和不可转换优先股。可转换优先股是持股人可以在特定条件下把优先股股票转换成普通股股票或公司债券的优先股股票。不可转换优先股是指不能变换成普通股股票或公司债券的优先股股票。

（4）可赎回优先股和不可赎回优先股。可赎回优先股是指股票发行公司可以按一定价格收回的优先股股票。不可赎回优先股是指股票发行公司无权从股票持有人手中赎回的优先股股票。

（5）股息可调换优先股和股息不可调换优先股。股息可调换优先股是指股息率可以调整的优先股股票。股息不可调换优先股就是股息率不能调整的优先股股票。

4）优先股的三种收回方式

（1）溢价收回方式。公司在赎回优先股时,虽是按事先规定的价格进行,但由于这往往给投资者带来不便,因而发行公司常在优先股面值上再加一笔"溢价"。

（2）偿债收回方式。公司在发行优先股时,从所获得的资金中提出一部分款项创立"偿债基金",专用于定期地赎回已发出的一部分优先股。

（3）可转换收回方式。优先股可按规定转换成普通股。虽然可转换的优先股本身构成优先股的一个种类,但在国外投资界,通常把它看成是一种实际上的收回优先股方式,只是这种收回的主动权在投资者而不在公司手中。对投资者来说,在普通股的市价上升时这样做是十分有利的。

5）中国的优先股制度

《优先股试点管理办法》（以下简称《办法》）于 2013 年 12 月 9 日经中国证券监督管理委员会第 16 次主席办公会议审议通过,2014 年 3 月 21 日由中国证券监督管理委员会令第 97 号公布。该《办法》分为总则、优先股股东权利的行使、上市公司发行优先股、非上市公众公司非公开发行优先股、交易转让及登记结算、信息披露、回购与并购重组、监管措施和法律责任、附则,共计 9 章 70 条,自公布之日起施行。

（二）按照上市地点分类

股票按发行对象的上市地点,可分为 A 股、B 股、H 股、N 股、S 股、L 股。

A 股,即人民币普通股。它是指我国境内公司发行的,供境内机构、组织和个人以人民币认购和交易的普通股票。

B 股,即人民币特种股票。它是以人民币标明面值,以外币认购和买卖,在境内（上海、深圳）证券交易所上市交易的股票,其中在上海证券交易所的使用美元交易,在深圳证券交易所的使用港元交易。B 股公司的注册地和上市地都在境内,参与投资者为外国人,中国港、澳、台居民,以及持有合法外汇存款的中国大陆居民。"B"仅仅是相对于"A"的区分,没有实际含义。

H 股,即注册地在内地、上市地在中国香港的外资股。"H"取自中国香港的英文"Hong Kong"的首字母,在香港上市的外资股就叫作 H 股。

N 股、S 股、L 股,分别指在纽约、新加坡和伦敦上市的股票。它们与 H 股均属于境外上市外资股,是股份有限公司向境外投资者募集资金并在境外上市的股票。这三种股票采取记名股票的形式,以人民币标明面值,以外币认购。一般来说,采取境外股票存托凭证或者股票的其他派生形式,要符合内外两地的上市条件。

(三) 按照投资主体分类

在我国,按照投资主体不同的性质,股票分为以下几类。

1. 国家股

国家股是指有权代表国家投资的部门或机构以国有资产向公司投资形成的股份,包括公司现有国有资产折算成的股份。

2. 法人股

法人股是指企业法人或具有法人资格的事业单位和社会团体以其依法可支配的资产投入公司形成的股份。

3. 社会公众股

社会公众股是指社会公众以其拥有的财产投入公司、可上市流通的股份。我国投资者通过股东账户在股票市场买卖的股票都是社会公众股。

4. 外资股

外资股是指股份公司向外国投资者和我国港、澳、台地区投资者发行的股票。按照上市区域的不同,外资股可以分为境内上市外资股和境外上市外资股。

(四) 按照风险分类

普通股的投资风险较大,其预期收益率高。根据其风险特征,普通股可分为以下几类。

1. 绩优股(blue chip stock)

在中国,投资者衡量绩优股的主要指标是每股税后利润和净资产收益率。一般而言,每股税后利润在全体上市公司中排在中上游,公司上市后净资产收益率连续三年显著超过10%的股票,当属绩优股之列。

在国外,绩优股主要是指业绩优良且比较稳定的大公司股票。这些大公司经过长时间的努力,在行业内达到了较高的市场占有率,形成了经营规模优势,利润稳步增长,市场知名度很高。

绩优股具有较高的投资回报和投资价值,其公司通常拥有资金、市场、信誉等方面的优势,对各种市场变化具有较强的承受能力和适应能力。绩优股的股价一般相对稳定,且呈长期上升趋势。绩优股总是受到投资者,尤其是从事长期投资的稳健型投资者的青睐。

2. 垃圾股(garbage stock)

与绩优股相反,垃圾股是指业绩较差的公司的股票。这些公司或者行业前景不好,或者经营不善,有的甚至进入亏损行列。因此,公司股票在市场上的表现萎靡不振,股价走低,交投不活跃,年终分红也差。投资者在考虑选择这些股票时,要有比较高的风险意识,切忌盲目跟风投机。

绩优股和垃圾股不是天生的和绝对的。绩优股公司可能因为决策失误、经营不当等原因,使其股票沦为垃圾股;而垃圾股公司经过资产重组或通过提高经营管理水平、抓住市场热点等方式,打开市场局面,也有可能将其股票变为绩优股。这样的例子在我国股票市场上比比皆是。

股票市场中绩优股和垃圾股并存的格局警示着上市公司:上市并不意味着公司从此高枕无忧,股票市场容不得滥竽充数;是绩优股还是垃圾股,依赖于上市公司本身的努力。

3. 蓝筹股(blue-chip share)

蓝筹股是指经营业绩良好、运作稳定成熟、金融实力强大、能定期分派股利,并在某一行业中处于支配地位的大公司所发行的普通股。其红利稳定而优厚,股价呈上涨趋势,是一种热门股票,普遍受到投资者欢迎。

4. 红筹股(red chip)

红筹股是与蓝筹股相关的一个概念,在中国证券市场上有着特定的含义。它是指最大控股权直接或间接隶属于中国内地有关部门或国有企业,在中国香港注册并在香港联合交易所(简称联交所)上市的公司所发行的股票。它产生于20世纪90年代初期的香港股票市场。

红筹股的定义方法有两种:一种观点认为应按业务范围来区分,另一种观点认为应按权益多寡来划分。

5. 成长股(growth stock)

成长股是指发行该股票的公司正处于上升阶段,其销售额和收益额都在迅速增长,并且其增长速度快于整个国家及其所在行业的增长水平。

这些公司为了谋求进一步的发展,往往将公司净利润的大部分作为再投资,用于扩大再生产,因而通常对股东只支付较低的股息和红利。但是,由于公司再生产能力强,发展势头好,股市前景较好,股票价格稳步上升,投资者有望从中获取较高的收益。

6. 周期股(cyclical stock)

周期股是指那些收益随着经济周期或者商业周期波动而波动的公司所发行的股票。在经济繁荣景气时,公司利润上升,这类股票收益增加,股票价格也上升;在经济不景气时,则相反。钢铁、机器制造、建材等公司的股票通常属于周期股。

7. 防守股(defensive unit)

防守股是与周期股相对应的一种股票,指的是在经济条件或商业条件普遍恶化时,其收益和红利仍高于其他股票平均水平的股票。这类股票即便面对经济衰退的局面和恶化的经济条件,其收益仍具有稳定性。公共事业、医药用品、水电、煤气行业、交通等公司发行的股票通常属于防守股。

8. 投机股(speculative stock)

投机股是指那些变化快、价格很不稳定、前景很不确定的股票。这类股票价格波动频繁,风险性很大,投机性很强。但是,由于其在短期内价格上涨和下跌幅度很大,往往能够吸引一些专门从事证券投机的人或敢于冒险的股票投机者。

9. 收入股(income share)

收入股是指能够支付较高水平当期收益的股票,或指保持较高水平稳定分红派息的股票。所谓平均当期收益,是指每期股息红利的平均值。在众多的股票中选择收入股是十分困难的,因为这里面带有很大的不确定性。收入股深受老年人、退休者以及一些法人团体的欢迎。

10. 概念股(concept stock)

概念股是指适合某一时代潮流的公司所发行的,股价随市场热点变换而呈较大起伏的普通股。

（五）需要特别处理的股票

除了常规股票外，还有一些需要特别处理的股票，其可分为 ST 股票和＊ST 股票。

1. ST 股票

ST 是英文 Special Treatment 的缩写。股票名称前有"ST"字样的股票，通常称为 ST 股票，即需做特别处理的股票。1998 年 4 月 22 日，沪深交易所宣布，将对财务状况或其他状况出现异常的上市公司股票交易进行特别处理，因此这类股票称为 ST 股。如果公司出现如表 1-1 所示的六种异常财务状况之一，则其股票就要被戴上 ST 的"帽子"。

表 1-1　ST 股票异常财务条件一览

序号	异常财务条件
1	审计结果显示，连续两个会计年度的净利润均为负值
2	上市公司最近一个会计年度经审计的每股净资产低于股票面值
3	注册会计师对最近一个会计年度的财务报告，出具无法表示意见或否定意见的审计报告
4	最近一个会计年度经审计的股东权益，在扣除注册会计师及有关部门不予确认的部分后，低于注册资本
5	在最近一份经审计的财务报告中对上年度利润进行调整，结果导致连续两个会计年度亏损
6	经交易所或中国证券监督管理委员会（以下简称中国证监会）认定为财务状况异常的

在上市公司的股票交易被实行特别处理期间，其股票交易应遵循如下规则。

（1）股票报价日涨跌幅限制为 5％。

（2）股票名称改为原股票名前加"ST"。

（3）上市公司的中期报告必须审计。

（4）在显示行情时，不得将特别处理股票的每日行情与其他股票的每日行情混合刊登，而要在报刊上另设专栏刊登特别处理股票的每日行情。

由于对该股票实行日涨跌幅度限制为 5％，这在一定程度上抑制了"庄家"的刻意炒作。投资者对于特别处理的股票也要区别对待，具体问题具体分析。有些 ST 股主要是经营性亏损，那么在短期内很难通过加强管理扭亏为盈，有些 ST 股是由于特殊原因造成的亏损，或者有些 ST 股正在进行资产重组，这些股票往往潜力巨大。

在特别处理期间，公司的权利与义务不变，即特别处理不是对公司的处罚。证券交易所的职责是对上市公司信息披露的监管，而不是对上市公司经营业绩的考核。而特别处理的目的是向投资者提示风险，防止股价异常波动，维护市场交易秩序，保护投资者的权益。

上市公司最近年度财务状况恢复正常，审计结果表明财务状况异常的六种情况已经消除，并且主营业务正常运营，扣除非经营性损益后的净利润为正值条件的，公司应当自收到最近年度审计报告之日起的两个工作日内向交易所报告，并提交年度报告，同时可以向交易所申请撤销特别处理。

2. ＊ST 股票

2003 年开始，我国启用新标记"＊ST"警示退市风险。有如表 1-2 所示的六种情况之一者，为存在股票终止上市风险的公司。

表 1-2　＊ST 股异常情况一览

序号	异常情况
1	最近两年连续亏损的(以最近两年年度报告披露的当年经审计的净利润为依据)
2	财务会计报告因存在重大会计差错或虚假记载,公司主动改正或被中国证监会责令改正,对以前年度财务会计报告进行追溯调整,导致最近两年连续亏损的
3	财务会计报告因存在重大会计差错或虚假记载,中国证监会责令其改正,且在规定期限内未依法对虚假财务会计报告进行改正的
4	在法定期限内未依法披露年度报告或者半年度报告的
5	处于股票恢复上市交易日至其恢复上市后第一个年度报告披露日期间的公司
6	交易所认定的其他形式

审计结果表明财务状况异常的六种情况已经消除,主营业务正常运营,扣除非经常性损益后的净利润为正值的,公司应当自收到最近年度审计报告之日起两个工作日内向交易所报告,并提交年度报告,同时可以向交易所申请撤销特别处理。

五、股票的作用

对于全社会而言,股票是一种筹融资、投资的工具,有利于社会资源的有效配置,增强企业的发展动力,壮大国家经济实力。

1. 筹集企业所需的资金

股票是企业筹集资金的一种有效手段,这是股票最原始的作用。通过发行股票,上市公司可以充分地吸收投资者手中的闲散资金,将之转化为自己的经营资本。

2. 分散企业投资者的风险

股票是企业分散自身风险的一种方法。无论是哪一类企业,总会有经营风险存在。当发起人难以或不愿承担所面临的风险时,他们总会想方设法地将风险转嫁或分摊给他人,而通过发行股票来组成股份公司就是分散投资风险的一个好方法。

3. 通过市场溢价实现资本增值

通过发行股票可以实现创业资本的增值。当一家业绩优良的企业发行股票时,其发行价都要高出其每股净资产,股票的溢价发行使股份公司发起人的创业资本得到增值。

4. 扩大企业影响

股票的发行上市可以起到广告宣传作用。一家公司上市发行股票,其自然就进入了广大投资者的视野。而且,上市往往是品质的保障,对于普通客户来说也更有吸引力。

第二节　股　份

一、股份的含义

股份(shares)是指股份有限公司的全部资本被分成许多等值的单位,每一份简称一个

"股份",是企业所有权要素的一个份额。股份作为股份有限公司资本的基本单位和股东法律地位的计量单位,占有一个单位就称占有一股。股份包括以下四层含义。

（1）股份是股份公司一定量的资本额的代表。

（2）股份是股东的出资份额及其股东权利与义务的体现。

（3）股份是计算股份公司资本的最小单位,一般不能再继续分割。

（4）股份可以通过股票价格的形式表现其单位股份的价值和整体股份的价值。

股份是构成公司资本的均等的最小计量单位。把公司资本分为股份,其所发行的股份就是资本总额。对股东而言,股份持有量就表示其在公司资本总额中所占的投资份额。

二、股份的特性

股份具有以下特性。

（1）股份具有平等性。同种类的每一股份应当具有同等权利,即所谓"同股同权"。

（2）股份具有不可分性。股份是公司资本最基本的构成单位,每个股份不可再分。

（3）股份具有可转让性。股东持有的股份可以依法转让。

（4）股份的金额性。股份有限公司将资本划分为股份,每一股的金额相等,即股份是一定价值的反映,并可以用货币加以度量。

三、股份的表现形式

股份的表现形式是股票,根据《公司法》第一百四十七条:"公司的股份采取股票的形式。"由此可知,股票与股份的关系形同表里,股票不能离开公司股份而存在,没有股份也就没有股票。

四、股票和股份的区别

股票和股份既紧密相连,又有所差别。

股份的表现形式是股份证书。不同类型的股份制企业,其股份证书的具体形式各不相同。其中,只有股份有限公司用以表现公司股份的形式才是股票。

股票根据股份所代表的资本额,将股东的出资额和股东权利予以记载,以供社会公众认购和交易转让。持有了股票,就意味着占有了股份有限公司的股份,取得了股东资格,可以行使股东权利。

可见,股票与股份是形式与内容的关系,不能混为一谈。

第三节 股票与其他投资工具的差异

一、股票投资与储蓄投资的区别

储蓄是指城乡居民将富余的货币收入存入银行或其他金融机构,以获取利息的行为,通常情况下是指银行储蓄。股票和储蓄存款在形式上有一定的相似性,都是货币的所有人将资金交付给股份公司或银行,相应地有权获取收益,但股票与储蓄存款有着根本的不同。

(一)信用基础的性质不同

股票与储蓄存款虽然都是建立在信用的基础上,但其性质不同。股票是以资本信用为基础的,它体现着股份公司与股东之间围绕着投资而形成的权利和义务关系;而储蓄存款则是以银行信用为基础,它所建立的是银行与储户之间的借贷性债权债务关系。股票的购买者是股份公司的股东,而存款人实际上是贷款人,他将自己暂时闲置的资金借给银行。

(二)股票持有人和银行储户的法律地位及权利内容不同

股票持有人和银行储户虽然都享有一定的权利,承担相应的责任,但二者的法律地位和权利不同。股票持有人处于股东的地位,有权参与股份有限公司的生产经营决策;而储户则仅仅是银行的债权人,其债权的内容限于定期收回本金和获取利息,不能参与债务人的经营管理,对债务人的经营状况不负任何责任。

(三)风险性不同

股票和储蓄存款虽然都可使货币增值,但其风险性不同。股票是对股份有限公司的直接投资,它可根据股份有限公司的经营状况和盈利水平直接获取所追求的收益——股息和红利。这一收益可能很高,也可能很低或没有。收益随股份公司的经营业绩而定,每年都有所不同,处于一种经常性的变动之中。而储蓄存款则仅仅通过实现货币的储蓄职能来获得收益——存款利息。这一增值部分是事先约定的、固定的,不会受银行经营状况的影响。

(四)股票和储蓄存款的存续时间与转让条件不同

股票是无期限的,不管情况如何变化,股东都不能要求股份公司退股而收回股本,但可以进行买卖和转让;而储蓄存款一般是有固定期限的,储蓄存款人可以在到期后收回本金和利息,也可提前支取。任何形式的储蓄都能收回本金,而股票只能到证券市场去转让,其价格要随行就市,能否收回投资要视交易时的股市行情而定。

(五)股票与储蓄的成本不同

在购买股票时,股民需要投入相当大的精力去关注股市行情的变化,他们往往会通过各种手段获取信息资料,来研究并分析上市公司的经营情况,从而决定股票的买进、卖出;而储蓄存款只需根据利率事先选择好存款期限即可,无须花费过多的精力和物力。

(六)股票与储蓄收益的计算根据不同

股息红利是根据股民所持股票数量来派发的,与股民投入资金的数量并没有直接的联系。有些股民投入的资金数量虽然很大,但由于购买的股票价格较高,其收益可能要远远低于同期的银行储蓄利息。而银行存款的利息是根据存款的本金来计算的,其收益的多少与投入的资金数量成正比,存得越多,收益越多。

二、股票投资与债券投资的区别

债券又称为固定利息证券,是政府、金融机构、工商企业等为了直接向社会募集资金而发行的债权债务凭证,按照一定利率支付利息,并按照约定条件偿还本金。债券与股票同为有价证券,是一种虚拟资本,是经济运行中实际运用的真实资本的证书,都起到募集社会资金、将闲散资金转化为生产和建设资金的作用。股票和债券都可在市场上流通,投资者通过投资股票和债券都可获得相应的收益。二者的区别主要体现在以下几个方面。

(一)筹集资金的主体不同

股票的发行主体只能是股份有限公司,而债券的发行主体可以是政府、金融机构或企业(公司)。

(二)筹集资金的性质不同

股票是一种所有权证书,反映股票持有人与其所投资的企业之间的所有权关系。股票的投资者是公司的股东,公司发行股票所筹措的资金列入公司的资本(资产)。债券是一种债权债务关系证书,反映发行者与投资者之间的资金借贷关系。债券的投资者是债权人,发行者通过发行债券所筹集的资金列入发行者的负债。

(三)享有的权利不同

由于筹资性质不同,投资者享有的权利也不同。股票持有人作为公司的股东,有权参加股东大会,并参与公司的经营管理活动和利润分配,但不能从公司资本中收回本金,不能退股。债券投资者不能参与发行单位的经营管理活动,只能到期要求发行者还本付息。

(四)存续时限不同

股票是没有期限的有价证券,企业无须偿还,投资者只能转让,不能退股。企业唯一可能偿还股票投资者本金的情况是,如果企业破产并且债务已优先得到偿还,根据资产清算的结果,投资者可能得到一部分补偿。反之,只要发行股票的公司不破产清算,那么股票就永远不会到期偿还。债券作为一种投资是有时间性的。从债券的要素看,它是事先确定期限的有价证券,到一定期限后就要偿还。

(五)收益来源不同

股票投资者作为公司的股东,有权参与公司的利润分配,得到股息、红利(股息和红利是公司利润的一部分)。在股票市场上买卖股票时,投资者还可能得到资本收益。事实上,股票投资者中很大一部分人的投资目的并不是为了得到股息和红利收入,而是为了得到买卖股票的价差收入,即资本收益。

债券投资者从发行者手中得到的收益是利息收入,债券利息固定,属于公司的成本费用支出,计入公司运作中的财务成本。在进行债券买卖时,投资者还可能得到资本收益。对于大多数债券来说,由于它们在发行时就会确定在什么时间以多高的利率支付利息或者偿还本金,所以投资者在买入这些债券的同时,往往就能够准确地知道未来收到现金的时间和数量。相反,卖出这些债券的投资者也会清楚地知道自己由于卖出债券而放弃的未来现金收入。基于这个原因,债券投资一直深受固定收入者的喜爱,如领退休金者、公务员等。

(六) 价值回归性不同

股票的投资价值依赖于市场对相关股份公司前景的预期或判断,其价格在很大程度上取决于公司的成长性,而不是其股息分配情况。投资者经常可见一家公司的股息支付情况较好,但其市盈率较低。从理论上讲,一只股票的价格可以是 0 到正无穷大之间的任意值。

债券投资的价值回归性是指债券到期时的价值是相对固定的,不会随市场的变化而波动。例如,对于贴现债券来说,其到期价值必然等于债券面值;而到期一次还本付息债券的到期价值,必然等于面值加上应收利息。

(七) 风险性不同

股票投资的最大特点,就是其价格和股息的不确定性,这也是股票投资的魅力之一。股票的股息取决于投资者无法控制的股份公司的盈利情况,而且就算公司获得盈利,是否进行分配也需要召开股东大会来决定,未知因素很多。因此,股票价格波动比较频繁。

无论是债券还是股票,都有一系列的风险控制措施。例如,它们发行时都要符合规定的条件,都要经过严格的审批,证券上市后要定期并及时发布有关公司经营和其他方面重大情况的信息等,接受投资者监督。但是,债券和股票作为两种不同性质的有价证券,其投资风险差别是很明显的。且不说国债和投资风险相当低的金融债券,即使是公司(企业)债券,其投资风险也比股票投资风险小得多。

证券投资基金是一种利益共存、风险共担的集合证券投资方式,即通过发行基金单位,集中投资者的资金,由基金托管人托管,由基金管理人管理和运用资金,从事股票、债券等金融工具投资,并将投资收益按基金投资者的投资比例进行分配的一种间接投资方式。

三、股票投资和证券投资基金的区别

(一) 投资者地位不同

股票反映的是所有权关系,持有者是所有权人;证券投资基金反映的是信托关系,持有者是委托人。

(二) 资金投向不同

股票是融资工具,其集资主要投向实业,是一种直接投资方式;证券投资基金是信托工具,其集资主要投向有价证券,是一种间接投资方式。

(三) 影响价格的主要因素不同

股票的价格主要受市场供求关系、上市公司经营状况等因素的影响;证券投资基金的价格主要受市场供求关系或基金资产净值的影响。

（四）风险与收益状况不同

股票的收益是不确定的,其收益取决于发行公司的经营效益,投资股票有较大的风险;证券投资基金采取组合投资,能够在一定程度上分散风险,风险小于股票,收益也比投资股票更稳定。

（五）投资回收期和方式不同

股票投资是无期限的,股票投资者不能要求退股,如果想变现,只能在二级市场出售。封闭式基金在基金存续期内不得赎回基金单位,如果想变现,只能在交易所或者柜台出售变现;存续期满后,投资者可按持有的基金份额分享相应的剩余资产。开放式基金没有存续期限,投资者可以按资产净值随时向基金管理人要求赎回基金单位。

第四节　股票投资与投机

日常的股票买卖行为一般都被称为股票投资,需注意,投资与投机有着很大的差别。

一、股票投资

（一）投资（investment）

投资是指投资者在当期投入一定数额的资金或实物,形成某种形式的资产,期望在未来获得经济回报的行为。投入的资产包括资金、人力、财物、知识产权等有价值的内容。投资者是投资的主体,货币或其他经济资源等是投资的客体。

在西方国家,投资通常是指为获取利润而投放资本于企业的行为,主要是通过购买国内外企业发行的股票和公司债券来实现。所以,在西方,投资一般是指间接投资,投资者需要考虑的是如何计算股票和债券的收益、怎样评估风险和如何进行风险定价,以选择获利最高的投资机会。而在中国,投资既包括股票、债券投资,也包括购置和建造固定资产、购买和储备流动资产的经济活动。因此,"投资"一词具有双重含义,既可以指特定的经济活动,又可以指特定的资金。

（二）股票投资（stock investment）

股票投资是指单位或个人用筹集的或者积累起来的资金购买股票,凭此获得货币化或者股权化的权益性投资收益的行为。

（三）股票投资的目的

一般情况下,股票投资的目的有以下四种。

1. 获取现金收益

获取现金收益是指通过股票投资获取股利收入以及股票买卖差价带来的资本利得。

2. 获取控股权

控股权是指通过购买某一企业一定数量的股票达到控制该企业的目的。获得控股权意味着,该投资者对股份有限公司董事会的构成、股东大会的决议、管理层的聘用等重大事项均具有较高的表决权。

3. 成为战略投资者

战略投资者是指该投资者具有同行业或相关行业的重要战略性资源,与上市公司谋求双方协调互补的长期共同战略利益,愿意长期持有上市公司较大比例的股份,愿意并且有能力认真履行相应职责,委派董事实际参与公司治理,提升上市公司治理水平,帮助上市公司显著提高公司质量和内在价值,具有良好诚信记录,最近三年未受到证监会行政处罚或被追究刑事责任。

4. 成为财务投资者

与战略投资者相对,财务投资者是以获利为目的,通过投资行为取得经济上的回报,在适当的时候进行套现的投资者。财务投资者更注重短期的获利,对企业的长期发展则不怎么关心。而战略投资者试图从企业的长远发展中获利,投资期限一般比较长,在投资的同时会带来一些先进的管理经验。

二、股票投机

（一）投机（speculation）

投机是指利用市场出现的价格差进行买卖并从中获得利润的交易行为。投机可分为实体经济投机和虚拟经济投机两大领域,其中内涵最为丰富、原理最为复杂的是证券投机。证券投机是指人们通过各种专业分析手段,对影响证券价格波动的各种信息进行分析来研究其市场波动规律,以从中获取价格差收益的行为。

（二）股票投机（stock speculation）

股票投机是指一些股票交易者预期到某支股票价格会发生波动,便在未升值前买进,在升值后高价卖出,通过这种买进卖出获取股票的差价利润。

（三）股票投机的目的

价差收益也就是资本利得,是股票投机的最主要目的。

（四）过度投机

过度投机是指投机者对市场交易的参与由于受非理性因素的干扰而脱离理性的轨道,其结果必然是市场运行效率的降低和市场正常功能的丧失。

这里的"非理性因素"指的是影响行为主体选择的心理和精神层面的因素,如直觉、本能、激情、无意识等。人在非理性因素作用下的行为,往往表现出非自觉性、非逻辑性、冲动性、盲目性等特征。

在人们的实践活动中,理性因素和非理性因素是相互交织、相互渗透、相互制约的。在正常的市场条件下,非理性因素由于受理性因素和其他环境因素的制约和控制,被引向理性的目标。而在非正常的市场条件下,非理性因素受环境条件的激化,往往会突破理性因素的制约并使之退出对决策的影响,于是投机行为被推波助澜,走向过度投机。

(五)股票投机的利弊

对股票市场而言,股票投机在股票交易中具有平衡股票价格、保持股票交易的流动性、分担股票价格波动的风险等积极作用。

但是,过度投机会阻碍证券市场健康有序的发展,进而损害国民经济的健康发展。其危害主要表现如下。

1. 扭曲资源配置

股票市场的基本功能之一是利用其筹资功能促进资本合理流动,提高资源利用效率。但是股票市场过度投机的存在,却会产生资源逆配置的结果。一方面,由于交易市场可通过高投机带来高收益,会导致社会资金从社会经济中的生产流通等实质性的环节进入非生产性的交易市场,从而造成实质性经济领域资金短缺和证券交易市场游资过剩的结果。另一方面,在非理性的股票投机中,股票价格往往脱离其内在价值,与企业经营能力、产品市场适应能力、企业在国民经济中的地位作用等相背离。故而,通过二级市场增发新股进行的资源配置,往往不是使资源流向效率高、国民经济急需的部门和环节,而是流向股价易炒作,投机有空间的企业。价格的扭曲往往会导致资源配置的扭曲。

2. 产生金融泡沫

投机者追求低买高卖赚取中间价差,但如果对同一种股票进行过度的投机,会使其价格越来越偏离其基本价值,进而导致金融泡沫的产生,扩大证券市场的系统性风险。

3. 助长"寻租"活动

过度投机支撑的高收益并不与高风险相对称,这必然导致证券市场中的钱权交易、违规操作、损公肥私等寻租活动的盛行。在这种市场中,中介机构为高额佣金而违规透支;上市公司利用内幕消息炒作自家股票,操纵市场价格;上市公司以配股代替派息,不给股东回报而要求股东不断给予回报,使投资者的投资风险不断被强制累积。

4. 扩大收入差距,加剧分配不公

证券市场具有高风险性,具有扩大收入差距的属性,而过度投机又使收入差距加速扩大。

股票市场的过度投机会使投资者丧失投资的热情。此外,由于示范效应的作用,过度投机不仅会使社会资源从实质性经济领域流向虚拟化的符号性的经济领域,造成经济生活的泡沫化,还会助推"不劳而获""一夜暴富"等不良思想倾向和社会风气,进而损害民族精神。

三、股票投资与投机的联系与区别

投资与投机既有一定的联系,也存在一定的区别。

(一)联系

股票投资与投机这两种行为会在同一行为主体的不同时间阶段上体现出来,并在一定条

件下相互转化。因此,有这样一种说法:"投资是一次成功的投机,而投机是不成功的投资。"

(二)区别

1. 定位不同

股票投资是以投资公司为出发点,选择投资的对象是上市公司。投资者要深入研究上市公司的质量和潜力,来决定能不能投资。

而股票投机是以股票为出发点,是追求股票的质量和潜力。比如,这只股票能不能在短期内大涨,有没有超大资金炒作拉高股价等。

2. 时间不同

股票投资的时间是中长期为基准,起点是几个月,可长达十年、八年,因为其追求的是长期收益。

股票投机的时间是以短期为基准,最好前一秒买入、后一秒就可以获利卖出,这种投机是大多数股民追求的。我国 A 股是 T+1 交易制度,投机的最短时间是次日交易卖出。

3. 目的不同

股票投资的目的不单单是为了"吃股息"和"吃溢价",更重要的是获取控股权、成为战略投资者、成为财务投资者,其侧重于长期的收益,不在乎短期的收益。

股票投机的目的是为了"吃溢价",较少关注股息收益。股票投机者非常注重于短期收益,而且是越短越好,完全不关注长期收益。

4. 投资策略不同

股票投资的核心是其股票的内在价值,也就是股票的基本面。投资者要根据基本面来确定股票是否具有投资价值。

但股票投机可以忽略基本面,几乎不在乎内在价值,而只注重股票的技术面和资金面,依赖技术分析。只要这只股票有高抛低吸的机会,有比较大的差价,就可以进行投机。

5. 对待风险的态度不同

股票投资一般会规避风险,而股票投机则偏好风险,因为只有风险才能带来价格波动的不确定性,才有机会赚取价差收益。

综上所述,股票投资和股票投机是两种不同的概念,其主要的区别在于定位、时间、目的、投资策略和对待风险的态度这五点。概括来说,投资追求股息,而投机追求溢价。

课 后 练 习

一、名词解释

股票、股份、优先股、普通股、ST 股票、﹡ST 股票、股票投资、股票投机

二、简答题

1. 股票的性质是什么?

2. 股票有什么特征?

3. 常用的股票种类有哪些?

4. 股票有什么作用?

5. 股份的特性是什么?

6. 股票与股份有何区别?

7. 股票投资与债券投资的区别是什么?

8. 股票投资与证券投资基金的区别是什么?

9. 股票投资与股票投机有什么关系?

三、论述题

1. 有的投资者专门炒作 ST 股票、＊ST 股票,你如何看待这个问题?

2. 你对股票市场有什么期待? 准备如何实现你的期待?

课后拓展:国内股市相关经典影视作品

1. 股神

制片地区:中国香港

导　　演:佳乐

上映时间:2015 年 12 月 24 日

剧情简介:根据王晓先生的自传小说改编,故事讲述了一代股神的崛起。主人公傲风从一个不知股市为何物的小人物成长为一个优秀的操盘手。他见证了中国证券市场发展的跌宕起伏,还有在股市的沉浮中留下印记的风云人物。他面对的不是数字的疯狂跌涨,而是隐藏在数字背后没有硝烟的战火、人性的战争。

资料来源:https://baike.baidu.com/item/%E8%82%A1%E7%A5%9E/19158598? fr＝ge_ala.

2. 窃听风云 3

制片地区:中国香港

导　　演:麦兆辉、庄文强

上映时间:2014 年 5 月 29 日(中国内地)、2014 年 6 月 5 日(中国香港)

剧情简介:陆氏家族在中国香港新界盘桓百年,某日,同村的罗永就醉酒撞死了异姓兄弟陆永远,从此与陆永远之妻月华结下不解之仇。5 年后,罗永就出狱,看到陆家风云变幻,陆氏家族大家长陆瀚涛及其女儿陆永瑜已经坐拥新界最大房产公司,并开始结交内地政商;陆家兄弟陆金强等人在新界疯狂收购土地扩张势力。此时,中国香港房产巨鳄邀请罗永就"共商大事"。同时,神秘人阿祖透露给月华,她丈夫的死与陆家的土地交易黑幕有关,并且多方势力都瞄准了月华和村民们坚守的百亩良田;她要想在这场欺天阴谋中复仇,就必须按照他的指示去做。一场爱恨交织,充满钱权阴谋的悲欢故事由此揭开序幕。

资料来源:https://baike.baidu.com/item/%E7%AA%83%E5%90%AC%E9%A3%8E%E4%BA%913? fromModule＝lemma_search-box.

3. 夺命金

制片地区:中国香港

导　　演:杜琪峰

上映时间:2012 年 2 月 3 日

剧情简介:三个背景各异的角色——银行职员特丽莎、黑帮中人三脚豹及警队督察张正方,因一宗离奇劫案而串联起来。一场股灾,一袋现金,引发了这个时代的终极矛盾。特丽莎被逼由银行柜员转为投资顾问,其大客钟原提取千万现金之后却发觉无须用那么多,请特丽莎代存回户头,而一心要改变命运、打造人生创业实验田的特丽莎却心生贪念。另一边,身为黑帮中人的三脚豹,对股票一无所知,刚开始苦心钻研即遇股灾;经营黑市期指的凸眼龙也输掉巨款,两人决定以借钱为名抢劫钟原。而负责此案的正直警队督察张正方正面临着生活巨变,一向坚守原则的他也开始动摇。一笔巨款被身份各异的人虎视眈眈,上演了一幕又一幕金钱诱惑与道德挣扎下的人性阴暗面。

资料来源:https://baike.baidu.com/item/%E5%A4%BA%E5%91%BD%E9%87%91? fromModule=lemma_search-box.

4. 窃听风云 2

制片地区:中国香港、中国内地

导　　演:麦兆辉、庄文强

上映时间:2011 年 8 月 18 日

剧情简介:故事缘起一宗平常的交通事故,中国香港知名证券商罗敏生的车遭人窃听,警方调查得知,窃听器属军事用途,保安科介入案件,经总督察何智强查出,窃听者为一名退伍军人司马念祖,警匪双方展开了连场追逐,顿时烽烟四起。何智强本以为只是一宗单纯的勒索案件,没想到在深入追查之下,竟揪出了一个名为"地主会"的神秘组织。传说这个"地主会"30 年来主宰了经济体系的兴衰成败,而罗敏生及司马念祖更与"地主会"有着敌友难分的关系。何智强被卷入其中,竟与罗敏生及司马念祖连手策动了一场惊心动魄的风暴。

资料来源:https://baike.baidu.com/item/%E7%AA%83%E5%90%AC%E9%A3%8E%E4%BA%912? fromModule=lemma_search-box.

5. 窃听风云

制片地区:中国香港

导　　演:麦兆辉、庄文强

上映时间:2009 年 7 月 24 日

剧情简介:全球金融市值一度超越 20 万亿元的中国香港证券市场,是地球上重要的资金集中地。市场气势旺盛,交投炽热,引来了不少金融大鳄的觊觎。头号目标是绰号"老板"的幕后黑手。警方调查上市公司"风华国际"涉嫌内幕交易案,成立行动代号为"追风"的窃听小组全力侦察。

资料来源:https://baike.baidu.com/item/%E7%AA%83%E5%90%AC%E9%A3%8E%E4%BA%91/188712? fromModule=search-result_lemma-recommend.

6. 大话股神

制片地区:中国内地

导　　演:李欣

上映时间:2007 年 8 月 21 日

剧情简介:都市小青年周小齐是一个待业大学生,善良、调皮又好胜。在重重磨难而又搞笑不断的求职过程中,巧遇大隐于市的奇人老盂,自此进入波澜壮阔的股票市场,见识了形形色色以股票为生活中心的善良散户们,也见识了以不法手段欺骗股民的庄家。小齐终于在被欺骗之后认清了事实真相,在奇人老盂和小茵的帮助下,运用巧妙的手段战胜了以周大星、阿培为代表的恶庄,帮助受欺骗的散户们挽回了损失,同时也赢得了爱情,明白了生活的真谛。

资料来源:https://baike.baidu.com/item/%E5%A4%A7%E8%AF%9D%E8%82%A1%E7%A5%9E? fromModule=lemma_search-box.

7. 坐庄 2 操盘手

制片地区:中国内地

导　　演:王珈

上映时间:2007 年

剧情简介:方略证券公司是在金融界名声卓著的地方性证券机构。总经理唐进洲是一位雄心勃勃的投资家,为人正直,精于业务。在自己的不知情中,其妻子苏可接收了梁文仪书记的儿子梁宽注册的公司,该公司的资金是梁宽擅自截留的国有资产。方略证券公司的业务员王列从朋友邵康的车祸中逐渐了解了这个秘密,但碍于情感因素,他答应由唐进洲将这笔资产归还国家。与此同时,市长赵常辉也知道了这个秘密,并利用此事,要挟唐进洲为自己填补挪用资金的黑洞。梁书记之女梁泓仰慕唐进洲的为人,不想也被牵进了阴谋之中,最后成了阴谋的殉葬品。唐进洲授人以柄,无奈只好一错再错。他与赵市长共同策划了一场操纵股市的阴谋。

资料来源:https://baike.baidu.com/item/%E5%9D%90%E5%BA%842%E6%93%8D%E7%9B%98%E6%89%8B? fromModule=lemma_search-box.

8. 股啊股

制片地区:中国内地

导　　演:苏克

上映时间:2002 年

剧情简介:经过多年的拼搏,阿莉一跃成为"股市大姐大"。她凭借自己特有的炒股秘诀,10 年来稳操胜券。一天,她家来了一个叫阿基的男保姆,其真实身份是上海某时尚杂志的娱乐记者。为了赢得女友妞妞的芳心,他决定闯荡股市,向阿莉讨教炒股诀窍。卖盒饭起家的阿莉,利用给证券公司老板肖可雄送盒饭的机会探听消息。没想到,肖可雄故意设陷阱,结果阿莉、阿基的股票全部套牢。肖可雄为骗取股民的信任,利用媒体吹捧某股票,被阿基识破。在股民大会上,阿基联合阿莉揭露了肖可雄的违规行为,使肖可雄得到了应有的处罚。

资料来源:https://baike.baidu.com/item/%E8%82%A1%E5%95%8A%E8%82%A1? fromModule=lemma_search-box.

9. 股疯

制片地区:中国香港

导　　演:李国立

上映时间:1994 年 5 月 13 日

剧情简介:20 世纪 90 年代初的上海,股市悄然兴起,公共汽车售票员范莉决心靠股市改变自己平淡的生活。她结识了来上海追寻女友的港客阿伦，因阿伦在香港即从事炒股，又对上海的股市非常感兴趣，于是两人便联手炒股。范莉初入股市，春风得意，转眼间成了"女大户"，令里弄的居民分外羡慕。大家成立了"炒股委员会"，并推举范莉带领大家炒股。范莉所在单位的领导也拿出私房钱托范莉投进股市，并特许她不用上班，照样享受工资奖金。范莉和阿伦抓住时机，又大赚了一笔，并被电视报道，一下子成了炒股名人。但因她整日忙于炒股，冷落了家庭，使家庭出现危机，这令范莉感到几分惆怅与失落。在设计院从事工程设计的许昂，因收入微薄，和妻子范莉差距越来越大而心理失衡，一气之下也投身股市，甚至将老同学交给他的 20 万元装修款也私自用于购买股票。但没想到，钱全赔了进去，许昂走投无路，生出跳楼自杀的念头。好在范莉和阿伦及时赶到。在大家的劝阻和帮助下，许昂放弃了轻生的念头，并与范莉复合。范伦后来在上海找回了自己的恋人。在邻居们的簇拥下，范莉一家欢欢喜喜地迁往浦东新居。

资料来源：https：//baike. baidu. com/item/％ E8％ 82％ A1％ E7％ 96％ AF？ fromModule ＝ lemma_
search-box.

10. 大时代

制片地区：中国香港

导　　演：韦家辉

上映时间：1992 年 10 月 5 日

剧情简介：忠直仁厚的当红股票经纪方进新与贫穷粗鄙的丁某是数十年好友，但被丁某在冲动之下打伤并住进医院。出院后的方进新病情逐渐好转，但丁某为了让他撤销报案却误将其打死。从此，方家一落千丈，遗下四个子女，有幸得到罗惠玲照顾，而丁某则流落台湾。十多年后，方进新长子方展博长大成人，得其父旧友叶天的教诲，正欲发愤图强之际，听说丁某已潜逃返港，他誓要为父亲讨回公道。丁家儿子丁孝蟹、丁利蟹是黑社会大哥，势力庞大。方展博几经奔走，终使丁某被判极刑，但一连串噩梦也因此展开。

资料来源：https：//baike. baidu. com/item/％ E5％ A4％ A7％ E6％ 97％ B6％ E4％ BB％ A3/9700.

第二章 股票的价值与价格

 知识目标

基本概念:股票的面值、股票的净值、股票的内在价值、股票的清算价值、股票的交易价格、股票的理论价格、股票价格指数。

基本理论:股票的价值、股票的价格影响因素、股价平均指数。

 能力目标

1. 厘清股票的交易价格与理论价格。
2. 利用中国乃至世界主要股价指数分析、判断股票市场走势。

第一节 股票的价值

股票是一种所有权凭证,本身没有价值,其有价格的原因是它能给其持有者带来股息红利以及其他经济权益,所以买卖股票实际上是购买或出售一种领取股利收入或者经济权益的凭证。股票的价值有面值、净值、清算价值、市场价值和内在价值五种。

一、股票的面值

股票的面值(par value)是股份公司在所发行的股票上标明的票面金额,它以元/股为单位,其作用是表明每一张股票所包含的资本数额。股票的面值一般都印在股票的正面,且基本都是整数,如百元、拾元、壹元等。

当前,在我国上海、深圳证券交易所流通的股票,其面值都统一定为壹元,即每股一元。设定股票票面价值的最初目的,是保证股票持有者在退股之时能够收回票面所标明的资产。随着股票的发展,购买股票后不再能退股,所以股票面值现在的作用主要是表明股票认购者在股份公司投资中所占的比例,作为确认股东权利的依据。例如,某上市公司的总股本为1 000万元,持有一股股票就表示在该股份公司所占的股份为千万分之一。还有一个作用就是在首次发行股票时,将股票的面值作为发行定价的依据之一。

一般来说,股票的发行价都将会高于面值。当股票进入二级市场流通后,股票的价格与股票的面值相分离,彼此之间没有直接的联系。

二、股票的净值

股票的净值又称为账面价值,也称为每股净资产(net asset balue per share),是指用会计的方法计算出来的每股股票所包含的资产净值。其计算方法是将公司的注册资本加上各种公积金、累积盈余等股东权益,用上述的股东权益总额再除以总股本就是每股的净值。股票的账面价值是股份公司剔除了一切债务后的实际家产,是股份公司的净资产。

由于账面价值是财会计算结果,其数字准确程度较高,可信度较强,所以它是股票投资者评估和分析上市公司经营实力的重要依据之一。股份公司的账面价值高,则股东实际所拥有的财产就多;反之,股票的账面价值低,股东拥有的财产就少。

股票的账面价值虽然只是一个会计概念,但它对于投资者进行投资分析具有较大的参考作用,也是产生股票价格的直接依据,因为股票价格越贴近每股净资产,就越接近于股票的账面价值。

在股票市场中,股民除了要关注股份公司的经营状况和盈利水平外,还需特别注意股票的净资产含量。净资产含量越高,公司所拥有的本钱就越大,抗拒各种风险的能力就越强。

三、股票的清算价值

股票的清算价值(liquidation value)是指股份公司破产或倒闭后进行清算之时每股股票所代表的实际价值。从理论上讲,股票的每股清算价值应当与股票的账面价值相一致,但企业在破产清算时,其财产价值是以实际的销售价格来计算的,而在进行财产处置时,其售价都低于实际价值。所以股票的清算价值与股票的净值不一致,其一般都要小于净值。股票的清算价值只是在股份公司因破产或因其他原因丧失法人资格而进行清算时才被作为确定股票价格的依据,在股票发行和流通过程中没有什么意义。

四、股票的市场价值

股票的市场价值又称为股票的市值(market value of shares),是指股票在交易过程中交易双方达成的成交价。股票的市值直接反映着股票的市场行情,是股民买卖股票的依据。由于受众多因素的影响,股票的市场价值处于经常性的变化之中。股票的市场价值是与股票价格紧密相连的,股票价格是股票市场价值的集中表现,价格随着价值的变化的发生相应的波动。在股票市场中,股民是根据股票市场价值(股票行市)的高低变化来分析判断和确定股票价格的,所以通常所说的股票价格也就是股票的市场价值。

五、股票的内在价值

(一) 含义

股票的内在价值(intrinsic value of stock)是股票分析人员分析公司的财务状况、盈利前景以及其他影响公司生产经营消长等因素后,认定的股票所真正代表的价值。这种所谓的"内在价值"在某种意义上取决于分析人员或投资者个人的看法,所以可能对同一公司得出不同的结论。

股票的内在价值,是在某一时刻股票的真正价值,也是股票的投资价值。计算股票的内在价值需要用折现法。由于上市公司的寿命期、每股税后利润及社会平均投资收益率等都是未知数,所以股票的内在价值较难计算,在实际应用中一般都是取预测值。

(二) 估值(预测)方法

对股票进行估值的方法主要有如下三种。

1. 市盈率法

市盈率(price earnings ratio,简称 P/E 或 PER)也称"本益比""股价收益比率"或"市价盈利比率",是指股票价格除以每股收益(EPS)的比率,所反映的是公司按有关折现率计算的盈利能力的现值,用于计算股票的内在价值。股票内在价值的计算方法如下:

$$股票的内在价值 = 行业市盈率 \times 每股收益$$

市盈率法是指以行业平均市盈率来估计企业价值,进而估算对应的股票价值。在这种估价方法中,企业的价值得自于可比较资产或企业的定价,进而推测股票的内在价值。这里假设,同行业中的其他企业可以作为被估价企业的"可比较企业",平均市盈率所反映的企业绩效是合理而正确的。市盈率法通常被用于对未公开化企业或者刚刚向公众发行股票的企业进行估价。市盈率法是股票市场中确定股票内在价值的最普通、最普遍的方法。

2. 市净率法

市净率(price-to-book ratio,简称 P/B 或 PBR)指的是每股股价与每股净资产的比率。市净率的计算方法如下:

$$市净率 = \frac{每股市价}{每股净资产}$$

那么

$$股票的内在价值 = 行业市净率 \times 每股净资产$$

市净率可用于股票投资分析。一般来说,市净率较低的股票,投资价值较高;反之,则投资价值较低。但在判断投资价值时,还要考虑当时的市场环境以及公司经营情况、盈利能力等因素。

3. 市销率法

市销率(price-to-sales,PS)的计算方法如下:

$$市销率 = \frac{总市值}{主营业务收入}$$

或者

$$市销率 = \frac{股价}{每股销售额}$$

$$股票的内在价值 = 行业市销率 \times 每股销售额$$

市销率越低,说明该公司股票的投资价值越大。

第二节 股票的价格

股票的价格有市场价格和理论价格之分。人们通常说的"股票价格",一般是指股票在证券市场上买卖时的价格,即交易价格;而股票的理论价格则对应股票的内在价值。

一、股票的市场价格

股票市场可分为发行市场和流通市场,因此,股票的市场价格也就有发行价格和流通价格的区分。股票的发行价格就是发行公司与证券承销商议定的价格。

(一)股票发行价格的确定

股票的发行价格就是股票的票面价值,以股票在流通市场上的价格为基准来确定。股票的发行价格在股票面值与市场流通价格之间,通常是对原有股东有偿配股时采用这种价格。

国际市场上确定股票发行价格的参考公式如下:

股票发行价格 = 市盈率还原值×40% + 股息还原率×20% + 每股净值×20%

+ 预计当年股息与一年期存款利率还原值×20%

上述公式全面地考虑了影响股票发行价格的若干因素,如利率、股息、流通市场的股票价格等。

(二)股票在流通市场上的价格

股票在流通市场上的价格一般称为股票市价(market price of stock)、股票行市,这是完全意义上的股票市场价格。股票市价表现为开盘价、收盘价、最高价、最低价等形式。其中,收盘价最为重要,是分析股市行情时采用的基本数据。

二、股票的理论价格

股票的理论价格(theoretical price of stock),就是为获得股息、红利收入的请求权而付出的代价,是股息资本化的表现。股票代表的是持有者的股东权利,这种股东权利的直接经济利益表现为股息、红利收入。

静态地看,股息收入与利息收入具有同样的意义。投资者是把资金投资于股票还是存于银行,这取决于哪一种投资的收益率高。按照等量资本获得等量利润的理论,如果股息率高于利息率,人们对股票的需求就会增加,股票价格就会上涨,而股息率则会下降,一直降到

股息率与利息率大体一致为止。按照这种分析,可以得出股票的理论价格公式如下:

$$股票的理论价格 = \frac{股息红利}{市场利率}$$

计算股票的理论价格需要考虑的因素包括预期股息和必要收益率。

预期股息收益率是预期的分红总金额与股票市值的比例,它是投资者对公司未来可能分红比例的预测。

必要收益率又称为最低必要报酬率或最低要求的收益率,表示投资者对某资产合理要求的最低收益率。

三、影响股票价格的因素

股价的影响因素非常复杂,通常有以下几个方面。

(一)经营业绩

股市会炒作各种各样的题材,但一般都是炒经营业绩或与经营业绩相关的题材。所以在股市上,股票的价格与上市公司的经营业绩一般呈正相关:业绩越好,股票的价格就越高;业绩差,则股票的价格就要相应低一些。但这一点也不绝对,有些股票的经营业绩比较差,每股可能只有几分钱,但其价格却比业绩胜过它几十倍的股票还高,这在股市上是常见的,因为炒股炒的还有预期,如果该股票预期未来收益会大为改善,价格也会水涨船高。

(二)平均利润率

平均利润率是指当两个部门间投资利润率存在差别时,资金就会从利润率低的部门向利润率高的部门流动,直到两部门的投资利润率基本相等。

假定这两个部门是两只股票,资金就会优先涌进利润率高的那只股票。而股票的价格是直接受资金的供给情况影响的,当进入该只股票的资金增加时,股票的价格价就会上涨。比如,利多消息出台时,外围资金纷纷进入股市,从而引起股票价格的上涨。

假定这两个部门是股市和其他投资领域,当该领域的投资利润率发生变化时,股市与该领域间的投资利润率就会产生位差。根据平均利润率规律,股市和该投资领域之间会出现资金的流动,而资金流动就会引起股票的价格发生变化。

股民投资于股市,其期望就是获得超额利润,即获得超过社会平均投资利润率水平的收益。

(三)净资产

股票的净资产是上市公司每服股票所包含的实际资产的数量,又称股票的账面价值或净值,指的是用会计的方法计算出的股票所包含的资产价值。它标志着上市公司的经济实力,因为任何一个企业的经营都是以其净资产数量为依据的。如果一个企业负债过多而实际拥有的净资产较少,这意味着其经营成果的绝大部分都将用来还债;如负债过多,出现资不抵债的现象,企业将会面临破产的风险。

（四）心理因素

投资者的心理活动对其投资决策具有很大的影响。有些心理倾向对股价有着明显的不利影响，如从众心理、预期心理、偏好心理、博傻心理等。

（五）股市操纵

上市公司的股价与经营业绩、股价与平均利润率、股价与净资产含量的关系都是股价变动的理性动因。因为这些动因，股民才会调动资金买入股票或抛售股票，以追求更高的投资收益。但实际上，股票的涨跌是由于资金运动的结果，有了某些动因以后，才有人买进或者卖出，引起供求关系的变化，从而导致股价的涨跌。

在股市上，有些机构大户会利用自己雄厚的资金实力来拉抬或打压股价，这就是对股市的操纵。其主要做法是通过大批量的买进或抛出，引起某只股票资金供应量的变化，导致股价的急剧涨跌。

机构大户操纵股价的行为能够得逞，其原因就是中小散户的直线思维，即看到股票价格上涨以后就认为它还会涨，而看到股价下跌时认为它还会跌。而机构大户将股票炒到一定价位后必然要抛，将股价打压到一定程度后必然要买。

在股市中，机构大户操纵股价的常用手段有垄断、联手、对敲、转手、声东击西、洗盘等。

（六）其他影响因素

除上述内容外，还有一些因素会影响股票的价值。

1. 公司自身因素

股份公司的自身价值是决定其股价最基本的因素。这主要取决于股份公司的经营业绩、资信水平以及连带而来的股息红利派发状况、发展前景、股票预期收益水平等。

2. 行业因素

股份公司所在的行业在国民经济中地位的变更、行业的发展前景和发展潜力、新兴行业引来的冲击等，以及上市公司在行业中所处的位置、经营业绩、经营状况、资金组合的改变及领导层人事变动等，这些因素都会影响相关股票的价格。

3. 市场因素

市场整体环境、投资者的动向、大户的意向和操纵、公司间的合作或相互持股、信用交易和期货交易的增减、投机者的套利行为、公司的增资方式和增资额度等，均可能对股价形成较大的影响。

四、股票内在价值与股票市场价格偏离的决定因素

中短期股票价格波动的决定性因素是投资者的预期，长期股票价格波动的决定性因素则是股票的内在价值。

但是，股票市场中短期的价格波动幅度往往会超过同一时期价值的提高幅度。在投资者预期的影响下，股票市场会自发形成一个正反馈的过程。股票价格的不断上升增强了投资者的信心及期望，进而吸引更多的投资者进入市场，推动股票价格进一步上升，并促使这

一循环过程继续进行下去。而且,这个反馈过程是无法自我纠正的,历史上数次股市危机都曾呈现高度泡沫化,直至最终泡沫破裂。

第三节　股票价格指数

一、股票价格指数的含义

股票价格指数(stock price index)又称股价指数、股票指数、股市指数,是由证券交易所或金融服务机构编制的,用以反映整个股票市场上各种股票的市场价格的总体水平及其变动情况的指标。

股票的市场价格受多种因素影响,不仅单个股票的价格变动频繁,而且股票价格的总体水平也瞬息万变。为了描述和反映股票价格水平及变动趋势,股票价格指数应运而生。股票价格指数是衡量股票市场总体价格水平及其变化趋势的尺度,也是反映一个国家或地区社会政治经济发展状况的灵敏信号。

二、股票价格指数的作用

股票价格指数主要有如下作用。

1. 反映股票价格的变动情况

由于股价指数就是股票价格变动的相对数,所以它的最基本作用就是反映股价水平的涨落情况,以便投资者了解股市行情,作出买卖股票的投资决策。

2. 反映股份公司的经营业绩情况

一般来说,股价指数上升,表示企业目前经营业绩好,未来收益大,具有发展前景;反之,则表明企业的经营效果不佳,未来的收益小,或者表明企业目前的经营效果虽然较好,但在今后可能处于萎缩状态。

3. 反映国民经济的发展情况

由于股价指数能反映企业的经营业绩,而企业又是国民经济的基本单位、市场的主体,所以从股价指数的变动就可以看出整个经济发展状况的好坏。一般来说,在经济繁荣时,股价指数总会以较快的速度上涨;在经济复苏时,其上涨速度就慢;在经济萧条时,股价指数会逐渐下降;在经济危机时,股价指数则会大幅度下降。

股价指数的变动往往先于国民经济各项指标的变动。所以,西方发达国家往往用股价指数作为国民经济预警系统的先行指标,股价指数也被称作国民经济的"晴雨表"。

4. 股价技术分析和预测分析的依据

在现代社会的股票交易过程中,股价技术分析非常受到人们的重视。这是因为人们可以利用股价技术分析成功地预测股价指数上升或下跌的转折点,据此选择买进或卖出的时机。

此外,还可以用股价指数来评价投资基金的管理水平、构建指数投资组合、分析投资风险和投资风格、作为衍生证券的标的等。

三、股票价格指数的编制方法

股票价格指数不同于股票价格平均数,前者是股价的指数,没有单位;而后者是股价的平均数,有单位。

(一)股票价格指数的编制步骤

股票价格指数的编制可分为以下四步。

(1)选择样本股。选择一定数量的、有代表性的上市公司股票作为编制股票价格指数的样本股。根据需要,样本股可以是全部上市公司股票,此时的指数为综合指数;也可以是具有代表性的一部分,此时的指数为成分指数;也可以是某一行业、某一概念类型的股票,如房地产行业股价指数、新基建指数等。

样本股的选择主要考虑两条标准:一是样本股的市价总值要占在交易所上市的全部股票市价总值的相当部分;二是样本股票价格变动趋势必须能反映股票市场价格变动的总趋势。

(2)选定某基期,并以一定方法计算基期平均股价。通常选择某一有代表性或股价相对稳定的日期为基期,并按选定的某一种方法计算这一天的样本股平均价格或总市值。

(3)计算计算期平均股价,并作必要的修正。收集样本股在计算期的价格,并按选定的方法计算平均价格。有代表性的价格是样本股的收盘平均价。

(4)指数化。将基期平均股价定为某一常数(通常为1 000、100、50或10),并据此计算计算期股价的指数值。

(二)股票价格指数的计算

股票价格指数是将计算期的股价与提前设定的某一基期的股价相比较的相对变化指数,用以反映市场股票价格的相对水平。假定起点定为1 000,其计算公式如下:

$$股票价格指数 = \frac{计算期股价平均水平}{基期股价平均水平} \times 1\,000$$

股价指数的编制方法有简单算术股价指数和加权股价指数两类。

1. 简单算术股价指数

简单算术股价指数有相对法和综合法之分。

1)相对法

相对法是先计算各样本股的个别指数,再加总求算术平均数的方法。假设基期第 i 种股票价格为 P_{0i},计算期第 i 种股票价格为 P_{1i},样本数为 n,则计算公式如下:

$$股价指数 = \frac{1}{n} \sum_{i=1}^{n} \frac{P_{1i}}{P_{0i}} \times 1\,000$$

2)综合法

综合法是分别将基期和计算期价格加总,然后再用计算期股价总额与基期股价总额相比较的方法,其计算公式如下:

$$计算期股价指数 = \frac{\sum_{i=1}^{n} P_{1i}}{\sum_{i=1}^{n} P_{0i}} \times 1\,000$$

2. 加权股价指数

为了使股价指数计算更加精确,需要对各个样本股票的相对重要性予以加权,通常以样本股票发行量或成交量作为权数加以计算。按照时间划分,加权方式可分为基期加权、计算期加权和几何加权。

1)基期加权股价指数

基期加权股价指数也称拉斯贝尔指数(Laspeyre index)、拉氏指数,其采用基期发行量或成交量作为固定权数加权。其计算公式如下:

$$计算期股价指数 = \frac{\sum_{i=1}^{n} P_{1i} Q_{0i}}{\sum_{i=1}^{n} P_{0i} Q_{0i}} \times 1\,000$$

式中,Q_{0i} 为基期第 i 种股票的发行量或成交量。

该算法的优点是当权数确定后便不再变动,计算较为简便。经济价格指数大多采用这种办法,但是,当样本股变更或者数量变化后就不再适用。

2)计算期加权股价指数

计算期加权股价指数也称派氏指数(Passche index),采用计算期发行量或成交量作为权数。其计算公式如下:

$$计算期股价指数 = \frac{\sum_{i=1}^{n} P_{1i} Q_{1i}}{\sum_{i=1}^{n} P_{0i} Q_{1i}} \times 1\,000$$

式中,Q_{1i} 是计算期第 i 种股票的发行量或成交量。

尽管该方法计算复杂,但适用性较强,使用范围较广泛,特别是以发行量作为权数计算股价指数时,一旦发生股票分割、股息派送、增资配股等情况,一方面股价下降,另一方面股数增加,而计算期的股票市值却没有发生变化,所以不需要进行调整。虽然基期数值需要修正,但是计算相对简单。此外,派氏指数比较精确,具有很高的连续性。目前很多国际著名股价指数(包括标准普尔指数、纽约证券交易所的综合股价指数等),都使用这种以发行量为权数的方法。

3)几何加权股价指数

几何加权股价指数也称费雪理想式(Fisher's index formula),是对上述两种指数的几何平均。由于样本股票增资除权时修正较为困难,计算过于复杂,很少被实际应用。其计算公式如下:

$$几何加权股价指数 = \sqrt{\frac{\sum_{i=1}^{n} P_{1i} Q_{0i}}{\sum_{i=1}^{n} P_{0i} Q_{0i}} \times \frac{\sum_{i=1}^{n} P_{1i} Q_{1i}}{\sum_{i=1}^{n} P_{0i} Q_{1i}}} \times 1\,000$$

四、中国主要股票价格指数

目前,中国内地市场提供了 550 种指数,中国香港提供了 228 种指数。

(一) 综合指数

1. 上证综合指数

上证综合指数是上海证券交易所股票价格综合指数的简称,就是大家习惯称之的"大盘",应用较为普遍。上海证券交易所从 1991 年 7 月 15 日起编制并公布上证综合指数。该指数以 1990 年 12 月 19 日为基期,基期值为 100,以全部上市股票为样本,以股票发行量为权数按加权平均法计算。其计算公式如下:

$$本日股价指数 = \frac{本日股价市场总值}{基期股票市价总值} \times 100$$

式中,本日股票市价总值 $= \sum$ 本日收盘价 $\times$ 发行股数;基期股票市价总值 $= \sum$ 基期收盘价 $\times$ 发行股数。

如遇新增(删除)上市股票或上市公司增资扩股时,需作相应修正。修正时的计算公式如下:

$$新基期市价总值 = \frac{修正前基期市价总值 \times (修正前市价总值 + 市价总值变动额)}{修正前市价总值}$$

$$修正后本日股价指数 = \frac{本日股票市价总值}{新基期股票市价总值} \times 100\%$$

随着上市股票品种逐渐增加,上海证券交易所在这一综合指数的基础上,从 1992 年 2 月起分别公布 A 股指数和 B 股指数;从 1993 年 5 月 3 日起正式公布工业、商业、地产业、公用事业和综合五大类的分类股价指数。其中,上证 A 股指数以 1990 年 12 月 19 日为基期,上证 B 股指数以 1992 年 2 月 21 为基期,以全部上市的 A 股和 B 股为样本,以发行量为权数进行加权计算。上证分类指数以 1993 年 5 月 1 日为基期,按同样方法计算。

2. 深证综合指数

深圳证券交易所于 1994 年 4 月 4 日开始编制发布综合指数。深圳证券交易所综合指数包括深证综合指数、深证 A 股指数和深证 B 股指数,分别以在深圳证券交易所上市的全部股票、全部 A 股、全部 B 股为样本股,以 1991 年 4 月 3 日为综合指数和 A 股指数的基期,以 1992 年 2 月 28 日为 B 股指数的基期,基期指数定为 100,以指数股计算日股份数为权数进行加权平均计算。当有新股票上市时,在其上市后第二天纳入指数计算;当某一股票暂停买卖时,将其暂时剔除于指数的计算之外;若有某一股票在交易中突然停牌,将取其最后成交价计算即时指数,直至收市。深证综合指数的基本公式如下:

$$即日指数 = \frac{即日指数股总市值}{基日指数股总市值} \times 基日指数$$

若样本股的股本结构有所变动,则改用变动前一营业日为新基日,并以新基数计算,同时用"连锁"方法将计算得到的指数溯源到原有基日,以维持指数的连续性,每日连续计算的环比公式如下:

$$今日即时指数 = \frac{上日收市指数 \times 今日即时指数股总市值}{经调整上日指数股收市总市值}$$

式中,今日即时总市值＝各样本股市价×已发行股数。

上日收市总市值是指根据上日样本股的股本或样本股变动而调整后的总值。

3. 综合指数存在的缺陷

上证综合指数和深证综合指数存在以下缺陷。

(1) 将不断上市的新股逐一计入指数计算范围,影响了指数的前后可比性和内部结构的稳定性。

(2) 采用总股本作为权重,不能确切地反映流通市场股价的动态演变,因为在我国不能流通的国家股和法人股占总股本的较大比例。

(3) 把亏损股计入指数计算范围,这会把亏损股股价的非理性波动带入指数的波动中去。

(二) 成分股指数

1. 上证 180 指数

上证 180 指数是上海证券交易所编制的一种成分股指数,代码为 000010 其前身是上证 30 指数。上证 30 指数是由上海证券交易所编制,以在上海证券交易所上市的所有 A 股股票中最具市场代表性的 30 种样本股票为计算对象,并以流通股数为权数的加权综合股价指数,取 1996 年 1 月至 1996 年 3 月的平均流通市值为指数基期,基期指数定为 1 000。

上证 30 指数存在一些缺陷,如行业代表性逐渐降低;个别股票权重过大,容易被操纵;样本股市值和成交额的比重不高等。为此,上海证券交易所从 2002 年 7 月 1 日起,在对原上证 30 指数进行调整和更名后,发布了上证 180 指数。上证 180 指数是以 2002 年 6 月 28 日的上证 30 指数收盘点位为基点,其编制方法如下。

1) 成分股的选择

(1) 样本空间:剔除下列股票后的所有上海 A 股股票。

① 上市时间不足一个季度的股票。

② 暂停上市股票。

③ 经营状况异常或最近财务报告严重亏损的股票。

④ 股价波动较大、市场表现明显受到操纵的股票。

⑤ 其他经专家委员会认定的应该剔除的股票。

(2) 样本数量:180 只股票。

(3) 选样标准:行业内的代表性、规模、流动性。

(4) 选样方法:根据总市值、流通市值、成交金额和换手率,对股票进行综合排名;按照各行业的流通市值比例,分配样本只数;按照行业的样本分配只数,在行业内选取排名靠前的股票;对各行业选取的样本作进一步调整,使成分股总数为 180 家。

2) 样本股的调整

上证 180 指数依据样本稳定性和动态跟踪相结合的原则,每半年调整一次成分股。每次调整比例一般不超过 10%。有特殊情况时,也可能对样本进行临时调整。

3）指数的权数及计算公式

上证180指数采用派许加权综合价格指数公式计算，以样本股的调整股本数为权数，计算公式如下：

$$报告期指数 = \frac{报告期成分股的调整市值}{基日成分股的调整市值} \times 1\,000$$

式中，调整市值 $= \sum(市价 \times 调整股本数)$。

基日成分股的调整市值又称为除数。调整股本数时，采用分级靠档的方法，对成分股股本进行调整。

4）指数的修正

当样本股名单发生变化、样本股的股本结构发生变化或股价出现非交易因素的变动时，上证180指数采用"除数修正法"修正原固定除数，以维护指数的连续性。

上证180指数为未来的全国统一指数做好了准备，同时为进一步推出指数衍生产品打下了基础。上证180指数是衡量股票投资业绩的基准指数，对于推动指数基金产品完善与发展具有重要的作用。

2. 深证成分股指数

深证成分股指数由深圳证券交易所编制，通过对所有在深圳证券交易所上市的公司进行考察，按一定标准选出40家有代表性的上市公司作为成分股，以成分股的可流通股数为权数，采用加权平均法编制而成，代码为399001。深证成分股指数包括深证成分指数、成分A股指数、成分B股指数、工业分类指数、商业分类指数、金融分类指数、地产分类指数、公用事业指数、综合企业指数共九项。成分股指数以1994年7月20日为基日，基日指数为1\,000点。

深圳证券交易所选取成分股的一般原则是：有一定的上市交易时间，有一定的上市规模，以每家公司一段时期内的平均可流通股市值和平均总市值作为衡量标准；交易活跃，以每家公司一段时期内的总成交金额和换手率作为衡量标准。以上标准再结合下列因素，评选出成分股：①公司股票在一段时间内的平均市盈率；②公司的行业代表性及所属行业的发展前景；③公司近年来的财务状况、盈利记录、发展前景、管理素质等；④公司的地区、板块代表性等。

3. 创业板指数

创业板指数与深证成分指数、中小板指数共同构成反映深交所上市股票运行情况的核心指数。

1）指数简介

创业板指数是从创业板股票中选取100只组成样本股，反映创业板市场层次的运行情况，代码为399006。创业板指数样本股调整每季度进行一次，以反映创业板市场快速成长的特点。

为了更全面地反映创业板市场情况，向投资者提供更多的可交易的指数产品和金融衍生工具的标的物，推进指数基金产品以及丰富证券市场产品品种，深圳证券交易所于2010年6月1日起正式编制和发布创业板指数。该指数的编制，参照深证成分指数和深证100指数的编制方法和国际惯例（包括全收益指数和纯价格指数）。

2）选样空间

创业板指数的选样空间如下：

（1）在深交所创业板上市交易的A股。

（2）上市交易超过 6 个月（大市值样本不受此限）。

（3）非 ST、＊ST 股票。

（4）最近一年无重大违规、财务报告无重大问题。

（5）最近一年经营无异常、无重大亏损。

（6）考察期内股价无异常波动。

3）成分股的选择

创业板指数的初始成分股为指数发布之日已纳入深证综合指数计算的全部创业板股票。在指数样本未满 100 只之前，新上市股票在上市后第 11 个交易日纳入指数计算。在指数样本数量满 100 只以后，样本数量锁定为 100 只，定期（每三个月）实施调样。样本选样的指标为一段时期（一般为 6 个月）平均流通市值的比重和平均成交金额的市场占比，并按照 2∶1 的权重加权平均，计算结果后从高到低排序，再参考公司治理结构、经营状况等因素后，选取创业板指数成分股。

4）指数计算

创业板指数采用派氏加权法编制，采用下列公式逐日连锁实时计算。

$$实时指数 = 上一交易日收市指数 \times \frac{\sum 成分股实时成交价成分股权数}{\sum 成分股上一交易日收市价成分股权数}$$

在上述公式中，"成分股"是指纳入指数计算范围的股票，"成分股权数"是成分股的自由流通量，子项和母项的权数相同。子项中的乘积为成分股的实时自由流通市值，母项中的乘积为成分股的上一交易日收市自由流通市值，$\sum$ 是指对纳入指数计算的成分股的自由流通市值进行汇总。每个交易日开市后，用成分股的开市价计算开市指数，其后在交易时间内用成分股的实时成交价计算实时指数，收市后用成分股的收市价计算收市指数。成分股当日无成交的，取上一交易日收市价。成分股暂停交易的，取最近成交价。自由流通量是上市公司实际可供交易的流通股数量，它是无限售条件股份剔除"持股比例超过 5% 的下列三类股东及其一致行动人所持有的无限售条件股份"后的流通股数量：①国有（法人）股东；②战略投资者；③公司创建者、家族或公司高管人员。

5）成分股定期调整

在样本满 100 只后，将对创业板指数实施季度调整，实施时间定于每年 1 月、4 月、7 月、10 月的第一个交易日，通常在实施日前一月的第二个完整交易周的第一个交易日公布调整方案。

6）成分股临时调整

在指数样本未满 100 只之前，新上市股票在上市后第 11 个交易日纳入指数计算。

7）指数的修正调整

创业板指数的调整计算是根据不同情况，在开市前对指数实时计算公式中的有关数据项分别或同时进行调整。

4. 科创板指数

科创板指数由上海证券交易所科创板中市值大、流动性好的 50 只证券组成，反映最具市场代表性的一批科创企业的整体表现。

1）指数简介

科创板指数是指"科创 50 指数"，全称上证科创板 50 成分指数，代码为 000688。启用日期为 2020 年 7 月 23 日,指数基点为 1 000,成分股数量 50 个,加权方式是流通股比例分级靠档加权。

2)样本空间

科创板指数的样本空间由满足以下条件的科创板上市证券(含股票、红筹企业发行的存托凭证)组成。

(1)上市时间超过 6 个月的,待科创板上市满 12 个月的证券数量达 100 只至 150 只后,上市时间调整为超过 12 个月。

(2)上市以来日均总市值排名在科创板市场前 5 位,定期调整数据考察截止日后第 10 个交易日时,上市时间超过 3 个月。

(3)上市以来日均总市值排名在科创板市场前 3 位,不满足条件(2),但上市时间超过 1 个月并获专家委员会讨论通过。

存在以下情形的公司除外。

(1)被实施退市风险警示。

(2)存在重大违法违规事件、重大经营问题、市场表现严重异常等不宜作为样本的情形。

3)选样方法

(1)对样本空间内的证券按照过去一年的日均成交金额由高到低排名,剔除排名后 10％的证券作为待选样本。

(2)将待选样本按照过去一年的日均总市值由高到低排名,选取排名前 50 的证券作为指数样本。

4)计算方法

$$计算期指数＝计算期样本的调整市值÷除数×1\ 000$$

式中,调整市值＝$\sum$(证券价格 × 调整股本数 × 权重因子)。

5)指数样本和权重调整

(1)定期调整:科创板指数的样本每季度调整一次,样本调整实施时间为每年 3 月、6 月、9 月和 12 月的第二个星期五的下一交易日。每次调整的数量比例原则上不超过 10％,采用缓冲区规则,排名在前 40 名的候选新样本优先进入指数,排名在前 60 名的老样本优先保留。权重因子随样本的定期调整而调整,调整时间与指数样本的定期调整时间相同。在下一个定期调整日前,权重因子一般固定不变。

(2)临时调整:科创板指数在遇到部分特殊情况时会对样本进行临时调整。例如,当样本发生退市时,将其从指数样本中剔除。样本公司发生收购、合并、分拆等情形的处理,参照指数计算与维护细则进行处理。

(三)恒生指数

恒生指数(Hang Seng Index,HSI)是由恒生银行全资附属的恒生指数公司编制的指数。入选样本股来自中国香港股票市场 33 家上市公司,是以发行量为权数的加权平均股价指数。

恒生指数是中国香港股市价格的重要指标,由若干只成分股(即蓝筹股)市值计算得出,代表了香港交易所所有上市公司的 12 个月平均市值涵盖率的 63％,恒生指数由恒生银行下属的恒生指数有限公司负责计算及按季检讨,公布成分股调整。1969 年,何善衡领导编制恒生指数时,是以香港股票市场中的 33 家有代表性的上市股票为成分股样本,以其发行量为权数的加权平均股价指数,是反映香港股市价格浮动趋势最有影响的一种股价指数。该指数于 1969 年 11 月 24 日首次公开发布,基期为 1964 年 7 月 31 日,基期指数定为 100。

恒生指数的成分股具有广泛的市场代表性,其总市值占香港联合交易所市场资本额的90%左右。为了进一步反映市场中各类股票的价格走势,恒生指数于 1985 年开始公布四个分类指数,把 33 种成分股分别纳入工商业、金融、地产和公共事业四个分类指数中。

(四)台湾加权股价指数

台湾加权股价指数(简称台湾加权指数,TAIEX)是由台湾证券交易所(TWSE)所编制的股价指数,被视为是呈现台湾地区经济走向的橱窗。台湾证券交易所采用派氏加权方式,与标准普尔 500(S&P500)的公式相同,是反映整体市场股票价值变动的指标。台湾加权指数以上市股票之市值当作权数来计算股价指数,采样样本为所有挂牌交易中的普通股,其特色是股本较大的股票对指数的影响会大于股本小的股票,市值高者(如台积电、鸿海、国泰金及中钢、台塑等)更是其中的重要代表。

目前,台湾地区的主要交易指数有 55 种,其中自编 44 种,合编 11 种,包括台湾加权股价指数、MSCI 指数、宝岛指数、柜买指数、台湾 50 指数、台湾中型 100 指数、科技指数、发达指数等。其中,最有代表性的就是台湾加权股价指数。

五、世界主要股票价格指数

国际市场影响比较大的股票价格指数有美国道琼斯指数(DJIA)、美国纳斯达克综合指数、英国富时 100 指数、日本日经 225 指数、德国 DAX30 指数等。

(一)道琼斯指数

人们通常所说的道琼斯指数,指的是道琼斯指数四组中的第一组道琼斯工业指数(Dow Jones Industrial Average,DJIA)。该指数是由华尔街日报和道琼斯公司创建者查尔斯·亨利·道创造的几种股票市场指数之一,其测量的是美国股票市场上工业构成的发展,是最悠久的美国市场指数之一。该指数包括美国 30 家最大、最知名的上市公司。虽然名称中提及"工业"一词,但实际上该指数的 30 家构成企业里,大部分都已与重工业不再相关。基于补偿股票分割和其他调整的效果,它当前只是加权平均数,并不代表成分股价值的平均数。

1884 年 7 月 3 日,道琼斯公司的创始人查尔斯·亨利·道和爱德华·琼斯根据当时美国有代表性的 11 种股票编制了股票价格平均数,并发表于该公司编辑出版的《每日通讯》上。此后,道琼斯股价指数的样本股逐渐扩大至 65 种,编制方法也有所改进。1889 年,《每日通讯》改名为《华尔街日报》。

现在的道琼斯指数实际上是一组股价平均数,包括以下四组指标。

1. 工业股价平均数

工业股价平均数以美国埃克森石油公司、通用汽车公司和美国钢铁公司等 30 家著名大工商业公司股票为编制对象,能灵敏反映美国经济发展水平和变化趋势。平时所说的道琼斯指数就是指道琼斯工业股票价格平均指数。

2. 运输业股价平均数

运输业股价平均数以美国泛美航空公司、环球航空公司、国际联运公司等 20 家具有代表性的运输业公司股票为编制对象。

3. 公用事业股价平均数

公用事业股价平均数以美国电力公司、煤气公司等 15 种具有代表性的公用事业大公司股票为编制对象。

4. 股价综合平均数

股价综合平均数以上述 65 家公司股票为编制对象。

(二) 纳斯达克综合指数

纳斯达克(National Association of Securities Dealers Automated Quotations,NASDAQ)是美国全国证券交易商协会于 1968 年创建的自动报价系统名称的英文简称。纳斯达克的特点是收集和发布场外交易非上市股票的证券商报价,现已成为全球最大的证券交易市场之一,上市公司有 5 200 多家。

纳斯达克综合指数是反映纳斯达克证券市场行情变化的股票价格平均指数,基本指数为 100。纳斯达克的上市公司涵盖了所有新技术行业(包括软件和计算机、电信、生物技术、零售和批发贸易等),主要由美国的数百家发展最快的先进技术、公司组成(包括微软、英特尔、美国在线、雅虎这些家喻户晓的高科技公司),因而成为美国"新经济"的代名词。

纳斯达克综合指数是代表各工业门类的市场价值变化的晴雨表。因此,纳斯达克综合指数相比标准普尔 500 指数、道琼斯指数更具有综合性。纳斯达克综合指数包括 5 000 多家公司,超过了其他所有单一证券市场。正因为有如此广泛的基础,使得它成了最有影响力的证券市场指数之一。

纳斯达克是全世界第一个采用电子交易的股市,在 55 个国家和地区设有 26 万多个计算机销售终端,使股票交易发生了革命性的创新。在以前,这些不在主板上市的股票是由主要交易商和持有详细名单的经纪人公司提供报价的。而纳斯达克链接着全美国 500 多家造市商的终端,形成了计算机系统的中心。

(三) 富时 100 指数

富时 100 指数(FTSE 100 指数)最初为金融时报 100 指数,创立于 1984 年 1 月 3 日,是在伦敦证券交易所上市的最大的 100 家公司的股票指数。

富时指数是英国经济的晴雨表,也是欧洲最重要的股票指数之一。相关的股票指数还包括富时 250 指数(除 100 家最大的公司以外的 250 家大型公司的股票指数)和富时 350 指数(富时 100 和富时 250 指数的结合)。

(四) 日经 225 指数

日经 225 指数(Nikkei 225 Stock Index,N225)的编制始于 1949 年,它是由东京股票交易所第一组挂牌的 225 种股票的价格所组成。这个由日本经济新闻有限公司(NKS)计算和管理的指数,通过主要媒体加以传播,被各国视为代表日本股市的参照物。

日经平均股指是在东证一部上市股票中,以成交量最活跃、市场流通性最高的225只股票的股指为基础,以修正式算术平均计算出来的。日经225指数选取的股票虽只占东京证券交易所第一类股中20%的股数,但该指数却代表着第一类股中近60%的交易量以及近50%的总市值。

自1991年10月起,日经225指数将每年流通性较低的股票以流通性高的股票替代,以重新检视构成股票。为了使市场的流通性及产业结构的变化能进一步反映到股票指数上,日经225指数于2000年4月24日制定了新的股票构成选定标准,更换了30种股票。现在其构成股票包括松下电工、日产汽车、丰田汽车、野村证券、资生堂、花王等知名企业股票。

除了日经225指数外,还有以发行量加权平均方式来计算的日经股指指数300(日经300),以股指修正式算术平均方式来计算的日经500种平均股指指数(日经500),以发行量加重平均方式来计算的日经综合股指指数(日经综合),但在实际使用上皆不及日经225广泛。

(五)德国DAX30指数

德国DAX指数(德语:Deutscher Aktienindex)是德国重要的股票指数,是由德意志交易所集团(Deutsche Börse Group)推出的一个蓝筹股指数。该指数中包含有30家重要的德国公司。DAX指数在欧洲是与英国伦敦金融时报指数齐名的重要证券指数,也是世界证券市场中的重要指数之一。该指数的交易方式不同于传统的公开交易方式,而是采用电子交易的方式通过Xetra交易系统进行交易,便于进行全球交易。

DAX指数于1987年推出,取代了当时的Borsen-Zeitung指数和法兰克福汇报指数,于1988年7月1日起开始正式交易,基准点为1 000点。DAX指数以"整体回报法"进行计算,即在考虑公司股价的同时,考虑预期的股息回报。DAX指数是德国最受重视的股价指数,但该指数仅由30种蓝筹股组成,被认为范围过窄而不适合作为股市整体表现的指标。DAX30与美国标准普尔500、法国CAC-40及英国富时100等股价指数一样,是以市值加权的股价平均指数,而不是简单平均的股价平均指数。

但与其他指数不同的是,DAX30指数试图反映德国股市的总收益情况,而其他指数则只反映市场价格的变化。DAX30指数考虑到股息收入,名义上将所有股息收入(按成分股的比重)再投资在股票上。如此,即便德国股票价格没有变动,DAX30指数仍可能因股息收入而上涨。DAX30指数的期货和期权合约在欧洲期货期权交易所(EUREX)挂牌买卖。

课 后 练 习

一、名词解释

股票的面值、股票的净值、股票的内在价值、股票的清算价值、股票的交易价格、股票的理论价格、股票价格指数。

二、简答题

1. 影响股票价格的因素有哪些?
2. 股票价值的决定因素是什么?
3. 世界上的主要股票价格指数有哪些?

三、论述题

1. 学习本章之后,你对"股票价格""股票价值"有了哪些新的认知?
2. 举一个利用股价指数预测股票市场走势的例子,并展开讨论。

课后拓展:国外股市相关经典影视作品

1. 大空头(*The Big Short*)

其他译名:大卖空、孤注一掷

制片地区:美国

导　　演:亚当·麦凯

上映时间:2015 年 12 月 23 日

剧情简介:2008 年全球爆发金融危机,而华尔街几位眼光独到的投资鬼才早在 2007 年美国信贷风暴前就看穿了泡沫假象,通过做空"次贷"、操纵 CDS 市场而大幅获益,成为少数在金融灾难中大量获利的投资枭雄。

资料来源:https://baike.baidu.com/item/%E5%A4%A7%E7%A9%BA%E5%A4%B4/16828574.

2. 华尔街:金钱永不眠(华尔街Ⅱ)(*Wall Street:Money Never Sleeps*)

制片地区:美国

导　　演:奥利弗·斯通

上映时间:2010 年 10 月 15 日

剧情简介:第一季结束 20 年后,戈登·盖柯从监狱出来,准备重新投身到华尔街商战中,但他很快就无奈地发现自己已经跟不上时代,此时的华尔街比他当年更加贪婪和凶险。他警告人们"危机随时都有可能降临",但没人把他的警告当回事。戈登只好转向自己的家庭,试图修补与女儿破裂的关系。戈登的女儿与一个年轻的华尔街股票交易员雅各布·摩尔订婚了,后者希望戈登能帮他对付一个操纵全球股市的投资银行老板,因为这个人导致他导师的自杀,并间接毁掉了他的前程。

资料来源:https://baike.baidu.com/item/%E5%8D%8E%E5%B0%94%E8%A1%97%EF%BC%9A%E9%87%91%E9%92%B1%E6%B0%B8%E4%B8%8D%E7%9C%A0?fromModule=lemma_search-box.

3. 华尔街之狼(*The wolf of wall street*)

其他译名:华尔街狼人

制片地区:美国

导　　演：马丁·斯科塞斯

上映时间：2013 年 12 月 25 日

剧情简介：影片讲述的是华尔街传奇人物乔丹·贝尔福特的故事，这位股票经纪人曾在三分钟内赚取 1 200 万美元，31 岁时就拥有亿万家产。影片通过乔丹·贝尔福特的讲述拉开。1987 年，那时的乔丹刚进入华尔街一家大公司，成为一名低级职员，他的老板马克·哈纳向他传授了成功秘诀。然而，就在乔丹取得证书、成为正式的股票经纪人不久，这家公司就在那场著名的"黑色星期一"股灾中破产了。

资料来源：https://baike.baidu.com/item/%E5%8D%8E%E5%B0%94%E8%A1%97%E4%B9%8B%E7%8B%BC/5949540? fr=ge_ala.

4. 大而不倒（*Too big to fall*）

其他译名：大到不能倒

制片地区：美国

导　　演：柯蒂斯·汉森

上映时间：2011 年 5 月 23 日

剧情简介：影片讲述了 2008 年爆发的全球金融危机，以美国财政部长汉克·保尔森为主要线索，记录了在几周之内决定全球最大经济体命运的权力人物的决策与行动。为了拯救全球经济，摆脱金融困境，不仅保尔森倾尽全力，美联储主席本·伯南克、纽约联邦储备银行行长蒂姆·盖特纳等人也动用了自己的私人关系和渠道。除此之外，沃伦·巴菲特、投资银行家、英国监管机构以及几乎所有的国会议员都参与到了这场没有硝烟的金融大战中。

资料来源：https://baike.baidu.com/item/%E5%A4%A7%E8%80%8C%E4%B8%8D%E5%80%92/5698898.

5. 商海通牒（*Margin Call*）

其他译名：利益召唤、追缴保证金

制片地区：美国

导　　演：J. C. 尚多尔

上映时间：2011 年 9 月 29 日

剧情简介：故事发生在 2008 年经济危机爆发的时刻，一家投资银行的内部要发布破产声明的前 24 小时。在检阅完所有资料后，年轻的分析师皮特·苏利文突然意识到，公司的财产评估有着巨大的漏洞。也就是说，一个错误的或者说计划好的商业决定使得公司举步维艰，这间投资银行大量购买了一种有价证券，但是现在这些证券本身变得不值钱了，这即将导致银行的破产。发现了这点后，公司的高层连夜举行会议，希望能研究出策略来挽救公司。富有经验的股票经纪人山姆·罗吉斯、他的老板贾德·科恩、金融危机分析师萨拉·罗伯特森都来到了会议现场。会议决定，银行要以极低的价格抛售这些一文不值的证券。公司高层对这些即将到来的金融界的危险既无所畏惧，也不知羞耻。他们在第二天股市刚开盘的时候，就抛出所有的不良资产。这样一来，虽然投资银行能得到暂时的安稳，但却会引发一系列连锁反应，最终厄运还是会降临到这些投资银行的头上。

资料来源：https://baike.baidu.com/item/%E5%95%86%E6%B5%B7%E9%80%9A%E7%89%92? fromModule=lemma_search-box.

6. 监守自盗（*Inside Job*）

制片地区：美国

导　　演：查尔斯·弗格森

上映时间:2010 年 10 月 8 日

剧情简介:该片通过详尽的资料搜集,追访全球金融业界商人、政客、财经记者,披露金融大鳄的崛起之路,公开了业内和学界贪污腐败政策背后的惊人真相。

资料来源:https://baike.baidu.com/item/%E7%9B%91%E5%AE%88%E8%87%AA%E7%9B%97/13769241? fromModule=lemma_search-box.

7. 狱中的家政女王(*Martha Behind Bars*)

其他译名:家政女皇入狱记

制片地区:美国

导　　演:Eric Bross

上映时间:2005 年 9 月 25 日

剧情简介:玛莎·斯图尔特一直被媒体渲染为成功女创业家的理想楷模,是美国历史上第一位拥有自己媒体上市公司的女亿万富翁。在过去 20 多年里,她通过电视、广播、杂志以及数十本著作,对全球超过千万户的家庭兜售烹饪、持家、装潢、育子的秘诀,缔造了一代美国妇女的生活观念。但是,这位家居装饰企业家却在一年多前因为在股票市场上串通股票经纪人,卖出 3 928 份 ImClone 系统股票而被起诉。2004 年 3 月 5 日,玛莎·斯图尔特妨碍司法公正、密谋和两项作伪证罪名成立,数罪并罚,被判坐牢 20 年。

资料来源:https://baike.baidu.com/item/%E7%8B%B1%E4%B8%AD%E7%9A%84%E5%AE%B6%E6%94%BF%E5%A5%B3%E7%8E%8B/10866705? fr=ge_ala.

8. 锅炉房(*Boiler Room*)

其他译名:票分析员、抢钱大作战、致命圈套、沸腾空间

制片地区:美国

导　　演:本·扬格

上映时间:2000 年 1 月 30 日

剧情简介:19 岁的少年赛斯·戴维斯一心希望尽快淘到自己的第一桶金,好让父亲另眼相看。他本打算靠玩非法纸牌起家,却发现此路根本行不通,直到一家名为 J.T. 马林经纪公司的股票经纪商找上了赛维斯。在这个号称“锅炉房”的核心办公室里,无数个一夜间成为百万富翁的故事深深诱惑着赛维斯。很快,野心勃勃的赛维斯以优异的成绩通过了股票经纪人认证考试,开始了他的“成功之路”。他把那些永远都没有前途的股票卖给利欲熏心的投资者。

资料来源:https://baike.baidu.com/item/%E6%8A%A2%E9%92%B1%E5%A4%A7%E4%BD%9C%E6%88%98/19701935? fromtitle=boiler%20room&fromid=3077326&fr=aladdin.

9. 死亡密码

制片地区:美国

导　　演:达伦·阿罗诺夫斯基

上映时间:1998 年 7 月 10 日

剧情简介:才华盖世的数学家马斯在过去十年来,发现股票市场混乱波动的背后是因一套数学模式在操控,于是致力研究该数学模式。没想到,主宰金融市场的一家华尔街财团以及一个卡巴拉宗教组织同时派员追缉他。马斯既要保护自己的安全,同时亦要尽快找出这些影响世界金融市场的密码。

资料来源:https://baike.baidu.com/item/%E5%9C%86%E5%91%A8%E7%8E%87/20858716? fromModule=search-result_lemma-recommend.

10. 华尔街 Ⅰ（*Wall Street*）

制片地区：美国

导　　演：奥利弗·斯通

上映时间：1987 年 12 月 11 日

剧情简介：巴德·福克斯为纽约大学的毕业生，华尔街的失意经纪人。在一次和大老板戈登·盖柯的面谈之后，他改变了自己的生活。他为戈登寻找内幕消息，帮助戈登赚了一大笔钱，因此成为戈登的合伙人之一。巴德从戈登那里学了很多操纵股市的知识和技巧。最后，在收购他父亲工作了一辈子的航空公司 Blue Star Airline 的一笔生意中，巴德和戈登产生了冲突。巴德以其人之道还其人之身，用戈登教的知识反击了他，并挽救了父亲一辈子的心血，但也因为幕后操纵股市而入狱。

资料来源：https://baike.baidu.com/item/％E5％8D％8E％E5％B0％94％E8％A1％97/309366?fromModule＝search-result_lemma-recommend.

第三章 股票市场与监管

知识目标

了解股票发行市场、股票交易市场、股票发行市场的功能、股票发行市场的特点、股票发行的目的、股票发行的种类、股票的发行方式、股票的发行价格、股票的发行程序、证券交易所、场外交易、股票市场监管的手段、股票市场监管等基本概念。

能力目标

1. 掌握股票发行价格的确定方法。
2. 掌握股票发行的程序。
3. 掌握股票交易的议价原则。
4. 理解股票发行市场与股票交易市场的关系。

第一节 股票发行市场

股票市场指的是股票发行和交易的场所,以及与之相关的市场组织和管理体系的总称。它是市场经济发展到一定阶段的产物,是为解决资本供求矛盾、让资本流动而产生的市场。

一、股票发行市场的含义

股票发行市场(stock issuance market)是指为了扩充经营,股票发行公司自己或通过证券承销商(信托投资公司或证券公司),按照一定的法律规定和发行程序,向投资者出售新股票所形成的市场。由于股票的发行过程是股票初次进入市场,故发行市场又称"一级市场""初级市场"。

二、股票发行市场的功能

股票发行市场有两个功能。

（1）股票发行市场是资金需求者融资的场所，资金需求者可以通过在一级市场上发行股票筹集资金。

（2）证券发行市场为资金供应者提供投资机会，谋求证券投资收益。

三、股票发行市场的构成要素

股票发行市场的构成要素主要包括五个方面，分别是股票发行的主体，也就是股票的发行者，即股份公司；股票发行的客体，也是发行的对象，即股票；投资者；股票发行的中介；股票发行的监管者。股票发行市场一般没有一个有形的特定场所，有时股票的出售是在发行者和投资者之间自行约定地点、直接进行的，但更多的是通过中介机构进行。

（一）发行者

1. 股票发行者的含义

股票发行者（issuer of stocks）也称为股票发行人，是指在股票发行市场上公开发行股票的股份有限公司。作为股票的发行者，它是股票发行市场的第一主体，发行者数量的多少、实力的强弱、发行规模的大小、发行股票的种类和质量决定着股票发行市场的活跃程度，对股票发行市场起着决定性作用。

2. 股票发行者的分类

按照股票是否办理上市手续分类，股票发行者一般分为两类。一类是只办理公开发行股票的手续，却未申请上市的发行公司；另一类是既办理公开发行股票手续，又办理上市交易手续的上市发行公司。

3. 股票发行者的资格

1）基本要求

根据中国《中华人民共和国证券法》（后简称《证券法》）、《公司法》以及中国证监会的其他相关规定，股票发行者的资格一般有三项基本要求。

（1）发行者必须是按照法定程序经过注册登记，取得营业许可证的法人组织。如果这个组织是刚成立的，那么，它在成立之前募集股金的活动只能算作认购股金活动，由发起组织者发放认股缴股收据。正式股票应该在公司正式宣告成立之后发行。

（2）必须有明确的发行股票章程，或在公司章程中专章规定。公开发行股票章程须经中国证监会批准，这个章程应写明：发行股票的原因、发行单位全称、拟发股票总额、每股金额、对不同身份的购股者的限制等内容。

（3）发行者情况的公开介绍资料必须真实合法。发行人依法披露的信息，必须真实、准确、完整，不得有虚假记载、误导性陈述或者重大遗漏。新办企业应对发起人、营业范围、发起人投资等情况向公众进行介绍。增资发行的企业则应向公众介绍企业领导人员、企业经营项目、财务状况、发展计划等情况。

2）资格审查内容

为了正确评价发行股票的质量，必须对该发行公司进行评估，以审查发行公司的资格。资格审查的主要内容包括发行公司的效益、发行公司的经营管理水平、发行公司的运营能力、发行公司的规模、发行公司的资本结构等。

（二）投资者

这里的股票投资者（equity investors）又称股票认购人（subscriber），是指在一级市场投资购买股票的机构和个人，是股票发行市场和发行公司的资金供给者。在中国，投资者主要包括非银行金融机构、企业、事业单位、社会团体、社会公众等。这些投资者同时也是二级市场的参与者。

1. 机构投资者（institutional investors）

1）种类

（1）金融机构。

参与股票投资的金融机构可分为三类：证券经营机构和证券中介机构；保险公司；各类基金性质的金融机构，如证券投资基金、退休养老基金、福利基金等。目前，中国实行分业经营，商业银行和其他各类银行、信用合作社不允许参与股票投资。

（2）法人企业。

企业以自己的闲置资金或暂时不用的积累进行短、中、长期股票投资，还可以通过股票投资实现参股、控股的目的。其主要特点是长期投资比较稳定，且短期投资的交易量比较大。

（3）投资基金。

投资基金可分为证券投资基金和社会公益基金。

① 证券投资基金是一种利益共享、风险共担的集合证券投资方式，即通过发行基金单位，集中投资者的资金，由基金托管人托管，由基金管理人管理和运用资金，从事股票等金融工具投资，并将投资收益按投资比例进行分配的一种间接投资方式。

② 社会公益基金是指将收益用于指定的社会公益事业的基金，如福利基金、社会保障基金、科技发展基金、教育发展基金、退休基金、养老基金等。

（4）外国公司、外国金融机构以及国际性机构和团体。

（5）各种非营利性社会团体是指不以营利为目的的组织，如慈善团体、艺术团体、学术团体等。

2）特征

（1）可供投资的资金量大。

（2）收集和分析市场信息的能力强。

（3）可以通过有效的投资组合，分散投资风险。

（4）注重资产的安全性。

（5）其投资活动对市场的影响大。

2. 社会公众（the public）

社会公众也就是私人投资者，是指在股票市场上通过买卖股票以获取收益的个人。私人投资者的实力也有强弱，私人资金量通常有限，其投资资金的主要来源是个人储蓄。

1）投资目的

社会公众参与股票投资的首要目的就是实现资本的增值。此外，还会考虑本金安全、收入的稳定、抵补通货膨胀、维持流动性、实现投资多样化、取得有利的避税地位。少数私人投资者还会积极参与企业的决策与管理。

2）特点

（1）个人投资者的投资目的在于追求利润。

（2）个人投资者的投资活动更具有盲目性。

（3）个人投资者的投资活动不创造新的金融资产和金融工具。

（4）个人投资者投资活动的开展需借助于中介机构。

（三）中介机构（agency）

股票市场中还有各式各样的中介机构。

1. 股票承销商（stock underwriter）

股票承销商是指经营股票承销业务的中介机构，其承担股票承销与资金交流的任务；是股票发行机构的枢纽，直接关系到股票发行市场的成败。股票承销商主要办理上市股票的分散股权销售业务，包括包销股票、代销股票两种。在代销制下，股票承销商只负责代销手续，并不保证股票全部售出；在包销制下，股票承销商则必须担负完全出售股票的责任。股票承销商的收入为承销手续费，以及收到投资人从申购到退件期间的利息收入。

股票承销商的种类主要有证券公司、投资银行、信托公司等。

1）证券公司（securities company）

证券公司俗称券商，是指依照《公司法》的规定，经国务院证券监督管理机构审查批准，从事证券经营业务的有限责任公司或者股份有限公司。证券公司是非银行金融机构的一种，是从事证券经营业务的法定组织形式，是专门从事有价证券买卖的法人企业。证券公司分为证券经营公司和证券登记公司。依我国《公司法》的规定，证券公司从它成立的时候起就按照现代企业制度来规范管理，以使证券公司能够成为具有一定规模的，产权清晰、风险自负、权责分明、管理科学的现代企业，担负起证券公司在证券发行与交易中的责任。证券公司具有证券交易所的会员资格，可以承销发行、自营买卖或自营兼代理买卖证券。普通投资人的证券投资都要通过证券商来进行。按证券经营公司的功能划分，可分为证券经纪商、证券自营商和证券承销商。

2）投资银行（investment banks）

投资银行是与商业银行相对应的一类非银行金融机构，主要从事证券发行、承销、交易、企业重组、兼并与收购、投资分析、风险投资、项目融资等业务，是资本市场上的主要金融中介。

3）信托公司（trust company）

信托公司是一种以受托人的身份代人理财的金融机构，与银行信贷、保险并称为现代金融业的三大支柱。中国信托公司的主要业务包括经营资金和财产委托、代理资产保管、金融租赁、经济咨询、证券发行以及投资等。根据国务院关于进一步清理整顿金融性公司的要求，中国信托公司的业务范围限于信托、投资、和其他代理业务，少数确属需要的经中国人民银行批准可以兼营租赁业务、证券业务和发行一年以内的专项信托受益债券，用于进行有特定对象的贷款和投资，但不准办理银行存款业务。信托业务一律采取委托人和受托人签订信托契约的方式进行，信托投资公司受托管理和运用信托资金、财产，只能收取手续费，费率由中国人民银行会同有关部门制定。2007年，中国银监会制定新的《信托公司管理办法》时，将原来的"信托投资公司"统一改称为"信托公司"。

2. 审计机构(audit organization)

审计机构包括审计师事务所、会计师事务所,属于国家审计体系中的社会审计部分。它的业务包括对股份公司的财务报表进行审计、验资、盈利预测审核,出具审计报告等。

3. 律师事务所(lawyers' office)

律师事务所为股份有限公司的发行、上市、收购、合并、重组、处置等重大事项出具法律意见书。

4. 资产评估机构(assets evaluation organization)

股份有限公司在发行上市阶段需要聘请资产评估机构,对拟投入股份有限公司的资产进行评估作价。

(四)监管者(regulator)

股票发行的监管者也就是证券市场的管理者。世界上任何一个证券市场都是有监管的,在中国由中国证券监督管理委员会(后简称"中国证监会")担负监管职责。

中国证监会为国务院直属正部级事业单位,依照法律、法规和国务院授权,统一监督管理全国证券期货市场,维护证券期货市场秩序,保障其合法运行。中国证监会设在北京,现设主席 1 名,副主席 4 名,驻证监会纪检监察组组长 1 名;证监会机关内设 20 个职能部门,1个稽查总队,3 个中心;根据《证券法》第 14 条规定,中国证监会还设有股票发行审核委员会,委员由中国证监会专业人员和所聘请的会外有关专家担任。中国证监会在各省、自治区、直辖市和计划单列市设立了 36 个证券监管局,并在上海、深圳设立了证券监管专员办事处。

四、股票发行市场的特点

(一)股票发行是股票发行人将股票首次出售给投资者的行为,属于第一次交易,故股票发行市场也称为"一级市场""初级市场"

股票发行市场具有股票创设功能。任何种类的股票若要进入股票市场并实现流通,都必须先取得合法的股票形式。股票发行是使股票得以转让和流通的前提条件。股票发行市场上的发行对象,可以是从未发行过股票的发行人创设的股票,也可以是股票发行人在前次发行后增加发行的新股票,还可以是因股票拆细或合并等行为而发行的股票。我国目前最常见的股票,是企业通过股份制改造并发行的新股票,或上市公司为了增加股本而以送股或配股等方式发行的新股票。上述情况都具有创设新股票的性质,属于股票发行活动。

(二)股票发行人必然是股票发行市场的主体之一

创设股票在本质上是股票发行人向投资者募集资金的筹资行为。股票发行往往要借助专业机构或人员参与才能完成,但它必然是在股票发行人主持下完成的。而且,首次出售所创设的股票属于交易行为,必然是以股票发行人为一方当事人,认购人或其他投资者为另一方当事人。鉴于股票发行市场参与者的特殊结构,其市场功能的核心是协调股票发行人与股票投资者之间的关系。

（三）证券发行市场主要是无形市场，通常不存在具体形式的固定场所，也无通常的专业设备和设施

股票发行人可以直接向公众投资者或特定范围的投资者发售股票以募集资金，也可以通过中介机构向社会投资者或特定范围的股票认购人募集资金。在国外，股票市场的存在形态非常复杂。股票发行人在各中介机构的协助下，要先进行股票发行的准备工作；发行准备工作初步完成后，股票承销商会向潜在投资者提供招募文件，采取路演等方式宣传所发行股票；投资者填制认购文件并交付股票承销商后，承销商会根据股票认购情况与股票发行人商定包销数量及发行价格，并从股票发行人处领取应向投资者交付的股票。上述行为可以在许多地方陆续进行，且无固定场所和法定设施。我国股票的公开发行多借助证券交易所的交易网络，所以股票发行的准备工作虽然与国外做法相似，但交付证券主要通过证券交易所进行。

五、股票发行的目的及种类

股票发行的目的多种多样，一般可以归纳为两类，一类是为成立新的股份公司而筹集资本，另一类是现有的股份公司为改善经营而发行新股、筹集资金。

（一）新公司首次设立发行

依据最新修订的《证券法》《公司法》和《首次公开发行股票并上市管理办法》，新公司发行的主体资格和新股发行方式有具体规定。

1. 主体资格

（1）发行人应当是依法设立且合法存续的股份有限公司。经国务院批准，有限责任公司在依法变更为股份有限公司时，可以采取募集设立方式公开发行股票。

（2）发行人自股份有限公司成立后，持续经营时间应当在3年以上，但经国务院批准的除外。有限责任公司按原账面净资产值折股，整体变更为股份有限公司的，持续经营时间可以从有限责任公司成立之日起计算。

（3）发行人的注册资本已足额缴纳，发起人或者股东用作出资的资产的财产权转移手续已办理完毕，发行人的主要资产不存在重大权属纠纷。

（4）发行人的生产经营符合法律、行政法规和公司章程的规定，符合国家产业政策。

（5）发行人最近3年内主营业务和董事、高级管理人员没有发生重大变化，实际控制人没有发生变更。

（6）发行人的股权清晰，控股股东和受控股股东、实际控制人支配的股东持有的发行人股份不存在重大权属纠纷。

2. 新股发行方式

通过发行股票设立新公司一般分为发起设立和招股设立两种方式。

1）发起设立

发起设立又称同时设立、单纯设立等，是指公司的全部股份或首期发行的股份由发起人自行认购而设立公司的方式。在这种情况下，每个发起人都是原始股东。采用发起设立方

式组建的股份有限公司,只能在发起人范围内筹集股本金,设立公司时的股东都是发起人,所以最初的董事、监事只能在发起人中选任。

发起人在认购股份后,可以一次缴足认购款,也可以分期缴纳,期限由发起人共同议定。认股款可以是现金,也可以是事先商定的机械设备、厂房、地产等实物资产,经作价后抵缴股款。

发起设立比较简便,只要注册申请,经批准后就可以开始新公司的经营活动。

2)招股设立

招股设立是指新成立股份公司时,发起人只认购部分股票,其余部分向社会公开招股的一种做法。按各国的股份《公司法》规定,发起人可以不必认购全部所发新股,但至少每人应认购一定的股数;并且,全体发起人所认购股数之和,一般不得少于新股总数的1/4。对于发起人未认购的部分,需要向社会公开招股,面向公众募集股本。

招股设立的社会影响力比发起设立要大得多,这有助于公司的营业和发展。招股设立的优点是风险相对分散,缺点是筹资速度较慢,发行成本较高,并因程序较复杂可能会拉长公司的筹备期。

招股设立时,发起人应先向主管机关申请,经批准后,公布招股书,说明公司的基本情况(如名称、营业范围、股份总额、每股金额和内部组织状况等)、发起人认购情况、认购起始和结束日期、股金交付方式等。公众认购股票时,需填写认股书(包括认股数、金额、认购人住址等)。

新股全部发行完毕以后,在一定的准备期内,发起人应召集全体股东参加公司成立大会(有的称为首届股东代表大会)。发起人需要在会上向股东们报告公司创立的过程、前景预测、讨论和修订公司章程,选举董事会等。会议结束后,到政府有关部门去申请注册登记,方可宣告公司正式成立,取得法人资格并开始营业。招股设立均采用有偿发行,发行价格多为市价。

(二)现有公司增资发行

增资发行是指随着公司的发展、业务的扩大,公司为达到增加资本金的目的而发行股票的行为。按照取得股票时是否缴纳股金,增资发行又可分为有偿增资发行、无偿增资发行和混合增资发行(有偿与无偿混合)。下面介绍前两种。

1. 有偿增资发行

有偿增资发行是一种旨在筹集资金的增资发行方式。在这种方式下,认股人必须支付现金,股票发行与公司资本同时增加。它是最典型的股票发行方式,可分为配股和公开招股两种方式。

1)配股

配股分为向原股东配股和第三者配股。向原股东配股是指股份有限公司增发股票时对老股东按一定比例分配公司新股的认购权,准许其按照一定的配股价格优先认购新股票。这是给予原股东的一种优待,其可按照原有持股比例分配新股的股数,予以优先认购。配股完成后,原股东的股份占比不变。

向第三者配股是指公司向股东以外的公司职工、公司往来客户银行及有友好关系的特定人员发售新股票。由于发售新股票的价格低于老股票的市场价格,第三者往往可以获得较大的利益。

2）公开招股

按一定价格向社会增发新股票的目的是增加公司的资本金,增发股票面向社会,无特定对象。增发股票的价格往往高于面值。为了维护老股东的权益,一般在溢价发行时,要给老股东优先认购权和价格优惠权。

2. 无偿增资发行

无偿增资发行就是所谓的送股,股东无须缴纳股款而取得新股,其目的不是为了筹资,而是调整资本结构或者把积累资本化。无偿增资发行股票必须按照比率配与原股东。

无偿增资可分为积累转增资和红利转增资。积累转增资是指将法定盈余公积金或资本公积金转为资本送股,按比例赠给老股东。红利转增资是指公司将当年分派给股东的红利转为增资,采用新发行股票的方式代替准备派发的股息和红利送给股东,这就是所谓的送红股。

（三）其他股票发行目的及种类

除上述两种原因外,公司发行股票还可能有其他目的。

1. 为改善公司财务结构而发行股票

如果公司资产负债率过高,就会影响该公司的偿债能力,影响公司信用。这时,就可以采取发行股票的方式增加公司资本金,从而降低资产负债率。

2. 为某些特定目的发行股票

（1）转换证券。公司发行在外的可转换公司债券、可转换优先股等其他类型的证券需要转换时,可通过向债权人、可转换优先股持有人发行公司股票,实现债转股、优转股的目的。

（2）股份的分割与合并。股份分割是股份公司在资本总额不变的情况下,对大额股实行细分化增加股份份额。这是无偿增资的方式之一,又称股票分割、股票拆细,需要向原股东换发拆细后的股票。

股票的合并又称反分割,是指通过将数股旧股合并为一股新股,并相应增加新股票的每股面值。在这种情况下,原公司（两个或者两个以上）都宣告解散,或者成立一个新公司,或者形成一个新的主体,设立的新公司要给解散公司的股东换发新公司的股票。原有公司的股东则因取得新公司的股票而成为新公司的股东。

（3）公司兼并。公司可以向目标企业发行本公司股票,目标公司以其资产作为出资缴纳股款,由此完成对目标企业的兼并。

（4）公司缩股。公司因资本过剩或亏损严重需要减资时,重新发行股票。

（5）其他。证券交易所为提高股票上市的基准,需要公司增加资本时公司会发行股票。

六、股票的发行方式

股票发行方式是指公司通过何种途径发行股票。总的来讲,股票的发行方式可分为如下两类。

1. 公开间接发行

公开间接发行是指通过中介机构,公开向社会公众发行股票。我国股份有限公司采用募集设立方式向社会公开发行新股时,须由证券经营机构承销,这种做法就属于股票的公开间接发行。这种发行方式的优点是发行范围广、发行对象多,易于足额募集资本;股票的变现性强,流通性好;有助于提高发行公司的知名度和扩大其影响力。其缺点是手续繁杂,发行成本高。

2. 不公开直接发行

不公开直接发行是指不公开对外发行股票,只向少数特定的对象直接发行,因而不需中介机构承销。我国股份有限公司采用发起设立方式和以不向社会公开募集的方式发行新股的做法,即属于股票的不公开直接发行。这种发行方式的优点是弹性较大,发行成本低;缺点是发行范围小,股票变现性差。

七、股票的发行价格

股票发行价格(issue price)是指股票发行人(发行公司)将股票出售给投资人时的价格。股票发行价格的确定对发行人至关重要,因为发行价格越高,意味着发行公司筹集到的资金就越多,发行成本也相应降低。但是,如果发行价格定得过高,可能会导致投资人因顾虑投资回报而望之生畏,致使发行失败。反之,如果发行价格定得过低,则无法满足发行人的资金需求,并损害原有股东的利益。

(一)种类

一般而言,股票发行价格有面值发行、时价发行、中间价发行和折价发行等。

1. 面值发行

面值发行是指将股票的票面金额作为发行价格。采用股东分摊的发行方式时,一般按平价发行,不受股票市场行情的影响。市价往往高于股票面额,因此以票面金额为发行价格能够使认购者得到因价格差异而带来的可能收益,使其乐于认购,同时又保证了股票公司顺利地实现筹措股金的目的。

2. 时价发行

时价发行不是以面额,而是以流通市场上的股票交易价格(即实时价格、时价)为基础确定发行价格。这种价格一般高于票面金额,二者的差价称为溢价,溢价带来的收益归该股份公司所有。按时价发行,能使发行者以相对少的股份筹集到相对多的资本,从而减轻负担;同时,还可以稳定流通市场的股票时价,促进资金的合理配置。

按时价发行,对投资者来说也未必吃亏。股票市场的行情变幻莫测,如果该公司将溢价收益用于改善经营,提高了公司和股东的收益,就会使股票价格上涨;投资者若能掌握时机,适时按时价卖出股票,收回的现款会远高于购买成本,获得价格溢出收益。在具体决定价格时,还要考虑股票销售难易程度、对原有股票价格是否冲击、认购期间价格变动的可能性等因素。因此,一般将发行价格定在低于时价5%～10%的水平上是比较合理的。

3. 中间价发行

中间价发行即股票的发行价格取票面金额与市场价格之间的中间值。这种方式通常在时价高于面额,公司需要增资但又需要照顾原有股东的情况下采用。中间价发行的对象一般为原股东,在时价和面额之间采取一个折中的价格发行。实际上,这是将差价收益一部分归原股东所有,一部分归公司所有并用于扩大经营。因此,在进行股东分摊时,要按比例配股,不改变原来的股东构成。

4. 折价发行

折价发行即发行价格低于票面金额,相当于打了折扣。目前,各国通常规定发行价格不得低于票面金额,因此,这种折扣发行需经过许可方能实行。折价发行有以下两种情况。

(1)优惠性的,通过折价使认购者分享权益。例如,公司为了充分体现对现有股东的优惠而采取搭配增资方式时,新股票的发行价格就为一定折扣的票面价格,折价不足票面金额的部分由公司的公积金抵补。现有股东所享受的优先购买和价格优惠的权利,叫作优先购股权。若股东自己不享用此权,可以将优先购股权转让出售,这种情况又称作优惠售价。

(2)该股票行情不佳,发行有一定困难。此时,发行者与推销者共同议定一个折扣率,以吸引那些预测行情要上浮的投资者认购。

(二)影响因素

股票的发行价格受多种因素影响,具体如下。

1. 内在因素

内在因素是指股票发行人内部经营管理对发行价格制定的影响因素。一般而言,发行价格随发行人的实质经营状况而定。这些因素包括公司现在的盈利水平及未来的盈利前景、财务状况、生产技术水平、成本控制、员工素质、管理水平等,其中最为关键的是利润水平。在正常状况下,发行价格是盈利水平的线性函数。承销商在确定发行价格时,应以利润为核心,并从主营业务入手,对利润进行分析和预测。主营业务的利润及其增长率,是反映企业的实际盈利状况及其对投资者提供报酬水平的基础。利润水平与投资意愿有着正相关的关系,而发行价格则与投资意愿有着负相关的关系。在其他条件既定时,利润水平越高,发行价格越高。而此时,投资者也会有较强的投资购买欲望。当然,未来的利润增长预期也具有至关重要的影响,因为买股票就是买未来预期。因此,为了制定合理的价格,必须对未来的盈利能力做出合理预期。在制定发行价格时,应从以下四个方面对利润进行理性估测:发行人主营业务的发展前景、产品价格上升的潜在空间、管理费用与经济规模性、投资项目的投产预期和盈利预期。

2. 外在的环境因素

1) 股票流通市场的状况

股票流通市场直接关系到一级市场的发行价格,是"牛市"还是"熊市",这是最重要的。在结合发行市场来考虑发行价格时,主要应考虑如下内容。

(1)制订的发行价格要使股票上市后的价格有一定的上升空间。

(2)在股市处于通常所说的"牛市"阶段时,发行价格可以适当偏高,因为在这种情况下,投资者一般有资本利得,若价格低的话,就会降低发行人和承销机构的收益。

(3)若股市处于通常所说的"熊市"时,发行价格宜偏低,因为若价格较高,会拒投资者于门外,而增加发行困难和承销机构的风险,甚至有可能导致发行人筹资计划的失败。

2）发行人所处行业的发展状况

发行人所处的行业和经济区位条件对发行人的盈利能力和水平有直接的影响。就行业因素而言,不但应考虑本行业所处的发展阶段(如是成长期还是衰退期等),还应进行行业间的横向比较,并考虑不同行业的技术经济特点。在行业内也要进行横向比较,如将发行人与同行业的其他公司对比,找出优势,特别是和同行业的其他上市公司相比,得出总体的价格参考水平。同时,行业的技术经济特点也不容忽视,都必须加以详细分析,以确定其对发行价格的影响程度。就经济区位而言,必须考虑发行人所处经济区位的成长条件和空间,以及该经济区位的经济发展水平,考虑是在经济区位内还是受经济区位辐射,等等。这些条件和因素对发行人的未来能力同样有巨大的影响,因而在发行价格的确定时不能不加以考虑。

3. 外在的政策因素

一般而言,不同的经济政策对发行人的影响是不同的。政策因素中最主要的是两大经济政策:税负水平和利息率。税负水平直接影响发行人的盈利水平,是直接决定发行价格的因素。一般而言,享有较低税负水平的发行人,其股票的发行价格可以较高;反之,则可以较低。利润水平一般同股票价格水平成正比,当利率水平降低时,随着每股的利润水平提高,股票的发行价格就可以相应提高。除了以上两个因素外,国家有关的扶持与抑制政策对发行价格也是一个重要的影响因素。特别在经济政策方面,国家往往采取对某些行业与企业进行扶持,对某些行业与企业的发展进行抑制等,这就是通常所说的产业政策。因此,在制订股票发行价格时,对这些政策因素也应加以考虑。

（三）定价方法

股票的定价方法与之前股票内在价值的确定方法相一致,股票发行价格的定价方法主要有以下四种。

1. 市盈率定价法

市盈率定价法是指依据注册会计师审核后的发行人的盈利情况,计算发行人的每股收益,然后根据二级市场的平均市盈率、发行人的行业状况、经营状况和未来的成长情况拟定其发行市盈率,最后依据发行市盈率与每股收益的乘积确定发行价格。市盈率定价法的计算公式如下:

$$发行价格＝每股收益×发行市盈率$$

$$每股收益＝\frac{税后利润}{发行前总股本数}$$

2. 净资产倍率法

净资产倍率法又称资产净值法,是指通过资产评估和相关会计手段,确定发行公司拟募股资产的每股净资产值,然后根据证券市场的状况将每股净资产值乘以一定的倍率,以此确定股票发行价格的方法。净资产倍率法的计算公式如下:

$$发行价格＝每股净资产值×溢价倍数$$

3. 竞价确定方法

竞价是指通过市场运营机构(承销商、交易所)组织交易的卖方或买方参与市场投标,以竞争方式确定交易量及其价格的过程。发行公司和承销商根据发行公司的经营业绩、盈利预测、项目投资的规模、市盈率、发行市场与股票交易市场上同类股票的价格及影响发行价格的其他因素,共同研究协商,确定发行底价。在此种方法下,机构大户易于操纵发行价格。为了避免这种情况出现,在具体实施过程中,主要采取以下三种形式。

(1) 网上竞价。网上竞价指通过证券交易所的交易系统,按集中竞价原则确定新股发行价格。新股竞价发行申报时,主承销商作为唯一的卖方,其卖出数为新股实际发行数,卖出价格为发行公司宣布的发行底价;而投资者作为买方,以不低于发行底价的价格进行申报。计算机主机在申报时按集中竞价原则决定发行价格,即以累计有效申报数量达到新股发行数量的价位作为发行价格。在该发行价格以上的所有买入申报均按该价格成交,如在该价格的申报数量不能全部满足时,按时间优先原则成交。累计有效申报数量未达到新股发行数量时,则所有有效申报均按发行底价成交。发行余额按主承销商与发行人订立的承销协议处理。投资者在新股竞价发行申报时,须交付足够的申购保证金,该保证金在竞价发行期间暂予冻结。为了防止市场操纵行为,此种定价方式通常都会规定每个股票账户的最高申购额。

(2) 机构投资者(法人)竞价。新股发行时,通常采取对法人配售和对一般投资者网上发行相结合的方式,通过机构投资者(法人)竞价来确定股票发行价格。

一般由主承销商确定发行底价,法人投资者根据自己的意愿申购申报价格和申报股数;申购结束后,根据发行人和主承销商对法人投资者的有效预约申购数,按照申购价格由高到低进行排序,再根据事先确定的累计申购数量与申购价格的关系,确定新股发行价格。在申购时,每个法人投资者都有一个申购的上限和下限。申购期间,申购资金予以冻结。

(3) 券商竞价。在新股发行时,发行人事先通知股票承销商,说明发行新股的计划、发行条件和对新股承销的要求。各股票承销商则根据自己的情况拟定各自的标书,以投标方式相互竞争股票承销业务。中标标书中的价格就是股票发行价格。

4. 现金流量折现法

现金流量折现法是指通过预测公司未来的盈利能力,计算公司的净现值,并按一定的折扣率折算,从而确定股票的发行价格。

使用该方法先使用市场接受的会计方法,预测公司各项目在未来若干年内的每年总净现金流量;然后按照公允市场折现率进行折现,得到未来总净现金流量的总折现值,即净现值;最后,用公司的净现值除以公司的总股本,即为每股净现值。由于未来收益存在不确定性,发行价格一般要对每股净现值折让 20%～30%。

投资股票为投资者带来的收益主要包括股利收入和最后出售股票的差价收入,使用此法的关键在于以下两点:第一,预期企业未来存续期各年度的现金流量;第二,要找到一个合理的、公允的折现率。折现率的大小取决于取得的未来现金流量的风险,风险越大,要求的折现率就越高。

八、股票的发行程序

根据《证券法》,公开发行股票必须符合法律、行政法规所规定的条件,并依法报经国务院证券监督管理机构或者国务院授权的部门注册。如未经依法注册,任何单位和个人不得公开发行股票。股票发行注册制的具体范围、实施步骤由国务院规定。目前,主板、科创板、创业板的股票均已实行注册制。

股票发行一般包括发行前的准备阶段、发行申报和注册阶段、发行与承销的实施阶段三个阶段。

（一）股票发行报批前的准备阶段

1. 从监管者的角度

股票发行前必须对发行人（也就是筹资者）进行资信评估。资信评估主要是针对发行人历年的经营状况、经济效益、生产经营前景、经营目标和经营能力等情况进行审查。审查的过程是一个完整的评估过程，可以为确定股票发行者的资信情况、融资能力以及发行数量提供依据，控制资金的投向和经营决策，还可以对投资的项目进行定性、定量的评价和估算。股票监管者通过资信评估，可以对股票发行的必要性、可行性和经济合理性作出准确的判断，为股票发行决策提供主要依据。

2. 从发行者的角度

从发行者的角度，股票发行报批前的准备阶段的主要工作如下。

1）研究和分析发行市场的情况

发行人进入证券市场发行股票之前，必须先充分了解证券市场，包括发行市场的现状、规模、供需关系以及投资者承受能力等。此外，还要对发行手续、发行成本、发行数额、发行期限、发行时机、税收等方面有一个全面的了解，为拟定发行方案打好基础。

2）拟定股票发行方案，形成股票发行决议

为了保证股票发行工作的顺利进行，发行人需要认真拟定发行方案。方案的内容应包括确定发行目标和规模、对发行目标和规模进行可行性研究、拟定发行股票的种类和价格、确定股票的发行时间和方式。方案拟定后，公司董事会需根据法定程序，通知召开股东大会，就股票发行方案作出决议。待决议通过之后，方可进行下一步工作。

3）聘请中介结构进行评估工作，准备申报材料

发行人要公开发行股票，需聘请会计师事务所、资产评估机构、信誉评估机构、律师事务所等专业机构，对其资信、资产、财务状况进行审定、评估，并就有关事项出具法律意见书。企业应根据上述报告，认真起草发行股票所需的各项申报材料（包括申请书、章程、可行性研究报告等），为正式申请发行做好准备。

（二）发行申报和注册阶段

在发行申报和注册阶段，发行人应做的工作如下。

1. 提出发行申请，报送有关文件

发行人应根据隶属关系，分别向所在省、自治区、直辖市、计划单列市人民政府或者中央企业主管部门提出公开发行股票的申请，同时报送有关文件。

（1）设立股份有限公司公开发行股票，应当符合《公司法》规定的条件和经国务院批准的国务院证券监督管理机构规定的其他条件，并向国务院证券监督管理机构报送募股申请和下列文件：

① 公司章程；

② 发起人协议；

③ 发起人的姓名或者名称、认购的股份数、出资种类及验资证明；

④ 招股说明书；

⑤ 代收股款银行的名称及地址；

⑥ 承销机构名称及有关的协议。

依照本法规定聘请保荐人的，还应当报送保荐人出具的发行保荐书。法律、行政法规规定设立公司必须报经批准的，还应当提交相应的批准文件。

（2）公司首次公开发行新股，应当符合下列条件：

① 具备健全且运行良好的组织机构；

② 具有持续经营能力；

③ 最近三年财务会计报告被出具无保留意见审计报告；

④ 发行人及其控股股东、实际控制人最近三年不存在贪污、贿赂、侵占财产、挪用财产或者破坏社会主义市场经济秩序的刑事犯罪行为；

⑤ 经国务院批准的国务院证券监督管理机构规定的其他条件。

公开发行存托凭证的，应当符合首次公开发行新股的条件以及国务院证券监督管理机构规定的其他条件。

（3）公司公开发行新股，应当报送募股申请和下列文件：

① 公司营业执照；

② 公司章程；

③ 股东大会决议；

④ 招股说明书或者其他公开发行募集文件；

⑤ 财务会计报告；

⑥ 代收股款银行的名称及地址。

依照本法规定聘请保荐人的，还应当报送保荐人出具的发行保荐书。依照本法规定实行承销的，还应当报送承销机构名称及有关的协议。

2. 股票主管机关注册

股票发行注册制主要是指发行人申请发行股票时，必须依法将公开的各种资料完全准确地向证券监管机构申报。证券监管机构的职责是对申报文件的全面性、准确性、真实性和及时性作形式审查，不对发行人的资质进行实质性审核和价值判断，发行公司股票的良莠将留给市场来决定。

注册制的核心是证券发行人提供的材料不存在虚假、误导或者遗漏。这种制度的市场化程度最高，代表是美国和日本。

2023 年 2 月 1 日，我国全面实行股票发行注册制改革。2023 年 2 月 17 日，中国证监会发布全面实行股票发行注册制相关制度规则，自公布之日起施行。证券交易所、全国股转公司、中国结算、中证金融、证券业协会配套制度规则同步发布实施。

（三）发行与承销的实施阶段

在发行与承销的实施阶段，发行人应做的工作如下。

1. 承销前的准备工作

发行人与承销商召开承销会议，商定具体细节。

2. 组织承销团、签订股票分销协议

当发行人发行股票超过一定数量时,往往会组织多个承销商,组建承销团,以完成该项工作。

3. 向社会公告

在正式发行前,发行人应采用适当的方式,在指定的报刊或者电台、电视台向公众公告。

4. 发售股票

发布招募公告后,发行人应在约定的日期由承销机构负责向社会公开发售股票,进行股款收纳、股份交收工作。证券的代销、包销期限最长不得超过 90 日。证券公司在代销、包销期内,对所代销、包销的证券应当保证先行出售给认购人,证券公司不得为本公司预留所代销的证券,也不得预先购入并留存所包销的证券。

5. 股东登记与承销报告

在股份交收的同时,应由承销机构协同发行人及时、准确地汇总全部股东资料,制成股东名册。在发售结束后的规定时间内,承销机构应及时向证券主管机关报送股票销售情况报告书。

第二节　股票交易市场

股票交易市场又称证券交易场所、二级市场、次级市场、流通市场,是指对已发行的股票进行买卖、转让和流通的市场。通常所说的股市一般指的就是股票交易市场。根据有无固定场所,股票交易市场可分为证券交易所和场外交易市场两类。

一、证券交易所

证券交易所(securities exchange)是为证券集中交易提供场所和设施,组织和监督证券交易,实行自律管理的法人。中国大陆有三家证券交易所,即 1990 年 11 月 26 日成立的上海证券交易所和 1990 年 12 月 1 日成立的深圳证券交易所,以及 2021 年 9 月 3 日注册成立的北京证券交易所。1986 年 3 月 27 日,香港联合交易所正式合并成立,2000 年 3 月 6 日,香港交易及结算所有限公司成立,全资拥有香港联合交易所有限公司、香港期货交易所有限公司和香港中央结算有限公司三家附属公司。1961 年 10 月 23 日成立台湾证券交易所。

(一)特点

通常情况下,证券交易所有下列特点。

1. 本身不持有证券,也不买卖证券,更不能决定各种证券的价格

证券交易所仅仅为证券交易的双方提供服务、创造条件,并对双方的交易进行监督。证券交易价格由买卖双方按照既定规则公开竞价决定。

2. 证券公开交易

证券交易所要求所有申请上市的证券发行者必须定期、真实地公布其经营状况和财务状况。交易所自身会定期公布各种证券的行情表和统计表,随时提供各种证券价格指数,方便投资者选择投资目标、做出投资决策。

3. 证券交易所有严格的组织性、专门的立法和规章制度

各国一般都明确规定,只有证券经纪人才能代理买卖双方进入证券交易所参加交易,一般投资人不能直接进场交易。交易所对成交价格、成交单位、成交后的结算等都有严格的规定,并对交易所内部人员严加约束。

(二)组织类型

1. 会员制证券交易所

会员制证券交易所不以营利为目的,由会员自治自律、互相约束,参与经营的会员可以参加股票交易中的股票买卖与交割。会员与交易所之间不是合同关系,而是自治和自律的关系。交易所的最高决策管理机构是理事会,理事会成员由会员选举产生。

这种交易所的佣金和上市费用较低,从而在一定程度上可以放置上市股票的场外交易。但是,由于经营交易所的会员本身就是股票交易的参加者,因而在股票交易中难免出现交易的不公正性。同时,因为参与交易的买卖方只限于证券交易所的会员,新会员的加入一般要经过原会员的一致同意,这就形成了一种事实上的垄断,不利于提高服务质量和降低收费标准。

在会员制证券交易所中,理事会的职责主要有:决定政策,并由总经理负责编制预算,送请成员大会审定;维持会员纪律,对违反规章的会员给予罚款,停止营业与除名处分;批准新会员进入;核定新股票上市;决定如何将上市股票分配到交易厅专柜等。

目前,中国大陆的沪、深两家证券交易所均采用会员制。

2. 公司制证券交易所

公司制证券交易所是以营利为目的,提供交易场所和服务人员,以便利证券商的交易与交割的证券交易所。这种证券交易所要收取发行公司的上市费与证券成交的佣金,其主要收入来自买卖成交额的一定比例。经营这种交易所的人员不能参与证券买卖,在一定程度上可以保证交易的公平。

北京证券交易所(简称北交所)是经国务院批准设立的我国第一家公司制证券交易所,受中国证监会监督管理。

(三)证券交易所的成员

无论是公司制还是会员制的证券交易所,其参加者都是证券经纪人和自营商,普通投资者不直接参加交易。证券交易所的成员大体可分为以下三类。

1. 会员

会员包括股票经纪人、证券自营商及专业会员。

股票经纪人主要是指佣金经纪人,即专门替客户买卖股票并收取佣金的经纪人。交易所规定只有会员才能进入大厅进行股票交易。因此,非会员投资者若想在交易所买卖股票,必须通过佣金经纪人。

股票自营商是指不是为顾客买卖股票,而为自己买卖股票的证券公司。根据业务范围,股票自营商可以分为直接经营人和零数交易商。直接经营人是指在交易所注册的、可直接在交易所买卖股票的会员,这种会员不需支付佣金,其利润来源于短期股票价格的变动。零数交易商是指专门从事零数交易的交易商(零数交易是指不够一个交易单位所包含的股数的交易),这种交易商不能收取佣金,其收入主要来源于以低于整份交易的价格从证券公司客户手中购入证券,然后以高于整份交易的价格卖给零数股票的购买者所赚取的差价。

专业会员是指在交易所大厅专门买卖一种或多种股票的交易所会员,其职责是为有关股票提供并保持一个自由的、连续的市场。作为专业会员交易对象的其他经纪人,按规定不能直接同公众买卖证券。专业会员可用经纪人或自营商的身份参与股票的买卖业务,但不能同时身兼二职参加股票买卖。

2. 交易人

交易人进入交易所后,就被分为特种经纪人和场内经纪人。

特种经纪人是交易所大厅的中心人物,每位特种经纪人都身兼数职,其可充当其他股票经纪人的代理人;直接参加交易,以轧平买卖双方的价格差距,促成交易;在大宗股票交易中扮演拍卖人的角色,负责对其他经纪人的出价和开价进行评估,确定一个公平的价格;负责本区域交易,促其成交;向其他经纪人提供各种信息等。

场内经纪人主要有佣金经纪人和独立经纪人。独立经纪人主要是指一些独立的个体企业家。一个公司如果没有自己的经纪人,就可以成为独立经纪人的客户。每做一笔交易,公司须向独立经纪人付一笔佣金。独立经纪人会竭力按公司要求进行股票买卖,以获取良好信誉和丰厚报酬。

3. 客户(非会员投资者)和经纪人之间的关系

在股票投资与交易活动中,客户与经纪人有如下四种关系。

(1)授权人与代理人的关系。客户作为授权人,经纪人作为代理人,经纪人必须为客户着想,为客户利益提供帮助。经纪人所得收益为佣金。

(2)债务人与债权人的关系。这是在保证金交易中客户与经纪人之间的关系。客户在保证金交易方式下购买股票时,仅支付保证金,不足之数向经纪人借款。无论该项借款是由经纪人贷出还是由商业银行垫付,此时的经纪人均为债权人,客户均为债务人。

(3)抵押关系。客户在需要款项时,须持股票向经纪人作抵押借款,客户为抵押人,经纪人为被抵押人;等股票售出时,经纪人可从其款项中扣除借款数目。在经纪人本身无力贷款的情况下,可用客户的股票向商业银行再抵押。

(4)信托关系。客户将金钱和证券交由经纪人保存,经纪人为客户的准信托人。经纪人在信托关系中不得使用客户的财产为自身牟利。客户若想从事股票买卖,须先在股票经纪人公司开立账户,以便获得各种必要资料,然后再行委托;而经纪人则不得违抗或变动客户的委托。

(四)证券交易所的市场层次

根据上市股票符合的标准不同,证券交易所分为如下五个层次。

1. 主板市场(main board market)

主板市场是股票市场最主要的一个层次,又被叫作首板市场,是股票发行最主要的场所。主板市场对发行人的经营期限、股本规模、盈利水平和最低市值等要求较高。上市公司大多是资本规模大、盈利能力稳定的大型成熟企业。

2. 二板市场(second board market)

二板市场也被称为创业板(growth enterprise board),是以美国纳斯达克市场为代表的证券二级市场。在我国,它是深圳证券交易所的专属板块,即深圳创业板。该板块主要针对高增长、高科技的中小企业,是主板市场的重要补充,属于二板市场。

深圳创业板等二板市场的主要目的是支持中小企业特别是高成长性企业,建立风险投资和创投企业正常退出机制,为国家战略自主创新提供融资平台,为多层次资本市场体系建设贡献力量。2012年4月20日,深交所正式发行《深圳证券交易所创业板股票上市规则》,并于当年5月1日起正式实施。

3. 科创板(the science and technology innovation board;STAR market)

科创板,是于2018年11月5日在首届中国国际进口博览会开幕式上宣布设立,独立于现有主板市场的新设板块。2019年6月13日,科创板正式开板;7月22日,科创板首批公司上市。

我国根据《在上海证券交易所设立科创板并试点注册制总体实施方案》《关于在上海证券交易所设立科创板并试点注册制的实施意见》,在上交所新设科创板。科创板坚持面向世界科技前沿、面向经济主战场、面向国家重大需求,科创板主要服务于符合国家战略、突破关键核心技术、市场认可度高的科技创新企业,重点支持新一代信息技术、高端装备、新材料、新能源、节能环保以及生物医药等高新技术产业和战略性新兴产业,以推动互联网、大数据、云计算、人工智能和制造业深度融合,引领中高端消费,推动质量变革、效率变革、动力变革。

我国设立科创板并试点注册制,是提升资本市场服务科技创新企业能力、增强市场包容性、强化市场功能的一项重大改革举措。科创板通过在发行、交易、退市、投资者适当性、证券公司资本约束等环节引入新的制度安排,为引入中长期资金等提供配套措施,并按照增量试点、循序渐进的原则,保持新增资金与试点进展同步匹配,力争在科创板实现投融资平衡、一二级市场平衡、公司的新老股东利益平衡,并促进现有市场形成良好预期。

4. 全国中小企业股份转让系统

全国中小企业股份转让系统简称"全国股转系统",俗称"新三板",是经国务院批准、依据证券法设立的。它是继上交所、深交所之后第三家全国性证券交易场所,也是我国第一家公司制运营的证券交易场所。全国中小企业股份转让系统有限责任公司(简称"全国股转公司")是新三板的运营机构,为新三板市场提供场所和设施,并组织新三板市场的具体运营,监督和管理新三板市场。该公司于2012年9月20日在国家工商总局注册,2013年1月16日正式揭牌运营,隶属于中国证监会,由中国证监会直接管理。

5. 新三板与北交所的区别

新三板和北交所的区别主要体现在概念不同、交易场所不同、交易门槛不同、交易规则不同、上市对象不同。

(1) 概念不同。新三板是指全国中小企业股份转让系统,不具体指三个板块,只是相对于一板(主板)、二板(创业板和中小板)而言的。"北交所"的全名是北京证券交易所有限责任公司,是全国中小企业股份转让系统有限责任公司的全资子公司。广义的新三板(大新三板)包括基础层、创新层以及北交所(原精选层);狭义的新三板(小新三板)只包括基础层、创新层。

北交所成立后,将原精选层纳入,而创新层、基础层仍然保留在全国中小企业股份转让系统有限责任公司。原精选层的公司是未上市的公众公司,平移到北交所后,成为上市公司、公众公司。

（2）交易场所不同。北京证券交易所交易属于场内市场。新三板是全国中小企业股份转让系统，属于场外市场。

（3）交易门槛不同。在北交所交易需要投资者有两年及以上的股票交易经验和 50 万元及以上的日均资产。而在新三板创新层交易需要投资者有两年及以上的股票交易经验和 100 万元及以上日均资产，在新三板基础层交易需要投资者有两年及以上的股票交易经验和 200 万元及以上日均资产。

（4）交易规则不同。北交所新股上市首日不设涨跌幅限制，首日后涨跌幅限制为 30％，每一交易单位为 100 股，以 1 股进行递增。新三板创新层涨跌幅限制为 50％，新三板基础层涨跌幅限制为 100％，每一交易单位为 100 股，以 1 股进行递增。

（5）上市对象不同。北交所上市交易的是上市公司的股票，而新三板上市交易的不是上市公司的股票。

二、场外交易市场

（一）含义

场外交易市场是指在证券交易所外进行证券买卖的市场。

（二）组成

场外交易市场主要由柜台交易市场、第三市场、第四市场组成。

1. 柜台交易市场（OTC market）

柜台交易市场是通过证券公司、证券经纪人的柜台进行证券交易的市场。该市场在证券产生之时就已存在，在交易所产生并迅速发展后，柜台市场能够存在并发展的原因如下。

（1）交易所的容量有限且有严格的上市条件，客观上需要柜台市场的存在。

（2）柜台交易比较简便、灵活，满足了投资者的需要。

2. 第三市场（the third market）

第三市场是指已上市证券的场外交易市场。

3. 第四市场（the fourth market）

第四市场是投资者不通过传统经纪人，彼此之间利用计算机网络直接进行大宗证券交易的市场。

三、股票发行市场与股票交易市场之间的关系

（一）联系

股票发行市场与股票交易市场相互配合，协调、高效地运转，共同构成一个充满生机的股票市场。

发行市场是基础，没有发行就没有交易。如果没有发行市场，发行人就无法通过发行股票来筹集资金，投资者也少了参与企业投资的机会。

交易市场则是发行市场的保证,因为没有交易市场,股票就无法及时转让、及时变现;投资者就不能根据经济效益有效地调整投资目标,从而无法灵活地运用资金,追求最大化的资金效益;无法有效地规避风险,继而阻碍投资者持有股票,影响发行市场的正常运行。因此,股票交易市场对股票发行市场的运行起着积极的推动作用。

(二)区别

股票交易市场体现的是股票在投资者之间买卖的横向关系,而股票发行市场体现的则是股票由发行人流向投资者之间的纵向关系;股票在交易市场的流动可以是无数次,而在发行市场的流动仅有一次;股票在交易市场流动的结果仅仅是资金所有权与股票所有权在不同投资者之间的转换,其本身不创造新的股票,更不创造财富,也不会增加社会长期资金的总数,而股票在发行市场流动的结果是社会长期资金的增加以及股票数量的增加,社会资金会通过股票的发行被投入发行公司的运营。

四、全面注册制下的交易制度

(一)股票价格的涨跌幅限制

1. 已上市股票

沪深主板、创业板、科创板和北交所的一般涨跌幅限制分别为 10%、20%、20% 和 30%。

2. 新上市股票

在沪深主板、创业板和科创板首次公开发行上市的股票,上市后的前 5 个交易日将不设价格涨跌幅限制。新上市股票自第 6 个交易日起,沪深主板、创业板和科创板的涨跌幅限制恢复为 10%、20% 和 20%。

在北交所上市的股票,上市首个交易日无价格涨跌幅限制。新上市股票自第 2 个交易日起,北交所的涨跌幅限制恢复为 30%。

交易所将披露沪深主板上市新股首个交易日买入、卖出金额最大的 5 家会员营业部的名称及其买入、卖出金额,而在新股上市第 2~5 个交易日不披露。

小提示

不设价格涨跌幅限制的情形还包括:进入退市整理期交易的首日;退市后重新上市的首日;交易所认定的其他情形。

(二)主板规定了盘中临时停牌制度

对于无价格涨跌幅限制的股票,盘中设置 30%、60% 两档停牌指标,盘中交易价格较当日开盘价首次上涨或下跌达到或超过 30%、60% 时,各停牌 10 分钟。

小提示

(1)证券开市期间停牌的,可以继续申报,也可以撤销申报;复牌时对已接受的申报实行集合竞价。

(2)停牌时间跨越 14:57 且须于当日复牌的,于 14:57 复牌;对已接受的申报进行复牌集合竞价,再进行收盘集合竞价。

（三）"价格笼子"制度

主板"价格笼子"制度，即限价申报除了 2% 的有效申报价格范围要求，同时还有 10 个申报价格最小变动单位的安排，取其中的孰高值或孰低值。具体规定如下：

（1）买入申报价格不得高于买入基准价格的 102% 和买入基准价格以上十个申报价格最小变动单位的孰高值；

（2）卖出申报价格不得低于卖出基准价格的 98% 和卖出基准价格以下十个申报价格最小变动单位的孰低值。

（3）买入（卖出）基准价格为即时揭示的最低卖出（最高买入）申报价格；无即时揭示的最低卖出（最高买入）申报价格的，为即时揭示的最高买入（最低卖出）申报价格；无即时揭示的最高买入（最低卖出）申报价格的，为最新成交价；当日无成交的，为前收盘价。

"价格笼子"制度对偏离市场价格较大的高价买单和低价卖单进行限制，可以在一定程度上抑制拉抬打压等异常交易行为，防范价格大幅波动。同时，部分上市板新增的 10 个申报价格最小变动单位的安排，给予了低价股必要的申报空间。

例题

在连续竞价阶段，投资者 A 计划买入主板股票 X，若此时即时揭示的最低卖出申报价格为 10 元/股，那么，"买入基准价格"为 10 元/股，"买入基准价格的 102%"为 $10 \times 102\% = 10.2$ 元/股，"买入基准价格以上十个申报价格最小变动单位"为 $10 + 10 \times 0.01 = 10.1$（元/股），$10.2 > 10.1$，故投资者 A 的买入申报价格就不得高于 10.2 元/股。

而投资者 B 计划买入主板股票 Y，若此时即时揭示的最低卖出申报价格为 3 元/股，那么，"买入基准价格"为 3 元/股，"买入基准价格的 102%"为 $3 \times 102\% = 3.06$（元/股），"买入基准价格以上十个申报价格最小变动单位"为 $3 + 10 \times 0.01 = 3.1$（元/股），$3.1 > 3.06$，故投资者 B 的买入申报价格就不得高于 3.1 元/股。

小提示

（1）充分理解主板"价格笼子"的计算公式的含义，重点理解孰高值（孰低值）的含义。

（2）A 股的申报价格最小变动单位为 0.01 元人民币，因此对于 A 股而言，上述十个申报价格最小变动单位其实就是 0.1 元。

（四）沪市主板增加两类市价申报方式

沪市主板增加了本方最优价格申报和对手方最优价格申报两类市价申报方式，同时允许市价申报用于无价格涨跌幅限制证券，并引入市价申报保护限价等。

沪市科创板和深市主板在全面注册制改革前就有上述两类市场申报方式，在全面注册制改革后继续保留。北交所的市价申报方式中也包含本方最优价格申报和对手方最优价格申报。

小提示

市价申报有以下两种含义。

（1）本方最优价格申报：该申报以其进入交易主机时，集中申报簿中本方最优报价为其申报价格。本方最优价格申报进入交易主机时，集中申报簿中本方无申报的，申报自动撤销。

（2）对手方最优价格申报：该申报以其进入交易主机时，集中申报簿中对手方最优报价为其申报价格。对手方最优价格申报进入交易主机时，集中申报簿中对手方无申报的，申报自动撤销。

（五）风险警示板异常波动指标

全面注册制改革后,沪市风险警示股票连续 3 个交易日内日收盘价格涨跌幅偏离值累计达到±12%的,属于异常波动。交易所分别公布该股票交易异常波动期间累计买入、卖出金额最大的 5 家会员营业部的名称及其买入、卖出金额。

深市主板的规定为,ST 和 * ST 主板股票连续 3 个交易日内日收盘价涨跌幅偏离值累计达到±12%,属于异常波动的一种情形。

小提示

沪市改革前的规定为,风险警示股票连续 3 个交易日内日收盘价格涨跌幅偏离值累计达到±15%的,属于异常波动。简言之,沪市是将风险警示板异常波动的连续 3 个交易日内收盘价格涨跌幅偏离值由 15% 调整至 12%。

（六）股票严重异常波动规定

沪市主板股票竞价交易出现下列情形之一的,属于严重异常波动,交易所公布严重异常波动期间的投资者分类交易统计等信息,具体如下。

（1）连续 10 个交易日内 4 次出现《上海证券交易所交易规则》(2023 年修订)第 4.4.11 条或第 5.4.2 条第一项规定的同向异常波动情形。

（2）连续 10 个交易日内日收盘价格涨跌幅偏离值累计达到+100%(−50%)。

（3）连续 30 个交易日内日收盘价格涨跌幅偏离值累计达到+200%(−70%)。

（4）证监会或者交易所认定属于严重异常波动的其他情形。

沪市科创板、深市主板和创业板目前也有关于股票严重异常波动的相关规定,具体决定与沪市主板上述规定基本相同,个别细节上略有差异。

小提示

收盘价格涨跌幅偏离值累计值的计算公式如下:

$$收盘价格涨跌幅偏离值累计值＝(单只证券期末收盘价/期初前收盘价－1)×100\%$$
$$－(对应指数期末收盘点数/期初前收盘点数－1)$$
$$×100\%$$

如期间内证券发生过除权除息,则对收盘价格做相应调整。

（七）程序化交易报告制度

通过计算机程序自动生成或者下达交易指令进行程序化交易的,应当符合证监会的规定,并向交易所报告,不得影响交易所系统安全或者正常交易秩序。

小提示

通过计算机程序自动生成或者下达交易指令进行程序化交易,影响交易所系统安全或者正常交易秩序的情形,可认为是可能影响证券交易价格或者证券交易量的异常交易行为。

（八）新股上市首日纳入两融标的

沪深主板首次公开发行的股票自上市首日起可作为融资融券标的证券。主板存托凭证适用融资融券细则,参照细则有关股票的规定执行,交易所另有规定的除外。

小提示

首次公开发行股票战略配售的投资者及其关联方,在参与战略配售的投资者承诺持有期限内,不得融券卖出该上市公司股票。

（九）扩大转融通证券出借券源

全面注册制下首次公开发行股票战略配售的投资者配售获得的在承诺持有期限内的股票可参与证券出借。

小提示

战略投资者在承诺的持有期限内不得通过与转融券借入人、与其他主体合谋等方式,锁定配售股票收益、实施利益输送或者谋取其他不当利益。

（十）转融通证券出借申报机制

1. 沪市转融通接受申报的时间

接受出借人申报时间为每个交易日 9:15—11:30 和 13:00—15:00;接受借入人申报时间为每个交易日 9:15—11:30 和 13:00—15:10。

2. 申报数量

沪市转融通将申报最低单笔申报数量"不得低于 1 000 股";深市转融通单笔最低申报数量为 1 000 股,单笔最大申报数量为 1 000 万股。

3. 转融通的市场化约定申报机制

（1）费率

通过约定申报方式参与证券出借的,出借人与转融券借入人可以协商确定出借费率。

（2）期限

沪市通过约定申报方式参与证券出借的,出借期限可在 1 天至 182 天的区间内由双方自主协商确定。

第三节　股票市场监管

股票市场监管被涵盖在证券市场监管中,是指证券主管部门运用法律、经济以及必要的行政手段,对股票的募集、发行、交易等行为以及股票投资中介机构的行为进行监督与管理。

一、股票市场监管的原则

（一）依法管理原则

证券市场管理必须依据现行的法律、法规和部门规章严格监管。证券市场的法律、法规分为以下四个层次。

（1）由全国人民代表大会或全国人民代表大会常务委员会制定并颁布的法律，例如，《中华人民共和国证券法》《中华人民共和国证券投资基金法》《中华人民共和国公司法》《中华人民共和国刑法》等；其他与股票市场监管和资本市场有着密切联系的还有《中华人民共和国物权法》《中华人民共和国反洗钱法》《中华人民共和国企业破产法》等。

（2）由国务院制定并颁布的行政法规，例如，《证券、期货投资咨询管理暂行办法》《证券公司监督管理条例》《证券公司风险处置条例》等。

（3）由证券监管部门制定的部门规章及规范性文件，例如，《证券发行与承销管理办法》《首次公开发行股票并在创业板上市管理暂行办法》《上市公司信息披露管理办法》《证券公司融资融券业务试点管理办法》《证券市场禁入规定》等。

（4）由证券交易所、中国证券业协会及中国证券登记结算有限公司制定的自律性规则，例如，《中国证券登记结算有限责任公司结算参与人管理规则》《深圳证券交易所会员管理规则》《上海证券交易所会员管理规则》《中国证券登记结算有限责任公司证券登记规则》《上海证券交易所交易规则》《深圳证券交易所交易规则》《深圳证券交易所股票上市规则》《上海证券交易所股票上市规则》《证券业从业人员资格考试办法(试行)》《证券公司代办股份转让系统中关村科技园区非上市股份有限公司股份报价转让试点办法》《中国证券登记结算有限责任公司结算备付金管理办法》《中国证券业协会会员管理办法》《证券业从业人员资格管理实施细则(试行)》《中国证券登记结算有限责任公司证券账户管理规则》等。

（二）保护投资者利益原则

中国多数投资者是使用自己的储蓄或者筹集的款项来购买股票的，且大多数投资者缺乏股票投资的专业理论、知识和技巧。只有在股票市场管理中采取相应措施，使投资者得到公平的对待，维护其合法权益，才能更有效地促使人们增加投资。

（三）"三公"原则

1. 公开原则

公开原则就是要求股票市场具有充分的透明度，实现市场信息的公开化。信息披露的主体不仅包括股票发行人、股票交易者，还包括证券监管者。要保障市场的透明度，除了股票发行人需要公开影响股票价格的该企业情况的详细说明外，监管者还应当公开有关监管程序、监管身份、对证券市场的违规处罚等。

2. 公平原则

公平原则要求股票市场不存在歧视，参与市场的主体具有完全平等的权利。具体而言，无论是投资者还是筹资者，监管者还是被监管者，也无论其投资规模与筹资规模的大小，只要是市场主体，均在进入与退出市场、投资机会、享受服务、获取信息等方面享有完全平等的权利。

3. 公正原则

公正原则要求股票监管部门在公开、公平原则的基础上，对一切被监管对象给予公正待遇。根据公正原则，证券立法机构应当制定体现公平精神的法律、法规和政策；监管部门应当根据法律授予的权限履行监管职责，在法律的基础上，对一切股票市场参与者给予公正的待遇；对股票违法行为的处罚和对股票纠纷事件和争议的处理，都应当公平进行。

4. 监督与自律相结合的原则

这一原则是指在加强政府、证券主管机构对股票市场监管的同时，也要加强从业者的自我约束、自我教育和自我管理。国家对股票市场的监管是管好股票市场的保证，而股票从业者的自我管理是管好股票市场的基础。国家监督与自我管理相结合是世界各国共同奉行的原则。

二、股票市场监管的目标

股票市场监管的目标是运用和发挥股票市场机制的积极作用，限制其消极作用；保护投资者利益，保障合法的股票交易活动，监督证券中介机构依法经营，防止人为操纵、欺诈等不法行为，维持股票市场的正常秩序；根据国家宏观经济管理的需要，运用灵活多样的方式，调控股票市场与股票交易规模，引导投资方向，使之与经济发展相适应。

国际证监会组织（International Organization of Securities Commissions，IOSCO）公布的证券监管三个目标是：保护投资者、透明和信息公开、降低系统风险。

三、股票市场监管的手段

（一）法律手段

法律手段是通过证券法律与法规来实现，是监管部门采用的主要手段，约束力强。

（二）经济手段

经济手段是指通过运用利率政策、税收政策、公开市场业务等经济手段，对股票市场进行干预。这种手段相对比较灵活，但调节过程可能较慢，存在时滞性。

（三）行政手段

行政手段是指通过制订计划、政策等手段，对股票市场进行行政性的干预。这种手段比较直接，但如运用不当，可能违背市场规律，无法发挥作用甚至遭到惩罚。这种手段一般在股票市场发展初期，法制尚不健全、市场机制尚未理顺或遇突发性事件时使用。

四、证券市场监管的内容

（一）信息披露

1. 信息披露的意义

制定股票发行信息披露制度的目的是通过充分、公开、公正的制度来保护公众投资者，使其免受欺诈和不法操纵行为的损害。各国均以强制方式要求信息披露，其意义如下。

（1）有利于价值判断。从投资者角度看，投资获利是唯一的目的，要从种类繁多的有价证券中选择最有利的投资机会，这就需要对发行公司的资信、财力及其公司的营运状况有充分了解。投资者只有取得有关发行人真实、完整、准确的信息,才能作出合理的投资决策。

(2) 防止信息滥用。公平的股票市场是投资者都有均等获得信息的权利和投资获益机会的市场。股票的发行既是公司股权转移的过程,也是风险分化的过程。如果没有信息公开制度,发行人可能通过散布虚假信息、隐匿真实信息、滥用信息操纵市场等方式欺骗投资者,从而转嫁风险,使得股票市场无法显示股票的真正价值。

(3) 有利于监督经营管理。信息公开包括公司财务信息的公开。以企业会计准则约束企业会计核算,有利于发行公司的管理规范化。信息公开制度的实施,还可以扩大发行公司的社会影响,提高其知名度。

(4) 防止不正当竞业。在公司制度的演化过程中,所有权与经营权相分离。为了保证经营权的合理行使,维护股东和公司债权人的利益,一些国家的《公司法》规定董事负有勤勉义务、忠实义务和竞业禁止义务①。

(5) 提高股票市场效率。信息公开是提高股票市场效率的关键因素。股票发行与股票投资是实现社会资源配置的过程,这一过程主要依靠市场机制进行调节。股票的发行时间、发行品种、发行数量等,主要取决于市场的要求及投资者的投资能力。股票投资是一个选择的过程,如果企业资信良好、实力雄厚、管理甚佳、盈利丰厚,其发行的股票必为广大投资者所青睐。因此,为使投资者科学地选择投资股票,实现资源的合理配置,必须建立完备的信息公开系统。

2. 信息披露的基本要求

(1) 全面性。发行人应当充分披露可能影响投资者投资判断的有关资料,不得有任何隐瞒或重大遗漏。

(2) 真实性。发行人公开的信息资料应当准确、真实,不得有虚假记载、误导或欺骗。

(3) 时效性。向公众投资者公开的信息应当具有最新性、及时性。公开资料反映的公司状态应为公司的现实状况,公开资料交付的时间不得超过法定期限。

3. 股票发行与上市的信息公开制度

根据《上市公司信息披露管理办法》,股票发行与上市的信息公开制度应实现如下内容。

(1) 股票发行信息的公开。发行人要向投资者阐明投资于其股票的有关风险和投机因素。为了对投资者负责,公司有责任对出售股票所筹资金的目的和使用方向加以说明。如果新股票是溢价发行,应对股东产权引起的削弱等因素给予足够的解释。此外,公司还应依法公布股票发行的包销和销售计划等。

(2) 股票上市信息的公开。

4. 持续信息公开制度

《证券法》第五章对信息披露有关事项做了详细规定。

5. 证券交易所的信息公开制度

《证券法》第一百零九条规定,证券交易所应当为组织公平的集中交易提供保障,实时公

---

① 竞业禁止义务是指公司董事在为自己或第三人从事属于公司营业范围内的交易时,必须公开有关交易的重要事实,并须得到股东大会的许可。这是由于董事从事竞业行为时可能夺取公司的交易机会,牺牲公司利益,或者利用职务上的便利,对公司造成损害。因此,以法律规定董事承担竞业禁止义务,公开与公司有关的信息,是维护公司和股东权益的重要手段之一。

布证券交易的即时行情,并按交易日制作证券市场行情表,予以公布。证券交易即时行情的权益由证券交易所依法享有。未经证券交易所许可,任何单位和个人不得发布证券交易的即时行情。

《证券法》第一百一十二条规定,证券交易所对证券交易实行实时监控,并按照国务院证券监督管理机构的要求,对异常的交易情况提出报告。

6. 信息披露的虚假或重大遗漏的法律责任

《证券法》关于信息披露文件的责任主体,主要包括四类:发行人及公司发起人;发行人的重要职员,包括董事、监事、经理及在文件中签章的其他职员;注册会计师、律师、工程师、评估师或其他专业技术人员;证券公司。

《证券法》第一百九十七条规定,信息披露义务人未按照本法规定报送有关报告或者履行信息披露义务的,责令改正,给予警告,并处以五十万元以上五百万元以下的罚款;对直接负责的主管人员和其他直接责任人员给予警告,并处以二十万元以上二百万元以下的罚款。发行人的控股股东、实际控制人组织、指使从事上述违法行为,或者隐瞒相关事项导致发生上述情形的,处以五十万元以上五百万元以下的罚款;对直接负责的主管人员和其他直接责任人员,处以二十万元以上二百万元以下的罚款。

信息披露义务人报送的报告或者披露的信息有虚假记载、误导性陈述或者重大遗漏的,责令改正,给予警告,并处以一百万元以上一千万元以下的罚款;对直接负责的主管人员和其他直接责任人员给予警告,并处以五十万元以上五百万元以下的罚款。发行人的控股股东、实际控制人组织、指使从事上述违法行为,或者隐瞒相关事项导致发生上述情形的,处以一百万元以上一千万元以下的罚款;对直接负责的主管人员和其他直接责任人员,处以五十万元以上五百万元以下的罚款。

(二)操纵市场

股票市场中的操纵市场,是指某一组织或个人以获取利益或者减少损失为目的,利用其资金、信息等优势,滥用职权,制造股票市场假象,诱导或者致使投资者在不了解事实真相的情况下作出股票投资决定,扰乱股票市场秩序的行为。

1. 操纵市场的方式

操纵市场的方式主要有以下三种。

(1)虚买虚卖。虚买虚卖是指以影响股票市场行情为目的,人为创造股票交易的虚假繁荣,从事所有权非真实转移的交易行为。其构成要件有两个:一是行为人主观上有创造市场虚假繁荣、诱导公众投资者盲目跟进从而达到影响市场行情的目的;二是行为人客观上达成交易,但证券未交割、财产所有权未转移。

在西方股票市场上,虚买虚卖的手法主要有以下三种。

① 交易双方同时委托同一经纪商在证券交易所相互申报买进卖出,都作相互应买应卖,但其间并无股票或款项的交割行为。

② 投机者分别下达预先配好的委托给两家经纪商,由一经纪商买进,另一经纪商卖出,但所有权并未发生实质性转移。

③ 投机者(称为做手)先卖出一定数额的股票,由预先安排的同伙买进卖出,继而又将股票退还给做手,取回价款的行为。

（2）合谋。合谋是指行为人欲影响市场行情而与他人同谋，由一方做出交易委托，另一方按对方委托的内容，在同一时间、地点，以同等数量和价格反向委托，并达成交易的行为。其要件是交易双方有通谋行为，委托在时间、价格、数量上具有相似性。

（3）连续交易操纵。连续交易操纵是指以抬高或者压低股票交易价格为目的，自行或与一个或更多的人连续买卖在交易所上市的股票，蓄意造成股票交易繁荣现象的行为。构成连续交易操纵的要件有两个：一个是连续交易导致一定的市场表象或价格的变化；另一个是行为者以抬高或者压低证券交易价格为目的。

2. 操纵市场行为

操纵市场的行为主要有以下四种。

（1）通过单独或者合谋，集中资金优势和持股优势，联合或者连续买卖，操纵股票交易价格。

（2）与他人串通，以事先约定的时间、价格和方式相互进行股票交易或者相互买卖并不持有的股票，影响股票交易价格或者股票交易量。

（3）以自己为交易对象，进行不转移所有权的自买自卖，影响股票交易价格或者股票交易量。

（4）以其他方式操纵股票交易价格。

3. 对操纵市场行为的监管

目前，对操纵市场行为的监管主要有以下两种。

（1）事前监管。事前监管是指在发生操纵行为前，证券管理机构采取必要手段，以防止损害发生。为实现这一目的，各国证券立法和证券管理机构都在寻求有效的约束机制。例如，美国《证券交易法》第二十一条赋予了证券管理机构广泛的调查权，以约束种类繁多的市场危害行为。

（2）事后救济。事后救济是指证券管理机构对市场操纵行为者的处理及操纵者对受损当事人的损害赔偿。根据我国《证券法》第一百九十二条规定，操纵证券市场的，责令依法处理其非法持有的证券，没收违法所得，并处以违法所得一倍以上十倍以下的罚款；没有违法所得或者违法所得不足一百万元的，处以一百万元以上一千万元以下的罚款。单位操纵证券市场的，还应当对直接负责的主管人员和其他直接责任人员给予警告，并处以五十万元以上五百万元以下的罚款。

（三）欺诈行为

欺诈行为的主体是发行人和证券公司。欺诈客户是指证券公司以获取非法利益为目的，违反证券管理法规，在证券发行、交易及相关活动中从事欺诈客户、虚假陈述等行为。

1. 欺诈客户行为

欺诈客户的行为主要有以下九种。

（1）证券经营机构将自营业务和代理业务混合操作。

（2）证券经营机构违背代理人的指令为其买卖证券。

（3）证券经营机构不按国家有关法规和证券交易场所业务规则的规定处理证券买卖委托。

（4）证券经营机构不在规定时间内向被代理人提供证券买卖书面确认文件。

（5）证券登记、清算机构不按国家有关法规和本机构业务规则的规定办理清算、交割、过户、登记手续。

（6）证券登记、清算机构擅自将顾客委托保管的证券用作抵押。

（7）证券经营机构以多获取佣金为目的,诱导顾客进行不必要的证券买卖,或者在客户的账户上翻炒证券。

（8）发行人或者发行代理人将证券出售给投资者时,未向其提供招募说明书。

（9）证券经营机构保证客户的交易收益或者允诺赔偿客户的投资损失等。

2. 对欺诈行为的监管

《证券法》第九十三条规定,发行人因欺诈发行、虚假陈述或者其他重大违法行为给投资者造成损失的,发行人的控股股东、实际控制人、相关的证券公司可以委托投资者保护机构,就赔偿事宜与受到损失的投资者达成协议,予以先行赔付。先行赔付后,可以依法向发行人以及其他连带责任人追偿。

《证券法》第二百零三条规定,提交虚假证明文件或者采取其他欺诈手段骗取证券公司设立许可、业务许可或者重大事项变更核准的,撤销相关许可,并处以一百万元以上一千万元以下的罚款。对直接负责的主管人员和其他直接责任人员给予警告,并处以二十万元以上二百万元以下的罚款。

（四）内幕交易

所谓内幕交易,又称知内情者交易,是指公司董事、监事、经理、职员、主要股东、证券市场内部人员或市场管理人员,以获取利益或减少经济损失为目的,利用地位、职务等便利,获取发行人未公开的、可以影响股票价格的重要信息,进行股票交易或泄露该信息的行为。

1. 证券交易内幕信息的知情人

《证券法》第五十一条规定,内幕信息知情人,也即内幕交易的主体,主要包括如下人员。

（1）发行人及其董事、监事、高级管理人员。

（2）持有公司百分之五以上股份的股东及其董事、监事、高级管理人员,公司的实际控制人及其董事、监事、高级管理人员。

（3）发行人控股或者实际控制的公司及其董事、监事、高级管理人员。

（4）由于所任公司职务或者因与公司业务往来可以获取公司有关内幕信息的人员。

（5）上市公司收购人或者重大资产交易方及其控股股东、实际控制人、董事、监事和高级管理人员。

（6）因职务、工作可以获取内幕信息的证券交易场所、证券公司、证券登记结算机构、证券服务机构的有关人员。

（7）因职责、工作可以获取内幕信息的证券监督管理机构工作人员。

（8）因法定职责对证券的发行、交易或者对上市公司及其收购、重大资产交易进行管理可以获取内幕信息的有关主管部门、监管机构的工作人员。

（9）国务院证券监督管理机构规定的可以获取内幕信息的其他人员。

2. 内幕信息

《证券法》第五十二条规定,证券交易活动中,涉及发行人的经营、财务或者对该发行人证券的市场价格有重大影响的尚未公开的信息,为内幕信息。

本法第八十条第二款(公司的重大投资行为,公司在一年内购买、出售重大资产超过公司资产总额百分之三十,或者公司营业用主要资产的抵押、质押、出售或者报废一次超过该资产的百分之三十)、第八十一条第二款(公司债券信用评级发生变化)所列重大事件,均属于内幕信息。

3. 内幕交易的行为方式

内幕交易的行为方式主要表现为:行为主体知悉公司内幕信息,且从事有价证券的交易或其他有偿转让行为,或泄露内幕信息,或建议他人买卖证券等。

内幕交易行为包括以下内容。

(1) 内幕人员利用内幕信息买卖证券或者根据内幕信息建议他人买卖证券。

(2) 内幕人员向他人泄露内幕信息,使他人利用该信息进行内幕交易。

(3) 非内幕人员通过不正当的手段或者其他途径获得内幕信息,并根据该信息买卖证券或者建议他人买卖证券等。

4. 对内幕交易的监管

《证券法》第五十三条规定,证券交易内幕信息的知情人和非法获取内幕信息的人,在内幕信息公开前,不得买卖该公司的证券、泄露该信息、建议他人买卖该证券。

《证券法》第一百九十一条规定,证券交易内幕信息的知情人或者非法获取内幕信息的人违反本法第五十三条的规定从事内幕交易的,责令依法处理非法持有的证券,没收违法所得,并处以违法所得一倍以上十倍以下的罚款;没有违法所得或者违法所得不足五十万元的,处以五十万元以上五百万元以下的罚款。单位从事内幕交易的,还应当对直接负责的主管人员和其他直接责任人员给予警告,并处以二十万元以上二百万元以下的罚款。国务院证券监督管理机构工作人员从事内幕交易的,从重处罚。

五、股票市场监管的意义

股票市场监管是国家宏观经济监督体系中不可缺少的组成部分,对股票市场的健康发展有着重大的意义。股票市场监管主要是满足以下需要。

(一)保障广大投资者权益的需要

投资者是股票市场的支撑者,他们涉足股票市场是以获取某项权益和收益为前提的。证券发行公司、经纪公司、交易商的违规行为会使投资者蒙受巨大的损失,影响投资者的积极性,造成股票市场的萎缩。为保护投资者的合法权益,必须坚持"公开、公平、公正"的原则,加强对股票市场的监管。只有这样,才便于投资者充分了解股票发行人的资信、股票的价值和风险状况,从而正确选择投资对象。

(二)维护市场良好秩序、充分保障筹资者权益的需要

欺诈行为会引起股票市场的混乱,影响投资者购买股票的积极性,从而影响合法筹资者的正常筹资。为保证股票发行和交易的顺利进行,国家要通过立法手段,允许一些金融机构和中介人在国家政策法令许可的范围内买卖股票并取得合法收益。但是在现有的经济基础

和条件下,股票市场也存在着蓄意欺诈、垄断行市、操纵交易和哄抬股价等多种弊端。为此,必须对股票市场的活动进行监督检查,对非法股票交易活动进行严厉查处,以保护正当交易,维护股票市场的正常秩序。

（三）发展和完善证券市场体系的需要

完善的市场体系能促进股票市场筹资和融资功能的发挥,有利于稳定股票行市,增强社会投资信心,促进资本合理流动,从而推动金融业、商业和其他行业以及社会福利事业的顺利发展。

（四）提高股票市场效率的需要

股票是一种信息决定产品。股票交易双方存在着严重的信息不对称问题,市场的有效程度完全取决于股票发行者能否实现彻底的信息披露。

及时、准确和全面的信息是股票市场参与者进行发行和交易决策的重要依据。股票的交换价值主要取决于交易双方对各种信息的掌握程度以及在此基础上所作出的判断。任何新信息的出现都可能导致人们改变旧的判断,形成新的判断,进而导致股票交易价格发生调整。

一个发达高效的股票市场也必定是一个信息灵敏的市场。它既要有现代化的信息通信设备和系统,又必须有组织严密的科学的信息网络机构;既要有收集、分析、预测和交换信息的制度与技术,又要有与之相适应的、高质量的信息管理干部队伍,而这些都只有通过国家的统一组织管理才能实现。

课 后 练 习

一、名词解释

股票发行市场、发起设立、平价发行、溢价发行、直接发行、股票交易市场、证券交易所、主板、创业板、科创板、新三板。

二、简答题

1. 影响股票发行价格的因素有哪些?
2. 确定股票发行价格的方法有哪些?
3. 股票发行市场与股票交易市场之间的关系是什么?
4. 股票发行市场有什么功能?
5. 股票市场监管的目的是什么?
6. 股票市场的监管手段有哪些?
7. 股票市场监管有什么意义?

三、论述题

1. 什么是操纵市场？操纵市场有哪些行为和方式？
2. 什么是内幕交易？内幕交易有哪些行为和方式？
3. 什么是欺诈？欺诈有哪些行为？

四、思考题

1. 监管部门保护的是"投资"还是"投资者"？
2. 部分普通投资者期望的"保护"是什么？是"不亏损"，还是"盈利""持续盈利"？这是监管部门保护的初心吗？
3. 监管部门如何保护投资？如何保护投资者？

课后拓展：股市术语

一、参与人

（1）牛市：也称多头市场，指市场行情普遍看涨，延续时间较长的大升市。

（2）熊市：也称空头市场，指行情普遍看淡，延续时间相对较长的大跌市。

（3）机构：代表单位，用单位的钱购买股票的客户。

（4）散户：买得少，准备随时撤离的客户。

（5）大户：大额投资人，例如财团、信托公司以及其他拥有庞大资金的集团或个人。

（6）庄家：买的多，多到能影响股价的，即被称为庄家。

（7）做手：以炒作股票为业的大、中客户。

（8）经纪人：执行客户命令，买卖证券、商品或其他财产，并以此收取佣金者。

二、多与空

（1）多头：对股票后市看好，先行买进股票，等股价涨至某个价位时，即卖出股票赚取差价的投资者。

（2）多头市场：也称牛市，就是股票价格普遍上涨的市场。

（3）空头：认为股价已上涨到最高点，很快便会下跌，或当股票已开始下跌时，认为还会继续下跌，趁高价时卖出的投资者。

（4）空头市场：股价呈长期下降趋势的市场，在空头市场中，股价的变动情况是大跌小涨，亦称熊市。

（5）利多：刺激股价上涨，对多头有利的因素和消息。例如，银根放松、GDP增长加速等。

（6）利空：促使股价下跌，对空头有利的因素和消息。例如，利率上升、经济衰退、公司经营亏损等。

三、多空交战

(1) 挂进:买进股票。

(2) 挂出:卖出股票。

(3) 开平盘:当日的开盘价与前一营业日的收盘价相同。

(4) 突破:股价经过一段盘档时间后产生的一种价格波动。

(5) 探底:股价持续跌挫至某价位时便止跌回升,如此一次或数次。

(6) 头部:股价运行在长期趋势线的最高部分,或者股价上涨至某价位时便遇阻力而下滑,该价值即头部。

(7) 断头:投资者抢多头帽子,买进股票,但股票当天未上涨反而下跌,投资者只好低价赔钱卖出。

(8) 扎空头:资金雄厚的股票投机者认为某种股票看涨,便大量买入,并暗中控制其来源,使空头于交割时无法获得其应交数量,而多头则趁机抬高价格,空头不得不忍痛按多头要求的价格成交。

(9) 多翻空:原本看好行情的多头,因看法改变而卖出手中的股票,有时还借股票卖出,这种行为称为翻空或多翻空。

(10) 空翻多:原本作空头者,改变看法,把卖出的股票买回,有时还买进更多的股票,这种行为称为空翻多。

(11) 多杀多:买入股票后又立即卖出股票的做法称为多杀多。

(12) 死多头:投资者看好股市前景,在买进股票后,如果股价下跌,则放上几年,不赚钱绝不脱手。

(13) 多头陷阱:即多头设置的陷阱,通常发生在指数或股价屡创新高,并迅速突破原来的指数区达到新高点,随后迅速跌破以前的支撑位,结果使在高位买进的投资者被套。

(14) 空头陷阱:指数或股价从高位区以高成交量跌至一个新的低点区,并造成向下突破的假象,使投资者恐慌抛盘涌出后又迅速回升至原先的密集成交区,并向上突破原压力线,使在低点卖出者踏空。

(15) 买空:预计股价将上涨,因而买入股票;在实际交割前,再将买入的股票卖掉,实际交割时收取差价或补足差价,是一种投机行为。

(16) 卖空:预计股价将下跌,因而卖出股票;在发生实际交割前,将卖出股票如数补进,交割时只结清差价,是一种投机行为。

(17) 牛皮市:在大盘上升趋势中,股价上下的幅度很小,价格变化不大,市价如牛皮一样坚韧。在牛皮市上,往往成交量很小。牛皮市是一种买卖双方力量均衡时的价格行市表现。

(18) 抢帽子:股市上的一种投机性行为。在股市上,投机者当天先低价购进预计股价要上涨的股票,然后待股价上涨到某一价位时,于当天卖出所买进的股票,以获取差额利润;或者在当天先卖出手中持有的预计要下跌的股票,然后待股价下跌至某一价位时,再以低价买进所卖出的股票,从而获取差额利润。

(19) 洗盘:投机者先把股价大幅度杀低,使大批小额股票投资者(散户)产生恐慌而抛售股票,然后再将股价抬高,以便乘机渔利。

(20) 震盘:股价一天之内呈现忽高忽低的大幅度变化状态。

(21) 回档:在股市上,股价呈不断上涨趋势,终因股价上涨速度过快而反转回跌到某一价位,这一调整现象称为回档。一般来说,股票的回档幅度要比上涨幅度小,通常是反转回跌到前一次上涨幅度的三分之一左右时又恢复原来的上涨趋势。

(22) 斩仓(割肉):投资者高价买进股票后,大势下跌,为避免继续损失而低价赔本卖出股票。将亏损的股票卖出,资产减少,纸面浮亏变成实际亏损,相当于从身上割下一块肉。割肉是止损的一种。投资者应提前设立好止损价位,防止更大的损失。割肉是短线投资者应灵活运用的方法,新股民可使用这种方法防止被深度套牢。

(23) 套牢:投资者预期股价上涨,不料买进后股价下跌;或是预期股价下跌,卖出股票后,股价却一路上涨,前者称多头套牢,后者是空头套牢。

(24) 反弹:在股市上,股价呈不断下跌的趋势,因股价下跌速度过快而反转回升到某一价位的调整现象称为反弹。一般来说,股票的反弹幅度要比下跌幅度小,通常反弹到前一次下跌幅度的三分之一左右时,又会恢复原来的下跌趋势。

(25) 拨档:投资者做多头时,若遇股价下跌,并预计股价还将继续下跌时,马上将其持有的股票卖出,等股票跌落一段差距后再买进,以减少在股价下跌那段时间受到的损失,这种交易行为称为拨档。

(26) 轧空:即空头倾轧空头。股市上的股票持有者一致认为当天股票会大下跌,于是多数人去抢卖空头帽子卖出股票。然而,当天股价并没有大幅度下跌,他们无法低价买进股票。股市结束前,做空头的只好竞相补进,从而出现了收盘价大幅度上升的局面。

(27) 被套:买进股票之后,股价下跌造成亏损,叫作被套。

(28) 踏空:投资者自己没有持有股票,但市场行情却大幅上涨,错过了一波预期收益。

(29) 崩盘:证券市场上由于某种利空原因,出现了证券大量抛出的现象,导致证券市场价格无限度下跌,不知道什么程度才停止。这种接连不断地大量抛出证券的现象,也称为卖盘大量涌现。

(30) 超买:股价持续上升到一定高度,买方力量基本用尽,股价即将下跌。

(31) 超卖:股价持续下跌到一定低点,卖方力量基本用尽,股价即将回升。

(32) 吃货:庄家在低价时暗中买进股票。

(33) 出货:庄家在高价时不动声色地卖出股票。

(34) 抢短线:预期股价上涨,先低价买进,再在短期内以高价卖出。预期股价下跌,先高价卖出,然后再伺机在短期内以低价再回购。

(35) 盘整/整理:股价经过一段快捷上升或下降后,遭遇阻力或支撑而呈小幅涨跌变动,做换手整理。

(36) 抬拉:用非常方法,将股价大幅度抬起。大户在抬拉之后通常会大量抛出,以牟取暴利。

(37) 打压:用非常方法,将股价大幅度压低。大户在打压之后通常会大量买进,以牟取暴利。

(38) 骗线:大户利用股民们迷信技术分析数据、图表的心理,故意抬拉、打压股指,致使技术图表形成一定线型,引诱股民大量买进或卖出,从而达到他们大发其财的目的。这种期骗性造成的技术图表线型称为骗线。

（39）坐轿子：预测股价将涨，抢在众人前以低价先行买进，待众多散户跟进、股价节节升高后，卖出获利。

（40）抬轿子：在别人早已买进股票后才醒悟，也跟着买进股票，结果把股价抬高，使他人获利，而自己买进的股价已非低价，无利可图。

（41）下轿子：坐轿客逢高获利结算为下轿子。

（42）跳空：股市受到强烈利多或利空消息的刺激，使股价开始大幅跳动，在上涨时，当天的开盘或最低价高于前一天的收盘价两个申报单位以上，称"跳空而上"；下跌时，当天的开盘或最高价低于前一天的收盘价两个申报单位，而于一天的交易中，上涨或下跌超过一个申报单位，称"跳空而下"。

（43）填空：将跳空出现时将没有交易的空价位补回来，也就是股价跳空后，过一段时间将回到跳空前价位，以填补跳空价位。

（44）对敲：这是股票投资者（庄家或大的机构投资者）的一种交易手法。具体操作方法是在多家营业部同时开户，以拉锯方式在各营业部之间报价交易，以达到操纵股价的目的。

（45）盘整：通常指价格变动幅度较小，比较稳定，最高价与最低价相差不大的行情。

（46）踏空：投资者因看淡后市，卖出股票后，该股价却一路上扬，或未能及时买入，因而未能赚得利润。

（47）跳水：股价迅速下滑，幅度很大，远远超过前一交易日的最低价。

（48）护盘：股市低落、人气不足时，机构投资大户大量购进股票，防止股市继续下滑。

（49）跳空与回补：股市受强烈的利多或消息影响，开盘价高于或低于前一交易日的收盘价，股价走势出现缺口，称之为跳空；在股价之后的走势中，将跳空的缺口补回，称之为补空。

（50）全盘尽黑：所有的股票均下跌，也称"长黑"。

（51）阴跌：股价进一步退两步而缓慢下滑的情况，如阴雨连绵，长期不止。

（52）平仓：投资者在股票市场上卖股票的行为。

（53）建仓：投资者开始买入看涨的股票。

四、基础常识

（1）手：国际上通用的计算成交股数的单位。办理交易时，必须是手的整数倍。目前一般以 100 股为一手进行交易，即购买股票至少必须购买 100 股。

（2）零股交易：不到一个成交单位（1 手）的股票，如 1 股、10 股，称为零股。在卖出股票时，可以用零股进行委托。但买进股票时不能以零股进行委托，最小单位是 1 手，即 100 股。

（3）成交量：反映成交的数量和参与买卖人的数量。一般可用成交股数和成交金额两项指标来衡量。目前深沪股市均能显示这两项指标。它往往对一天内成交的活跃程度有很大的影响，然后在开盘半小时内看股价变动的方向。一般来说，如果股价开得太高，在半小时内就可能会回落；如果股价开得太低，在半小时内就可能会回升。这时，要看成交量的大小。如果高开又不回落，而且成交量放大，那么这只股票就很可能要上涨。

（4）黑马：股价在一定时间内上涨一倍或数倍的股票。

（5）白马：股价已形成慢慢涨的长升通道，且还有一定的上涨空间。

（6）增资：上市公司为业务需求经常会办理增资（有偿配股）或资本公积新增资（无偿配股）。

（7）配股：公司增发新股时，按股东所有人份数，以特价（低于市价）分配给股东认购。

（8）天价：个别股票由多头市场转为空头市场时的最高价。

（9）近期趋势：20～30 天内的趋势为近期趋势。

（10）关卡：整数位、黄金分割位或股民习惯上的心理价位，通常被称为关卡。

（11）轨道线：又称通道线或管道线，是基于趋势线的一种方法。在已经得到了趋势线后，通过第一个峰和谷可以作出这条趋势线的平行线，这条平行线就是轨道线。轨道线的作用是限制股价的变动范围，让它不能变得太离谱。轨道线一旦得到确认，那么股票的价格将在这个通道里变动。对上面或下面的趋势线突破将意味着有一个大的变化。

（12）筹码：投资人手中持有的一定数量的股票。

（13）白马股：白色表示透明、公开、纯正，马表示跑得快。白马股就代表那些信息透明、业绩稳定、经营规范的股票。一般来说，国外资本进入 A 股，喜欢买的都是白马股。

（14）黑马股：黑马，原指赛马市场不被看好的马，在比赛中获得了意外的成绩。黑马股是指那些不被机构看好，但短期内股价大涨的股票。

（15）蓝筹股："蓝筹"一词，源自西方赌场，西方赌场里有三种颜色不同的筹码，其中蓝色筹码最值钱。在股市中，蓝筹股一般指具备稳定盈利能力，在所属行业中有重要地位的上市公司发行的股票。

（16）龙头股：行业老大的股票。一般来说，某一行业内的龙头企业，其股价走势对行业其他公司股价具有一定的影响力。

（17）成长股：销售额和利润快速增长，而且发展速度快于同行的企业股票。

（18）业内：证券业的从业人员。狭义上是指证券行业，广义上是指在该行业从事投资、经纪、服务等工作的人员。

（19）举牌：为保护中小投资者利益，防止机构大户操纵股价，《证券法》规定，投资者持有一个上市公司已发行股份的 5％时，应在该事实发生之日起 3 日内，向证监会、交易所作出书面报告，通知该上市公司并予以公告，并且履行有关法律规定的义务，业内称之为"举牌"。

（20）白衣骑士：当公司成为"野蛮人"的恶意收购目标后，公司的管理层为阻碍恶意接管的发生，往往会去寻找一家"友好"的公司进行合并，这家友好的公司就被称为"白衣骑士"。一般来说，受到管理层支持的"白衣骑士"就像正义的化身，因此收购行动成功的可能性很大。并且，公司的管理者在取得机构投资者支持之后，甚至可以使自己成为"白衣骑士"，实行管理层收购。

（21）毒丸计划：正式名称叫"股权摊薄反收购措施"，指当一个企业遇到恶意收购，收购方持股比例达到 10％～20％的时候，企业为了保住自己的控股权，向除了收购方以外的所有股东大量低价增发新股（即低价购股权），使得收购方的持股比例下降，也就是摊薄股权；或者使用其他会大幅增加收购成本的方式，让收购方无法达到收购的目的。

（22）门口的"野蛮人"：这一说法源于《门口的野蛮人》一书，指华尔街一些对其他企业进行恶意收购的私募基金。这些"野蛮人"本来是公司经营管理圈以外的人，当他们看好某家公司的时候，就通过各种手段增持该公司股份。当他们所持股份达到一定比例、成为控股股东后,就开始接管公司,迫使原来的股东、管理层边缘化。因为这些人是恶意收购,出手迅速,作风凶悍,所以被称为门口的"野蛮人"。

(23)万能险:这一概念最早由国外传入,其风险与保障并存,是介于分红险与投连险间的一种投资型寿险。在这种"万能保险"方式下,消费者缴纳的保险费分为两部分,一部分是用来保险的,一部分是用来投资的。投资部分的钱可以由消费者自主选择是否转换为用于保险,这种转换可能表现为改变缴费方式、缴费期间、保险金额等方面的调整。

(24)股票收益互换:客户与券商根据协议约定,在未来某一期限内针对特定股票的收益表现与固定利率进行现金流交换,是一种重要的权益衍生工具交易形式。

第四章　基本分析

知识目标

了解基本分析的概念、基本分析的目的、基本分析的内容、信息的种类、信息的来源、宏观经济分析的主要指标、行业市场结构、行业生命周期、财务分析指标等基本概念。

能力目标

1. 能够辨别有关股票的有效信息。
2. 能够利用宏观经济指标进行分析。
3. 能够利用市场结构理论、生命周期理论、市场竞争理论进行行业分析。
4. 能够利用财务指标进行公司经营状况、获利能力、发展能力等分析。
5. 能够明确自己和其他投资主体的投资动机,并开展投资者的心理分析。

第一节　基本分析概述

一、基本分析的概念

股票投资的基本分析也称质因分析[①],是对影响股票未来收益的基本经济要素的相互关系和发展趋势进行分析,据此预测股票的收益和风险,并最终判断股票内在价值的一种分析方法。其出发点是股票具有"内在价值",而股票起伏不定的价格是围绕其"内在价值"而波动的。

基本分析方法的产生可以追溯到 20 世纪 30 年代,标志是 1934 年本杰明·格雷厄姆(Benjamin Graham)、戴维·多德(David Dodd)两位美国人编写的《证券分析》一书的出版。在这之前,证券投资缺少能够形成体系的推理分析方法,市场上弥漫着投机气氛,投资大众

---

① 质因分析是指在进行股票投资时,对不能以数量指标表现的各种因素进行的分析和判断。质因是指不能用数量表达的因素,如:宏观经济形势、行业特点、企业经营态势、市场竞争状态、企业运营状况、企业财务状况、企业管理者的素质和水平等。

常常因受骗和听信谣言而购买股票,股价几乎没有任何业绩支持。该书的出版使投资者得以采用逻辑、系统的方法对市场上的各种证券进行估值。

基本分析注重于股票价值的发现,力图用经济要素的相互关系和变化趋势来解释股票市场上的价格变动。基本分析人员需要研究影响股票发行公司经营状况的经济与行业背景,并据此预测公司未来的收益。西方经济学家认为,基本分析方法是科学客观的,是证券市场最主要的证券分析方法。

二、基本分析的内容

股票投资分析牵涉政治、经济、社会、文化等诸多方面,分析方法和手段又涉及诸多学科领域,因此从事股票投资分析者,必须积累并掌握大量的信息资料,同时还要有渊博的科学知识和技能水平。

基本分析方法认为,股票的内在价值表现为向投资者提供未来的收益,因而这种方法完全建立在对未来的基本经济要素及其供求关系的预测的基础上。基本分析方法认为,公司的业绩取决于公司运营的经济环境,各种投入资源的供求价格,以及公司产品或服务的供求价格。因此,基本分析的内容包括宏观经济、行业和公司三个层次的系统分析。

多数基本分析大多遵循自上而下的程序。分析人员先要对整个国民经济作出预测,然后是行业预测,最后是公司预测。行业预测是以整个经济的预测为基础的,公司预测则是以它所处的行业和国民经济预测为基础的。少数基本分析采取自下而上的程序,从对公司前景的估计开始,然后建立对行业和最终整个经济前景的估计。在实践中,人们常将两种方法结合使用。例如,先按自上而下方法对经济进行预测,然后把这种预测结果又提供给为个别公司进行自下而上预测的分析师做参考。单个公司预测的综合应当与总的国民经济预测相吻合。否则,人们将重复做这一工作,以保证达到这两种方法的一致性。

基本分析方法对选择具体的投资对象特别重要,对预期整个证券市场的中长期前景很有帮助,但对把握短期股市的具体变化作用不是很大。

三、基本分析的目的

股票投资分析是通过各种专业性的分析方法和分析手段,对来自各个渠道的、能够对股票价格产生影响的各种信息进行综合分析,并判断其对股票价格发生作用的方向和力度。股票投资分析作为股票投资过程中不可或缺的一个组成部分,是进行投资决策的依据,在投资过程中占有重要的地位。它是投资者对投资对象所做的,进一步的、具体的考察和分析,同时也是为股票投资所进行的必不可少的准备。

(一)通过宏观分析把握股票市场的总体变动趋势

宏观分析是基本分析的重要内容。宏观经济变动与股票市场的变动未必同步,从短期看二者的变动方向甚至可能相反。但长期看二者的变动趋势是一致的。因此,通过宏观经济分析把握住经济发展的大方向,有利于辨清股票市场的总体变动趋势,从而做出正确的长期投资决策。

（二）把握宏观经济政策对股票市场的影响力度与方向

国家的宏观经济政策能够通过影响股票发行企业的经济效益而影响该企业的股票市场价格，也能够通过直接影响股票投资者的投资行为而影响股票价格。宏观经济政策的影响力度和方向视政策本身的性质和股票市场的运行周期而定。因此，通过对国家宏观经济政策的分析，可以掌握其对股票市场有多大影响，是"利多"还是"利空"。当股票市场具有"政策市"的特点时，对宏观经济政策的分析就更显重要。

（三）判断股票的投资价值

通过宏观分析可以判断整个股票市场的平均投资价值，因为一国的国民经济整体素质、国民经济增长速度与质量，能在很大程度上反映该国整个股票市场的平均投资价值。在股票市场中发行股票的企业数量越多，宏观经济与股票市场平均投资价值的相关度越大。因此，通过对一国宏观经济的分析，可以判断该国一定时期内股票市场的平均投资价值，从而决定是否应向该国股票市场投资及投资多少。通过行业分析和公司分析，可以把握行业和公司的发展前景，发现公司所存在的问题，进而判断行业和公司股票的投资价值。

（四）规避风险

投资者投资股票的目的是在承担了相应的风险后获得预期回报。预期回报率与风险之间是一种正向的互动关系。投资者所要承担的风险越小，预期回报率就越低；投资者所要承担的风险越大，预期回报率就越高。每一种股票的风险回报率特性都处于各相关因素的作用之下，随着各种相关条件的变化而变化。投资者可通过对每一种股票的风险回报率特性进行观察分析，确定股票的风险大小，选择适合与自己投资政策相适应的风险回报率特性的股票进行投资。

第二节　信　　息

一、信息的概念

信息是指音讯、消息、通信系统传输和处理的对象，泛指人类社会传播的一切内容。投资者通过获得、识别与股票投资有关的不同信息，来决定是否投资，以及确定投资时机、投资组合、投资数量等投资策略。

在各种通信和控制系统中，信息是一种普遍联系的形式。美国数学家克劳德·香农（Claude Shannon）认为，信息是用来消除随机不定性的东西；控制论的创始人诺伯特·维纳（Norbert Wiener）认为，信息是人们在适应外部世界，并使这种适应反作用于外部世界的过程中，同外部世界进行互相交换的内容和名称；还有人认为，信息是提供决策的有效数据。

显然，对于股票投资而言，无论是股票种类的选择、股票价值的判断、股票价格的推测，还是股票所处宏观环境的判断、市场形势的判断、公司价值的判断、时机的选择等，都需要收集足够精准的信息并予以分析和判断。有人说炒股炒的就是不确定性、炒的就是预期,而这些都来自对信息的判断。

二、信息的种类

按照不同的标准,信息可以进行不同的分类,其中与股票投资有关的信息可以分为以下种类。

（1）按价值,分为有用信息、无害信息和有害信息。

（2）按空间状态,分为宏观信息、中观信息和微观信息。

（3）按作用,分为有用信息、无用信息和干扰信息。

（4）按内容,分为消息、资料和知识。

（5）按地位,分为客观信息和主观信息。

（6）按应用部门,分为工业信息、农业信息、军事信息、政治信息、科技信息、文化信息、经济信息、市场信息和管理信息等。

（7）按携带信息的信号性质,分为连续信息、离散信息和半连续信息等。

（8）按事物的运动方式,分为概率信息、偶发信息、确定信息和模糊信息。

（9）按社会性,分为社会信息和自然信息。

（10）按信源类型,分为内源性信息和外源性信息。

（11）按时间性,分为历史信息、现时信息和预测信息。

（12）按载体,分为文字信息、声像信息和实物信息。

三、信息不对称

信息不对称性是指在市场交易中,产品的卖方和买方对产品的质量、性能等所拥有的信息是不相对称的。通常产品的卖方对自己所生产或提供的产品拥有更多的信息,而产品的买方对所要购买的产品拥有更少的信息。例如,汽车市场、劳动力市场、股票市场,均存在大量的信息不对称现象。

信息资源是一种稀缺的资源,对信息资源的优先占有也会带来相关的投资机会。当某种信息资源被独占并被控制的时候,相应的利益也会被垄断。甚至,与某只或者某类股票相关的虚假信息会被人为地制造出来并传播到社会上,而信息的接收者却对此一无所知,从而影响了投资判断。

四、信息来源与获取途径

股票信息的主要来源渠道多种多样。按照来源渠道的权威性,可分为官方渠道和民间渠道。

（一）官方渠道

官方渠道一般指政府各级部门,如国务院、中国证监会、财政部、中国银保监会、中国人民银行、国家发改委、国家商务部、国资委、国家统计局等。

此外,中国的证券交易所也属于官方渠道。

以上是狭义的官方信息渠道,现实中还存在广义的官方信息渠道。为了区别于其他信息渠道,人们还把上市公司、中介机构等自身发布的信息也称为官方信息,只不过这里的“官方”并不是政府部门。

(二)民间渠道

民间渠道一般来自民营上市公司、中介机构、媒体、社会公众等。

(三)信息获取的途径

股票投资所需信息获取的途径一般分为以下三种。

(1)实地调研获取的第一手资料。

(2)通过与他人交流采集的信息。

(3)通过检索媒体采集的信息。

五、信息获取的步骤

股票投资相关的信息获取是股票投资过程的第一个基本环节,一般应具备以下三个步骤。

(1)制定信息获取的目标要求,即要搜集什么样的信息,做什么用。

(2)确定信息获取的范围方向,即从什么来源渠道才能获得这些信息。

(3)采取一定的技术手段、方式和方法获取信息。

由于股票投资操作的手段不同,信息获取的技术手段、方式、方法也不相同。例如,长期投资和短期投资的操作手段不同,那么获取信息的步骤也就不同。在信息获取过程中,上述三个环节缺一不可。

第三节　宏观经济分析

宏观经济分析方法以整个国民经济活动作为考察对象,研究各个有关要素的总量及其变动,特别是研究国民生产总值和国民收入的变动及其与社会就业、经济周期波动、通货膨胀、经济增长等之间的关系。包括股票市场在内的证券市场是一国市场体系的重要组成部分,因此,有必要将股票市场纳入宏观经济运行的过程中去考察,从全局的角度找出影响股票市场价格变动的因素,揭示宏观经济变动与股票投资之间的关系。股票市场是反映国民经济发展趋势的一个窗口,其兴衰反过来也影响着国民经济的发展状况。从根本上来说,国民经济的发展决定着股票市场的发展。

一、宏观经济分析的价值

宏观经济分析的价值主要体现在以下方面。

（一）把握股票市场整体变动趋势

通过对宏观经济形势作出总体分析和判断，可以准确把握股票投资活动赖以生存的大气候和总的背景条件。

投资者可通过宏观经济分析，判断经济运行目前处于什么阶段，预测经济形势将会发生什么变化，从而作出投资方向的决策。当经济稳步增长、发展前景看好时，投资于普通股票较为有利，因为股份公司的收入、盈利、股息一般都与经济变动方向一致，股价也会随之上升。反之，当经济形势暗淡时，股市也会长期低迷，投资于有固定收益的证券较为有利。

（二）判断股票市场的投资价值

股票市场的投资价值与国民经济的整体素质及其结构性变动密切相关，是国民经济增长质量和速度的反映。这里的股票市场投资价值，指的是整个市场的平均投资价值。不同部门、不同行业与千千万万的不同企业互相影响、互相制约，共同影响着国民经济发展的速度和质量。宏观经济是个体经济的总和，企业的投资价值必然会在宏观经济的总体中反映出来。

（三）掌握宏观经济政策对股票市场的影响力度和方向

股票市场与国家宏观经济政策息息相关。国家通过财政政策和货币政策来调控经济——或挤出泡沫，或促进经济增长。这些政策必然会影响经济增长速度和企业经济效益，并对股票市场产生影响。

二、宏观经济分析的主要方法与相关指标

宏观经济分析主要有以下方法和指标。

（一）主要方法

1. 经济指标分析对比

经济指标分析对比是指通过一系列经济指标的计算、分析和对比来进行宏观经济分析。

经济指标是反映经济活动结果的一系列数据和比例关系，具体指标有许多个。要进行股票投资的宏观经济分析，主要应选取那些能从各方面综合反映国民经济的基本面貌，并能与股票投资活动有机结合的指标，这种指标一般有如下三类。

（1）先行指标（leading indicator）：主要有货币供应量、股票价格指数等。这类指标可以对将来的经济状况提供预示性的信息，方便投资者进行预判。从实践来看，通过先行指标对国民经济的高峰和低谷进行计算和预测，其结论会比实际高峰和低谷的出现时间提前半年。

（2）同步指标（coincident indicators）：主要包括失业率、国内生产总值等。通过这类指标算出的国民经济转折点大致与总的经济活动的转变时间同时发生。也就是说，同步指标反映的是国民经济正在发生的情况，并不预示未来的变动趋势。

（3）滞后指标（lagging indicator）：主要有银行短期商业贷款利率、工商业未还贷款等。

这些指标反映出的国民经济转折点一般要比实际经济活动晚半年。

（4）其他指标：除上述指标外，在进行宏观经济分析时，还经常使用国内生产总值、国民生产总值、国民收入、个人收入、个人可支配收入这五个有密切联系的主要综合指标来反映和分析国民经济的主要面貌（如经济发展水平及其增长状况、国内生产总值和国民收入在部门与行业间的分配情况等）。

2. 建立计量经济模型

许多经济现象之间存在着的相关或函数关系，通过建立计量经济模型并进行运算，可以探寻经济变量间的平衡关系，分析影响平衡关系的各种因素。进行宏观经济分析时，应建立和运用宏观计量经济模型。这种模型是指在宏观总量水平上把握和反映经济运动的较全面的动态特征，研究宏观经济主要指标间的相互依存关系，描述国民经济各部门和社会再生产过程各环节之间的联系，并可用于宏观经济结构分析、政策模拟、决策研究以及发展预测等。在分析时，除了要充分发挥模型的独特优势，挖掘其潜力外，还要注意模型的潜在变量被忽略、变量的滞后长度难确定、引入非经济方面的变量过多等问题，以充分发挥这一分析方法的优越性。

计量经济模型主要有经济变量、参数以及随机误差三大要素。

（1）经济变量：反映经济变动情况的变量，分为自变量和因变量。计量经济模型中的变量则可分为内生变量和外生变量两种。内生变量是指由模型本身加以说明的变量，是模型方程式中的未知数，其数值可由方程式求解获得；外生变量则是指不能由模型本身加以说明的量，是方程式中的已知数，其数值不是由模型本身的方程式算得，而是由模型以外的因素产生。

（2）参数：用以求出其他变量的常数。参数一般反映的是事物之间相对稳定的比例关系。在分析某种自变量的变动引起因变量的数值变化时，通常假定其他自变量保持不变，这种不变的自变量就是参数。

（3）随机误差：那些很难预知的随机产生的差错，以及经济资料在统计、整理和综合过程中所出现的差错。随机误差可正可负，或大或小，最终正负误差基本可以抵消，因而通常忽略不计。

3. 概率预测

未来影响股票市场的随机事件可能发生，也可能不发生。通过概率论的方法对其可能性及其大小进行预测，其结果可以用于判断股票价格走势。概率预测的重要性是由宏观经济环境和该方法自身的功能决定的。要了解经济活动的规律性，就必须掌握其过去，进而预测未来。过去的经济活动情况可以通过统计方法获得，根据这些数据，运用概率预测方法可以对今后若干时期的经济情况进行预判。

西方国家早在20世纪初期就开始在宏观经济分析中引入概率论的方法进行预测，但概率预测到第二次世界大战后才开始蓬勃发展。这主要是由于政府调节经济、制定改革措施的迫切需要。各种宏观经济预测实践都是政府制定财政、货币、对外经济政策的重要依据。

概率预测方法主要适用于宏观经济形势的短期预测。它是对国内生产总值及其增长率、通货膨胀率、失业率、利率、个人收入、个人消费、企业投资、公司利润、对外贸易差额等指标在下一期的水平或者变动率的预测，其中最重要的是对前三项预测。

（二）评价宏观经济形势的相关指标

1. 经济增长率（economic growth rate）

经济增长率通常被用来衡量一个国家的经济增长速度，是反映一定时期经济发展水平变化程度的动态指标，也是反映一个国家经济是否具有活力的基本指标。对于发达国家来说，其经济发展总水平已经达到了相当的高度，提高经济发展速度比较困难；对经济尚处于较低水平的发展中国家而言，由于发展潜力大，其经济可能会高速甚至超高速增长。

2. 失业率（unemployment rate）

高就业率（或低失业率）是社会经济追求的一个重要目标。失业率上升与下降是以GDP 相对于潜在 GDP 的变动为背景的，其本身则是现代社会的一个主要问题。当失业率很高时，资源被闲置或浪费，人们收入减少，此时经济上的困难还会蔓延到方方面面，影响人们的情绪和家庭生活，进而引发一系列的社会问题。需要注意的是，国家统计局公布的失业率一般是登记失业率。

3. 通货膨胀率（inflation rate）

通货膨胀率是指一般物价总水平在一定时期（通常为一年）内的上涨率。它反映通货膨胀的程度，通常用价格指数的上升和货币购买力的下降来表现。在现实中，直接计算通货膨胀是不可能的，通常的做法是通过价格指数的增长率来间接表示。

消费者价格是反映商品经过各流通环节形成的最终价格，最全面地反映了商品流通对货币的需求量。因此，消费者价格指数是最能充分、全面反映通货膨胀率的价格指数。世界各国基本上用消费者价格指数（我国称居民消费价格指数，即 CPI）来反映通货膨胀的程度。

通货膨胀常被视为经济的头号大敌，政治家和银行家需要实时对通货膨胀的危险性做出判断。各国政府都曾为控制通货膨胀采取过猛烈的行动，进而引发股票市场的动荡。

4. 利率（interest rate）

利率又称利息率，是指在借贷期内所形成的利息额与所贷资金额的比率。利率直接反映的是信用关系中债务人使用资金的代价，也是债权人出让资金使用权的报酬。从宏观经济分析的角度看，利率的波动反映出市场对资金供求的变动状况。在经济发展的不同阶段，市场利率有不同的表现。在经济持续繁荣增长时期，资金供不应求，利率会上升；当经济萧条、市场疲软时，利率也会随着资金需求的减少而下降。除了与整体经济状况密切相关之外，利率还受到物价上涨幅度的牵制。随着市场经济的不断发展和政府宏观调控能力的不断加强，利率，特别是基准利率已经成为一个行之有效的货币政策工具。

5. 汇率（exchange rate）

汇率是外汇市场上一国货币与他国货币相互交换的比率，实质上可以把汇率看作以本国货币表示的外国货币的价格。一方面，一国的汇率会因该国的国际收支状况、通货膨胀水平、利率水平、经济增长率等因素的变化而波动；另一方面，汇率的适当波动会对一国的经济发展发挥重要作用。汇率会影响国际贸易和国际直接投资，因此，在当前国际分工非常发达、各国间经济联系十分密切的情况下，汇率的变动对一国的国内经济、对外经济以及国际的经济联系都会产生重大影响，进而影响一国或者多国的股票市场。

为了不使汇率的过分波动危及一国的经济发展和对外经济关系，各国政府和中央银行都通过在外汇市场上抛售或收购外汇的方式干预外汇市场，以影响外汇供求，进而影响汇率。此外,当政府的宏观经济政策发生变化时,也会直接影响到一国对外贸易结构、通货膨胀水平以及实际利率水平等方面,从而对汇率水平产生影响。20 世纪 70 年代以来,除了各国金融当局经常对外汇市场进行干预,使政府干预越来越多地成为影响汇率变动的重要因素之外,还出现了几个国家的中央银行联合干预外汇市场的情况。

6. 财政收支(fiscal revenue and expenditure)

财政收支包括财政收入和财政支出两个方面。财政收入是国家为了保证实现政府职能的需要,通过税收等渠道集中的公共性资金收入;财政支出则是为满足政府执行职能需要而使用的财政资金。核算财政收支总额是为了进行财政收支状况的对比。收大于支,就会出现财政盈余;收不抵支,则出现财政赤字。如果财政赤字过大,弥补手段不足以平衡收支;或者即使总量上能勉强平衡,却又形成结构上的失衡,就会引起社会总需求的膨胀和社会总供求的失衡。

7. 国际收支(balance of payments)

国际收支是一国居民在一定时期内与非居民在政治、经济、军事、文化及其他往来中所产生的全部交易的系统记录。这里的"居民"是指在国内居住一年以上的自然人和法人。国际收支中包括经常项目和资本项目。经常项目主要反映一国的贸易和劳务往来状况;资本项目则集中反映一国同国外资金往来的情况,主要是一国利用外资和偿还本金的执行情况。全面了解掌握国际收支状况,有利于从宏观上对国家的开放规模和开放速度进行规划、预测和控制。

8. 固定资产投资规模(investment scale of fixed assets)

固定资产投资规模是指一定时期在国民经济各部门、各行业固定资产再生产中投入资金的数量。投资规模是否适度,是影响经济稳定与增长的一个决定性因素。投资规模过小,不利于为经济的进一步发展奠定物质和技术基础;投资规模过大,超出了一定时期人力、物力和财力支撑的限度,又会造成国民经济比例的失调,导致经济大起大落。

三、宏观经济分析的内容

宏观经济分析主要包括以下内容。

(一)宏观经济状况

1. 国内生产总值(GDP)

GDP 的变动是一国经济成就的集中反映,GDP 的持续上升表明国民经济良性发展,制约经济的各种矛盾趋于或达到协调,人们有理由对未来经济产生好的预期;反之,如果 GDP 处于不稳定的非均衡增长状态,暂时的高产出水平并不表明经济形势良好,不均衡的发展可能激发各种矛盾,从而孕育一个深度的经济衰退。尽管有"股票市场是经济的晴雨表"这种的说法,但是,它与 GDP 之间并不是同步联动关系,我们必须将 GDP 与经济形势结合起来进行考察,不能简单地认为 GDP 增长,股票市场就将伴之以上升的走势,具体分析时可分为如下四种情况。

(1)持续、稳定、高速的 GDP 增长:在这种情况下,社会总需求与总供给协调增长,经济结构逐步合理并趋于平衡,经济增长来源于需求刺激,这使得闲置的或利用率不高的资源得以更充分的利用,表明经济发展的势头良好。这时,股票市场将基于下述原因而呈现上升走势。

① 伴随总体经济成长,上市公司利润持续上升,股息和红利不断增长,企业经营环境不断改善,产销两旺,投资风险也越来越小,从而公司的股票和债券得到全面升值,促使股票价格上扬。

② 人们对经济形势形成了良好的预期,投资积极性得以提高,从而增加了市场对股票的需求,促使股票价格上涨。

③ 随着 GDP 的持续增长,国民收入和个人收入不断得到提高,而收入增加也将使股票投资的需求增加,从而使得股票价格上涨。

(2) 高通胀下的 GDP 增长:当经济处于严重失衡下的高速增长时,总需求超过总供给,表现为极高的通胀率,这是经济形势恶化的征兆。此时如不采取调控措施,必将导致未来的"滞胀"。这时,经济中的矛盾会突出地表现出来,企业经营将面临困境,居民实际收入也将降低。失衡的经济增长必将导致股票市场下跌。

(3) 宏观调控下的 GDP 减速增长:当 GDP 呈现失衡的高速增长时,政府可能采用宏观调控措施以维持经济的稳定增长,这样必然会减缓 GDP 的增长速度。如果调控目标得以顺利实现,GDP 仍将以适当的速度增长而非负增长或低增长,则说明宏观调控措施十分有效,经济矛盾逐步得以缓解,为进一步增长创造了有利条件,这时的股票市场亦将反映这种好的形势而呈平稳渐升的态势。

(4) 转折性的 GDP 变动:如果 GDP 在一定时期内呈负增长,而负增长速度逐渐减缓并呈现向正增长转变的趋势时,则表明恶化的经济环境逐步得到改善,股票市场走势也将由下跌转为上升。当 GDP 由低速增长转向高速增长时,则表明在低速增长时期中,经济结构得到调整,经济的瓶颈制约得以改善,新一轮经济高速增长已经来临,股票市场亦将伴之以快速上涨之势。

与上述情况相反的 GDP 变动,将导致相反的后果。股票市场一般会提前对 GDP 的变动做出反应,也就是说它反应的是预期的 GDP 变动。而 GDP 的实际变动被公布时,股票市场只反映实际变动与预期变动的差别。因而,在股票投资中进行 GDP 变动分析时,必须着眼于未来,这是最基本的原则。

2. 经济周期

在影响股票价格变动的市场因素中,宏观经济周期的变动(或称景气的变动),是最重要的因素之一,对企业营运及股票价格的影响极大。注意,这里的股票价格不是特指某只股票的价格,而是全部股票的平均价格(或称价格水平),一般用股价指数来替代。

经济周期一般包括衰退、危机、复苏和繁荣四个阶段。一般来说,在经济衰退时期,股票价格会逐渐下跌;到危机时期,股价会跌至最低点;而经济复苏开始时,股价又会逐步上升;到繁荣时,股价则会上涨至最高点。

其原因是,当经济开始衰退之后,企业的产品滞销,利润相应减少,这促使企业减少产量,从而导致股息、红利也随之减少,持股的股东则因股票收益不佳而纷纷抛售,股票价格因此下跌。当经济衰退已经达到经济危机时,社会经济生活处于瘫痪状况,大量的企业倒闭,股票持有者由于对形势持悲观态度而纷纷卖出手中的股票,从而使整个股市价格大跌,市场陷入萧条和混乱中。经济周期经过最低谷之后又出现缓慢复苏的势头,随着经济结构的调整,商品开始有一定的销售量,企业又会开始给股东分发股息红利,股东慢慢觉得持股有利可图,于是纷纷购买,从而使股价缓缓回升。当经济由复苏达到繁荣阶段时,企业的商品生产能力与产量大增,商品销售状况良好,企业开始大量盈利,股息、红利也相应增多,股票价格逐渐上涨至最高点。

注意,经济周期会影响股价变动的周期,但两者的变动不是完全同步同向的。通常的情况是,不管在经济周期的哪一阶段,股价变动总是比实际的经济周期变动要领先一步,即在经济衰退以前,股价已开始下跌,而在经济复苏之前,股价已开始回升;经济周期未步入高峰阶段时,股价通常已经见顶;经济仍处于衰退周期时,股市往往已开始从谷底回升。这是因为股价的涨落包含着投资者对经济走势变动的预期和投资者的心理反应等因素,所以股价能够灵敏的反应经济周期的变动。另外还应注意,股票市场与经济周期之间的关系是否密切,要看股票市场的运行是否规范,投机气氛是否浓厚,以及股票与资金的平衡关系如何。越是规范、成熟的股票市场,对经济周期的反应越是灵敏;越是不规范、不成熟的股票市场,越是与经济周期相错位。不过,服务与经济周期错位的程度和期限还是会受到制约的。从长期来看,股票市场是无法摆脱经济周期的影响的。

3. 通货膨胀与通货紧缩

1) 通货膨胀(inflation)

通货膨胀对股票价格走势的影响较为复杂,既有刺激股票价格上涨的作用,又有抑制股票价格的作用。由于股票代表对企业的所有权,企业中的实物资产会随着通货膨胀而升值;另外,企业还可以通过提高产品的售价来弥补原材料的价格上升,这样企业的利润就不会受到通货膨胀的影响。所以,一般来说,在适度通货膨胀的情况下,股票具有一定的保值功能。适度的通货膨胀还可以造成有支付能力的有效需求增加,从而刺激生产的发展和股票投资的活跃。温和的、适度的通货膨胀对股价的影响一般是正面的,但对债券价格的影响却是负面的:通货膨胀提高了投资者对债券投资名义收益率的期望值,从而导致固定利息率债券的市场交易价格下跌。

通货膨胀达到一定限度就会损害经济的发展,严重的通货膨胀会导致货币加速贬值,人们会将资金用于囤积商品保值。这时,人们对经济发展的前景不会乐观,对政府提高利率以抑制通货膨胀的预期增强,许多股票投资者可能退出股票市场转入债券投资,由此导致股票价格下跌。同时,企业因原材料、工资、费用、利息等支出增加,导致成本上升,盈利水平下降,因社会经济秩序紊乱而无法正常地组织生产,此时经济形势也进一步恶化,社会恐慌心理加重,从而加深了股票市场不景气的状况。

总之,当通货膨胀对股票市场的刺激作用大时,股票市场的趋势与通货膨胀的趋势一致;当其压抑作用大时,股票市场的趋势与通货膨胀的趋势相反。

2) 通货紧缩(deflation)

通货紧缩是由于市场中货币发行量过少造成的,它表现为物价水平的持续下跌。从表面上看,物价水平的下跌可以提高货币的购买力,增强公众的消费能力;但是,物价水平的下跌又会导致企业销售收入的下降,企业只能减少生产规模,从而就业也会相应减少。所以,它对股市的影响也是复杂的。在通货紧缩的初期,由于货币购买力的增强,公众的消费和投资增加,会带动股票市场的兴旺。但是随着物价水平的持续下跌,生产规模的缩减,公众会因对未来收入的悲观预期而相应地减少支出,企业商品就会出现积压,就业形势就会进一步恶化,整体经济将陷入萧条的状态,使得股票市场也进入长期的低迷阶段。

4. 利率变动(interest rate change)

股票市场对利率水平的变动最为敏感。理论上,当利率下降时,证券的价格就会上涨;利率上升时,证券的价格就会下跌,其原因如下。

(1) 利率上升不仅会增加公司的借款成本,还会导致公司筹资困难。这样,公司就不得不削减生产规模,而生产规模的缩小又势必会使公司的未来利润减少,公司可供分配的盈利随之减少,股利下降,股票价格也会随之下降。反之,股票价格就会上涨。

对于已经发行的债券来说,其票面利率一般都是固定的。在市场利率上升的情况下,持有此债券的利息收入会相对减少。投资者如果购买,则只能从购买价格上得到补偿,因而在市场利率上升的条件下债券价格会下降。

(2) 当利率上升时,投资股市资金的机会成本——银行存款利息就会增加,导致一部分资金从股市转向银行储蓄和债券,减少股票市场上的资金供给,股票需求下降,股票价格出现下跌。反之,当利率下降时,储蓄所获得的利息就会减少,一部分资金会回到股市中来,从而扩大对股票的需求,股票价格就会上涨。

(3) 从评估股票理论价值的角度看,当利率上升时,投资者评估股票理论价值所用的折现率会上升,使计算出来的股票理论价值下降,从而促使股票价格下跌;当利率下调时,结果相反。

对利率升降如何影响股市,应侧重注意以下因素的变化。

① 市场的景气动向。如果经济过热,物价上涨,政府就有可能提高利率,使经济降温。相反,如果市场疲软,政府就有可能降低利率来推动经济发展。

② 资金市场的银根松紧状况。一般来说,资金松,有利于股价上涨;资金紧,则会对股市产生不利影响。

③ 国际金融市场的利率水准。国际金融市场的利率水准往往也能影响到国内利率水平的升降和股市行情的涨跌。在一个开放的市场体系中,如果海外利率水准低,一方面会对国内的利率水平产生影响,另一方面也会吸引海外资金进入国内股市,拉动股票价格上扬。若海外利率水准高,则结果相反。

在实际操作中,二者之间并不一定是同步逆向联动,而需要结合其他因素,加以综合判断。在股市历史上,发生过当股票行情处于暴涨状态时,利率的调整对股价的控制作用不大的情况;同样,也发生过当股市处于暴跌状态时,即使出现利率下降的调整政策,股价仍然回升乏力的情况。当然,这种利率和股票价格同时上升和同时回落的现象还是比较少见的。

5. 汇率变动(exchange rate change)

汇率的调整对整个社会经济的影响很大,有利有弊。一般而言,汇率上浮,即本币升值,不利于出口而有利于进口;汇率下浮,即本币贬值,不利于进口而有利于出口。汇率变化对股价的影响与其对整个经济的影响有关。若汇率变化趋势对本国经济发展影响较为有利,股价会上升;反之,股价会下降。

在当代经济全球化的基础上,汇率对一国经济的影响越来越大,而且影响程度的高低取决于该国的对外开放度。其中,受影响最直接的就是进出口贸易。如果本国货币升值,那么受益的多半是本国的进口业,以及依赖海外供给原料的企业;而出口业由于本币升值,竞争力就会降低。当本国货币贬值时,情形恰恰相反。但无论是本币升值还是贬值,对公司业绩以及经济形势的影响都各有利弊,所以投资者不能单凭汇率升值就买进股票,贬值则卖出,而要区别对待货币升贬值对不同企业的影响。

实际上,汇率变动对那些从事进出口贸易的股份公司影响较大。它通过对公司的进出口额及利润的影响来影响股价,其主要表现如下。

(1) 若公司有相当部分的产品向海外市场销售,则当汇率提高时,产品在海外市场的竞争力会受到削弱,公司盈利就会下降,从而导致股票价格下跌。

(2) 若公司的某些原料依赖进口,产品主要在国内销售,那么当汇率提高时,公司进口的原料成本就会降低,公司盈利上升,从而使公司的股价趋于上涨。

(3) 如果预测到某国汇率将要上涨,那么货币资金就会向这个国家转移,而其中部分资金将直接进入股市,导致汇率上升,该国的股市行情也可能因此上涨。

6. 固定资产投资(investment in fixed assets)

全社会固定资产投资是衡量投资规模的主要指标。投资形成新的生产能力,不仅是扩大再生产和推动经济发展的不可缺少的手段,也是促进技术进步的重要条件,还是建立合理的生产结构和生产力布局以及提高人民群众物质和文化水平的物质基础。

但是,固定资产投资在建设周期内只能消耗社会产品、增加社会总需求,而不能增加社会总供给。因此,如果全社会固定资产投资规模过大,就很容易导致社会总供给与社会总需求失衡,成为引发通货膨胀的重要原因。

固定资产投资的规模和结构不仅关系到社会经济当前的运行状态,还会影响未来经济发展的前景和结构。

7. 消费分析(consumption analysis)

人类经济活动的四个环节分别是生产、分配、交换、消费,其中,消费实现了生产的目的,从而给生产以内在动力,又创造出新的生产需要。消费既包括消费者的终端消费,也包括企业使用原材料进行生产时对中间品的消费。从全社会来说,消费水平是否合理,合理的消费需求能否实现,消费需求与商品供应能力是否均衡,这都关系到市场的稳定和商品价值的实现。对消费的分析可从消费需求和消费供应两方面进行。

(1) 消费需求分析。对消费需求的分析,主要是对居民购买力的分析,而对居民购买力的分析要从购买力总量及结构变化两方面进行。居民购买力总量是过去结余的购买力与本年形成的购买力之和。随着经济发展,居民收入水平逐年提高。在收入水平提高的前提下,居民消费结构会发生很大的变化。例如,住房、汽车、教育、旅游等消费支出在绝对额和相对数上都会有很大提高,而对新颖消费品需求的上升会使商品的生命周期大为缩短。

消费需求的实现情况可通过"社会商品零售总额"指标体现。"社会商品零售总额"的增长速度与居民货币收入的增长相适应,是消费需求与消费供应大致均衡的重要表现。股票投资者可以通过自己对消费市场购销状况和消费者满意程度的观察和体验去分析消费状况。

(2) 消费供应分析。对消费供应的分析主要是对社会商品供应量和劳务服务供应量进行分析。消费供应在总量和结构上要与消费需求的总量和结构相适应,才能实现消费平衡。

8. 物价分析(price analysis)

物价指数是宏观经济运行状况最灵敏、最集中的反映,也是进行宏观分析的工具。可供观察和分析的物价指数主要有全社会零售价格指数、居民生活费价格指数、批发物价指数、国民生产总值平减价格指数等。对物价的分析要注意以下两点。

（1）对物价上涨或下跌的原因要作具体分析。价格变化是货币现象，引起物价上涨或下降的机制非常复杂——有正常因素，也有非正常因素。非正常因素引起的物价上涨与下跌，会影响宏观经济的正常运行。

（2）物价的上涨和回落有一定的时滞期。据经验分析，从货币供应量增加到物价上升，大约需要半年左右的时滞期；而从货币供应量得到控制至物价回落，也需要半年左右的时滞期。所以，物价分析时，不仅要注意当前的物价水平，还要注意物价变化的趋势及引起价格变化的主要原因。

（二）宏观经济政策分析

国家经济政策是为实现一国特定的社会、经济发展目标而设计的，它对一国经济的发展无疑会产生重大的影响。同样，国家经济政策对于股票市场和股票投资也会直接或间接地产生重要的影响，特别是货币政策、财政政策和产业政策的实施及政策目标的实现均会反映到股票市场上。不同性质、不同类型的政策手段对股票市场价格的变动有着不同的影响。

1. 货币政策

中央银行主要通过三大货币政策工具来实现对宏观经济的调控，即存款准备金率、再贴现率和公开市场操作。当国家为了防止经济衰退、刺激经济发展而实行扩张性货币政策时，中央银行会通过降低法定存款准备金率、降低中央银行的再贴现率或在公开市场买入国债的方式来增加货币供应量，扩大社会的有效需求。当经济持续高涨、通货膨胀压力较重时，国家往往采用适当紧缩的货币政策。此时，中央银行就可通过提高法定存款准备金率、提高中央银行的再贴现率或在公开市场上卖出国债来减少货币供应量，紧缩信用，以实现社会总需求和总供给大体保持平衡。

货币政策对股票市场的影响是通过投资者和上市公司两方面因素来实现的。对投资者来说，当增加货币供应量时，一方面股票市场的资金增多，另一方面通货膨胀也使人们为了保值而购买证券，从而推动股票价格上扬；反之，当减少货币供应量时，股票市场的资金减少，股票价格的回落又使人们对购买股票保值的欲望降低，从而使股票市场价格呈继续回落的趋势。对上市公司来说，宽松的货币政策为企业发展提供了充足的资金，扩大了社会总需求，刺激了生产发展，提高了上市公司的业绩，股票市场价格上升；反之，紧缩的货币政策使上市公司的运营成本上升，社会总需求不足，上市公司业绩下降，股票市场价格也随之下跌。

从具体的政策手段来看，中央银行对再贴现率的调整将直接影响市场基准利率，对股票市场的影响最为显著。

2. 财政政策

财政政策是通过财政收入和财政支出的变动来影响宏观经济活动水平的经济政策。财政政策的主要手段有三个：①改变政府购买水平；②改变政府转移支付水平；③改变税率。综合来看，实行扩张性财政政策，增加财政支出，减少财政收入，可增加总需求，使公司业绩上升，经营风险下降，居民收入增加，从而使股票市场价格上涨；实行紧缩性财政政策，减少财政支出，增加财政收入，可减少社会总需求，使过热的经济受到抑制，进而使得公司业绩下滑，居民收入减少，股票市场价格就会下跌。

具体来看，不同的财政政策手段对股票市场的影响是不相同的。

公司税的调整直接影响公司的盈利水平,并进一步影响到公司扩大生产规模的能力和积极性,最终影响公司未来成长的潜力,因此,公司税的调整对其股票的影响不言而喻。另外,税收结构的调整将引起利润分配的变化,对纳税对象产生不同的影响,并导致不同行业的股票价格的相对运动。例如,开征能源税,对能耗高的行业与能耗低的行业会有不同的影响。个人所得税将直接影响居民个人的实际收入水平,因而将影响股票市场的供求关系。而股票交易税则直接关系到股票交易的成本。所以,一般来说,税率的提高将抑制股票市场价格的上涨,而税率的降低或免税将有助于股票市场价格的上涨。

政府购买是社会总需求的重要组成部分。扩大政府购买水平,增加政府在道路、桥梁、港口等非竞争性领域的投资,可直接增加对相关产业(如水泥、钢铁、建材、机械等产业)的产品需求;这些产业的发展又形成对其他产业的需求,以乘数的方式促进经济发展。这样,公司的利润增加,居民的收入水平也会得到提高,从而促使股票价格上扬。减少政府购买水平的效应正好与此相反。政府购买的流向还会影响不同部门、不同行业的发展速度。例如,对某些行业的投资或者对某一地区的开发,会改善这些行业或地区的经济环境,提高相关企业的经营收益,对其股票价格产生正面效应。

改变政府转移支付水平,将主要从结构上改变社会购买力状况,进而影响总需求。提高政府转移支付水平,如增加社会福利费用、增加为维持农产品价格而对农民的拨款等,会使一部分人的收入水平得到提高,也间接地促进了公司利润的增长,因此有助于股票价格的上涨;反之,降低政府转移支付水平,将使股票价格下跌。

3. 产业政策

产业政策是有关产业发展的一切政策和法令的总和。产业政策的实施对投资活动会产生直接的影响。其主要作用如下。

(1)促进和维护幼小产业的发展。

(2)加快资源配置的优化过程。

(3)促进市场机制和市场结构的完善。

(4)给企业提供一个透明度较高的发展环境。

(5)使产业结构能不断适应世界科学技术的新发展等。

产业政策的突出特征是有区别地对待各个产业,因此,了解产业政策对股票投资的决策有重要作用。例如,对于国家积极支持发展的产业,因其受到各种优待,具有发展前途,股票投资者从长远利益考虑,应向这些产业投资;对于国家限制发展的产业,由于其发展前景黯淡,投资者应谨慎投资。

(三)其他宏观经济变动因素分析

在社会经济发展中,有些因素(如能源因素、人口因素、新技术革命因素等)的变动性强,对经济的影响很大,这也是证券投资者在进行宏观分析时必须注意到的。

1. 能源因素

能源被誉为"工业的血液",与经济发展的关系非常紧密。在20世纪70年代石油提价以前,廉价的石油推动了战后石化工业、汽车工业、钢铁工业和造船工业的迅速发展,并带动了几乎所有经济部门与行业的生产与销售活动。1973年和1979年两次石油危机时,石油大幅度提价,全球性石油短缺随之而来,这对世界经济和各国经济的发展都产生了难以估量的影响,并引起了全球性经济、贸易与金融结构的大调整。较高的石油价格增加了人们对各种高效节能性商品的需求,导致生产企业由能源密集型向技术密集型等方面的转变,推动了各种新能源和替代能源行业的发展。因此,能源价格和各种能源在总能源中的构成,即能源结构等指标,也是影响整个经济和行业发展的重要因素,是进行股票投资分析时不可忽视的方面。

2. 人口因素

生产资料和生活资料的生产最终都要依赖于消费市场的容量和发展情况。随着社会的发展,人口作为商品与劳务的最终消费者,其数量、构成、分布和增长情况越来越成为影响经济增长的重要因素。

目前,发达国家的人口增长速度缓慢,有些国家甚至出现下降的现象。这种情况对各生产行业将产生不同的影响。比如,人口出生率的下降,不仅会直接影响与婴儿有关的行业的生产,还会导致家庭规模的缩小和人口的老龄化,人口老龄化又会推动老年日用商品与各种保健品行业的迅速发展;同时,年轻夫妇和规模较小的家庭消费开支,也从主要购买日常的生活用品转向耐用消费品、高档服装以及用于旅游、观光等方面。因此,消费者需求目标和消费方式的变化对部分行业将会起到有利的促进作用,而对部分行业则会产生不利的影响。这种不同的影响也会相应地反映在这些行业的股票价格上。此外,现有的人口分布区域、人口密度和增长潜力也会对经济的发展产生影响,并反映在股票行市上。

3. 新技术革命因素

自 20 世纪 40 年代开始,人类步入了一场新的技术革命中。这场新技术革命的特点是新技术出现频率加快,理论科学向实用技术的转换过程大大缩短,速度大大加快。一次新技术出现不久,就转换成为新的生产能力,进而出现一批以新的加工技术为基础的新工厂,甚至出现一个新行业。21 世纪后,一系列新的高科技工业(如原子能工业、高分子合成工业、激光工业、生物工程、遗传工程、海洋工程和宇航工程等)相继兴起,直接而有力地推动了工业的迅速发展和水平提高。但是,高新技术产业往往是高风险投资的产业。投资者投资于这类产业时,必须密切注视技术革命的发展状况,进行审慎、认真的分析,做出正确的决策。

4. 政治因素

政治因素指那些对股票价格具有一定影响力的国际政治活动、发展计划,以及政府的法令、政策措施等。政治形势尤其是国际政治关系的变化,会对股票市场产生相对敏感的影响,主要表现如下。

(1)国际形势的变化。例如,外交关系的改善会使有关跨国公司的股价上升。投资者应在外交关系改善时,不失时机地购进相关跨国公司的股票。

(2)战争。战争会使各国政治经济不稳定,人心动荡,股票价格下跌,这是战争造成的广泛影响。但是,战争对不同行业的股票价格又有不同的影响。比如,战争使军需工业兴盛,那么与军需工业相关的公司证券价格就会上涨。因此,投资者应适时购进军需工业及其相关工业的股票,售出容易在战争中受损的股票。

(3)国内重大政治事件。政权更迭、领袖更替、政治风波等都会对股票市场产生重大影响,即通过对投资者的心理产生影响,间接地影响股票的价格水平。

(4)法律制度。如果一个国家在金融方面的法律制度比较健全,投资行为就会得到管理和规范,并使中小投资者的正当权益得到保护。此时投资者持有股票的信心就会提高,从而促进股票市场的健康发展。如果法律法规不完善,投资者权益受法律保护的程度低,则不利于股票市场的健康发展与繁荣。

第四节　行业分析(中观分析)

　　行业是指从事国民经济中同性质的生产、服务或其他经济社会的经营单位或者个体的组织结构体系。与产业相比,产业的概念范畴比行业要大,一个产业可以跨越(包含)几个行业。因为行业是介于宏观和微观之间的中观部门,所以,行业分析又称中观分析,指的就是分析投资对象所在行业的状况。单个企业的命运总是和它所处行业的命运息息相关,因而深入的行业分析是证券分析取得成功的先决条件。通过行业分析,可以了解处于不同市场结构类型和不同生命周期阶段的行业产品在生产、价格制定、竞争状况、盈利能力等方面的信息,据此可进行有效的投资判断。

一、行业的市场结构分析

　　依据不同行业中企业的数量、产品之间的差异程度、企业对价格的控制程度以及企业进入市场的难易程度等因素,行业可以分为四种市场类型,即完全竞争、垄断竞争(不完全竞争)、寡头垄断和完全垄断。

(一) 完全竞争

　　完全竞争(perfect competition)是指许多企业生产同质产品的市场情形。其特点是:企业众多,各种生产资料可以完全流动;生产的产品不论是有形的或无形的,都是同质的、无差别的;由于企业众多和产品的同质性,因而没有一个企业能够影响产品的价格;企业永远是价格的接受者,而不是价格的制定者;企业的盈利基本上是由市场对产品的需求来决定的;企业和消费者对市场情况都非常了解,并可自由进入或退出这个市场。

　　从上述特点可以看出,完全竞争是一种理论性很强的市场类型,其特点在于所有企业都无法控制市场的价格或使产品差异化。在现实经济生活中,初级产品的市场类型与完全竞争较相似。

(二) 垄断竞争(不完全竞争)

　　垄断竞争(monopolistic competition)是指许多生产者生产同种但不同质产品的市场情形。其特点是:生产者众多,各种生产资料可以流动;生产的产品同种但不同质,即产品之间存在着差异,这是垄断竞争与完全竞争的主要区别;由于产品差异性的存在,生产者可以借以树立自己产品的信誉,从而对其产品的价格形成一定的控制能力。

　　在国民经济各行业中,绝大多数企业所在的市场一般都属于这种类型。

(三) 寡头垄断

　　寡头垄断(oligopoly)是指相对少量的生产者在差别很少或没有差别的某些产品的生产

中,以及具有某些差别的产品生产中占据很大市场份额的情形。在这类市场上,这些生产者的产品产量非常大,因此他们对市场的价格和交易具有一定的垄断能力。此外,只有少量的生产者生产同一种产品,因而每个生产者的价格政策、经营方式及其变化都会对其他生产者产生重大的影响。所以,在这个市场上往往存在着一个起领导作用的企业,其他企业则会随该企业的定价与经营方式变化而进行相应的调整。

在一些资本密集型、技术密集型行业(如钢铁、汽车行业等),以及少数储量集中的资源(如石油等)的市场类型多属于此。因为,生产这些产品需要巨额投资、复杂的技术或产品储量的分布,这都限制着新企业对这个市场的进入。

(四) 完全垄断

完全垄断(perfect monopoly)是指一家企业生产某种特质产品的情形。特质产品是指那些没有或缺少相近的替代品的产品。完全垄断可以分为两种类型,一种是政府完全垄断,如烟草、铁路运输、邮电等部门;另一种是私人完全垄断,如根据专利权产生的独家经营,以及由于资本雄厚、技术先进而建立的排他性私人垄断经营。完全垄断市场的特点是:垄断者能够根据市场的供需情况制定理想的价格和产量,在高价少销和低价多销之间进行选择,以获取最大的利润,因为市场被独家企业所控制,产品又没有或缺少合适的替代品;在制定产品的价格与生产数量方面,垄断者的自由性是有限的,它要受到反垄断法和政府管制的约束。政府为了公众的利益和维护正常的经济秩序,通常只允许其获得正常的利润,而限制其获得额外的经济性利润。

在现实经济生活中,某些地域的一些公用事业(如煤气公司、自来水公司等)以及某些资本、技术高度密集的行业,或稀有资源的开采等行业,均属于这种完全垄断市场类型。

现实中,大多数行业处于完全竞争和完全垄断这两种极端情况之间,往往既有不完全竞争的特征,又有寡头垄断的特征。而且,很多行业的产品都有替代品。当一种商品的价格过高时,消费者就会转向价格较低的商品。通常,竞争程度越高的行业,其商品价格和企业利润受供求关系影响就越大,该行业的股票投资风险越大。而垄断程度越高的行业,其商品价格和企业利润的受控程度越大,股票投资风险相对较小。

二、行业生命周期分析

任何行业都要经历一个由成长到衰退的发展演变过程,这个过程被称为行业的生命周期。一般说来,行业的生命周期可分为以下四个阶段:初创期、成长期、稳定期和衰退期。了解行业在不同生命周期阶段的特点,可帮助投资者选择合适的投资对象。当然,这四个阶段只是行业生命周期的一般情况,若具体到某一行业,由于受行业性质、政府干预等许多因素影响,实际周期的变化要复杂得多。行业生命周期分析仍适用于大部分行业,但并非适用于所有行业。比如,有些行业的产品是生活和生产不可缺少的必需品,有漫长的生命周期;而有的行业则由于科技含量高,需要高额成本、专利权和高深的知识,这都会阻碍其他公司参与竞争。

(一) 初创期

在初创期(start-up stage),由于新行业刚刚诞生或公司初建不久,投资这个新兴行业的创业公司数量不多,而且由于初创期产品的研究开发费用和企业创设成本较高、市场需求狭小,销售收入较低,企业很难盈利,普遍亏损;同时,较高的产品成本和价格与较小的市场需求还使这些创业公司面临很大的投资风险。

在初创期后期,随着行业生产技术的提高,生产成本的降低和市场需求的扩大,新行业逐步由高风险、低收益的初创期,走向高风险、高收益的成长期。少数企业的股票价值被发掘,因而走高;但大多数企业会因前途难测,股价波动加大。

(二)成长期

在成长期(growth stage),新行业生产的产品经过广泛的宣传和顾客的试用,逐渐赢得了大众的欢迎,市场需求呈上升趋势。同时,由于市场前景看好,投资于新行业的企业大量增加,产品也由单一、低质、高价,逐步向多样、优质和低价的方向发展,因而新行业出现了生产企业之间和产品之间相互竞争的局面。由于这一原因,这一阶段有时被称为投资机会时期。竞争的结果有两个方面:一是促进了产品品种、性质和用途的多样化,促进了产品质量的提高和生产成本及价格的降低;二是导致了生产企业的两极分化,有些公司逐渐占领和控制了市场,而更多的公司在竞争中遭到淘汰或被兼并。因此,到了成长期的后期,在优胜劣汰的竞争规律作用下,市场上生产企业的数量在大幅度下降之后便开始稳定下来。

在成长期,行业技术进步迅速,利润丰厚,但竞争激烈,风险很大,因此,股价往往会出现大起大落的现象。

(三)稳定期

在稳定期(stable period),产品的销售增长减慢,迅速赚取利润的机会减少,在前一时期竞争中生存下来的少数大企业垄断了整个行业的市场。这些企业势均力敌,都相对稳定地占有一定比例的市场份额。企业和产品之间的竞争手段逐渐由初期的以价格手段为主转向以非价格手段为主,如提高质量、改善性能和加强售后服务等。行业的利润、风险均相对稳定,而新企业在没有决定性技术优势的情况下难以进入该行业。稳定期一般会维持相对较长的时间。在这一时期,公司股票价格也基本稳定。

(四)衰退期

在出现较长的稳定期之后,新产品和大量替代品的出现,原行业的市场需求开始逐渐减少,产品的销售量也开始下降。于是,某些企业开始向其他更有利可图的行业转移资金,致使原行业出现企业数目减少、利润下降的停滞和萧条景象。至此,整个行业便进入了生命周期的最后阶段,即衰退期(recession period)。在衰退期,企业的数目逐渐减少,市场逐渐萎缩,利润额停滞或不断下降。当正常利润无法维持或现有投资折旧完毕后,整个行业便逐渐解体了。

衰退行业的股票行市平淡或有所下跌,而那些因产品过时而遭淘汰的行业,其股价会受到更为严重的影响。

三、经济周期与行业分析

经济周期变化一般会对行业的发展产生影响,但对不同类型的行业影响程度不尽相同。

（一）增长型行业

增长型行业（growth industry）是指发展速度经常快于平均发展速度的行业，较快的发展速度主要靠技术的进步、新产品的开发和优质服务取得。增长型行业的发展一般与经济周期的变化没有必然的联系。在经济高涨时，它的发展速度通常高于平均水平；在经济衰退时期，它所受影响较小甚至仍能保持一定的增长。选择增长型行业进行投资，通常可以分享行业增长的利益，同时又不受经济周期的影响，在股票买卖的时机选择上也比较灵活，因此很多投资者对增长型行业倍加青睐。

近年来，"新基建①"的发展逐步构建了支撑中国经济新动能的基础网络，给中国的新经济带来巨大的加速度，同时带动并形成了短期及长期的经济增长点，由此催生了一波该类型行业股票的增长行情。

（二）周期型行业

周期型行业（cyclical industry）的特征是受经济周期影响很大。当经济繁荣时，这些行业会相应扩张；当经济衰退时，这些行业也随之收缩。例如，建筑材料行业、家电行业、旅游行业等，均属于周期型行业。

（三）防守型行业

防守型行业（defensive industries）的特征是受经济周期的影响小。这类行业的商品往往是生活必需品或是必要的公共服务，公众对它们的商品有相对稳定的需求，因而行业中有代表性的公司的盈利水平相对稳定。这些行业往往不因经济周期变化而出现大幅度变动，甚至在经济衰退时也能取得稳步发展。比如，食品行业、药品行业、公共事业等就属于这一类行业。

了解了经济周期与行业的关系，投资者应认清经济循环的不同表现和不同阶段，顺势选择不同行业进行投资。当经济处于上升、繁荣阶段时，投资者可选择投资周期性行业证券，以谋取丰厚的资本利得；当经济处于衰退阶段时，投资者可选择投资防守型行业证券，以获得相对稳定的收益，并减轻所承受的风险。

四、行业竞争性分析

竞争程度决定了一个行业利润率的高低。竞争规律体现为五种竞争的作用力：新进入者的威胁、现有企业之间的竞争、替代品的压力、买方需求方的砍价能力、供应方的砍价能力。

这五种竞争的作用力综合起来决定了某行业中的企业获取超额收益率的能力。它随行业的不同而不同，随着行业的变化而变化，所以不同行业的内在盈利能力并不一致。在五种

---

① 新型基础设施建设（简称：新基建），主要包括5G基站建设、特高压、城际高速铁路和城市轨道交通、新能源汽车充电桩、大数据中心、人工智能、工业互联网七大领域，涉及诸多产业链，是以新发展为理念，以技术创新为驱动，以信息网络为基础，面向高质量发展需要，提供数字转型、智能升级、融合创新等服务的基础设施体系。

作用力都比较理想的行业中(如医药行业、软饮料行业),许多竞争者都能赚取可观的利润。而在那些一种或多种作用力形成的压力强度很大的行业(如橡胶行业、钢铁行业)里,尽管管理人员竭尽全力,也几乎没有什么企业能获取令人满意的利润。这五种作用力决定了行业的盈利能力,因为它影响价格、成本和企业所需的投资,即影响投资收益的诸多因素。

(一)新进入者的威胁

行业的新进入者会对价格和利润造成巨大的压力,甚至当其他公司还未真正进入该行业时,其可能进入的威胁也会对价格施加压力。因为高价和利润率会驱使新的竞争者加入该行业,所以进入壁垒是行业获利能力的重要因素。进入壁垒可以有多种形式,例如,通过长期的商业关系,现有公司已经和消费者及供应商建立了牢固的分销渠道,而这对一个新进入的企业来说成本是很大的;商标、版权使市场进入者难以在新市场中立足,因为它会使新进入的企业遭受到严重的价格歧视;在为市场服务时,专有技术和专利保护会让某些公司具有一定的优势;市场中现有企业的奋斗经历可能也为其提供了优势,因为这是它通过长时间的磨合而获得的经验。

(二)现有企业之间的竞争

当在某一行业中存在一些竞争者,而它们又试图扩大各自的市场份额时,市场中就会出现价格战,导致利润降低。如果行业本身增长缓慢,这些竞争会更加激烈,因为此时扩张就意味着要掠夺竞争对手的市场份额。此外,高固定成本将使公司利用其全部生产能力进行生产,以降低单位成本。如果公司之间生产几乎相同的产品,那么它们就会承受相当的价格压力。

(三)替代品的压力

如果一个行业的产品存在替代品,那么这就意味着它将面临与相关行业进行竞争的压力。替代品的存在对公司向消费者索取高价作了无形的限制。

(四)需求方的砍价能力

如果一个采购者购买了某一行业的大部分产品,那么它就会掌握很大的谈判主动权,进而压低购买价格。

(五)供应方的砍价能力

如果关键投入品的供应方在行业中处于垄断地位,它就能对该产品索取高价,进而从需求方行业中赚取高额利润。决定供应方砍价能力的关键因素是需求方能否得到相关的替代品。如果替代品存在而且可以被需求者获得,供应方就会失去讨价还价的资本,因此,也就难以向需求方索取高价。

以上五种作用力中的任何一种都由行业结构和行业基本的经济和技术特征所决定。行业结构相对稳定,但又随行业的演化过程而发生变化,结构性转变会影响竞争作用力的总体或相对力量,并且也会对行业盈利能力产生正面或负面的影响。

在各类行业中,这五种作用力并不是同等重要的。每一种因素的重要性都因其结构的不同而不同,而每一个行业都有其独特的结构。

五种作用力的框架能使股票分析师透过复杂的表象看到本质,准确地揭示对行业至关重要的竞争因素,并识别那些最能提高行业及企业本身的盈利能力的战略创新。

五、行业变动的影响因素

任何行业都是在一定的历史、社会、法律、经济、技术等条件下存在和发展的,不可避免地要受到多种因素的影响。因此,进行股票投资的行业分析时,必须了解这些限制性因素对行业生产活动的影响。

(一)历史状况

分析行业的历史资料,是计算一个行业的销售和收入规模及其稳定性的基础和依据。历史资料能够说明该行业在过去一定时期内的销售和收入的变化,该行业的成本结构、资产负债结构,该行业在国民经济结构中的地位,该行业的发展现状等。投资者据此可以预测该行业的发展趋势、发展前景,为股票投资特别是长期投资提供决策依据。

(二)技术变化

科学技术是第一生产力,科学技术的应用推动新兴行业的生长和发展。世界经济的发展表明,在农业经济时代,科技对经济发展的贡献率只占10%,在工业经济后期占40%,到了当今信息经济时代要占80%以上。科学技术的发展推动了经济发展和社会进步,并带来生产方式、营销方式和管理方式的深刻变化,也必然导致新兴行业的兴起及落后行业的消亡。目前,人类社会所处的时代正是科学技术日新月异的时代,不仅新兴学科不断涌现,而且理论科学朝实用技术的转化进程大幅缩短,速度大幅加快。数字经济直接推动了工业的迅速发展和水平的提高,新技术所产生的新行业能够很快地超过并代替旧行业或严重地威胁原有行业的生存,一个跟不上新技术发展潮流的企业会在市场上丧失立锥之地。

显然,投资于衰退行业是一种错误的选择。因此,投资者必须充分了解各种行业技术发展的状况,不断地考察行业的发展前途,分析其被优良产品或消费需求替代的趋势,这是进行正确的股票投资决策的重要条件。

(三)社会倾向

在当今社会,消费者和政府越来越强调经济行业所应负的社会责任,越来越注意工业化给社会所带来的种种影响,对低碳环保的诉求正逐渐上升。这种日益增强的社会意识和社会倾向对许多行业已经产生了明显的作用。

近年来,在社会公众的强烈要求和压力下,对许多行业的生产及产品做出了种种限制性规定。在工业化国家,防止环境污染、保持生态平衡已成为一个重要的社会趋势。而在发展中国家,环保诉求也正日益受到重视。发达国家的工业部门每年都要花费几十亿美元的经费来研制和生产与环境保护有关的各种设备,以便使工业排放的废物、废水和废气能够符合规定的标准。其他的环境保护项目包括对有害物质(如放射性废料)和垃圾的处理等。

可见,社会倾向对企业的经营活动、生产成本和利润收益等方面都会产生一定的影响。

（四）政府干预因素

政府可以通过多种途径来广泛地影响一个行业,只是对不同行业的影响程度有所不同。

1. 政府影响的行业范围

政府的管理措施可以影响到行业的经营范围、增长速度、价格政策、利润率和其他许多方面。政府实施管理的主要行业都是直接服务于公共利益,或与公共利益密切联系的方面,主要包括以下几个方面。

（1）公用事业:煤气、电力、供水、排污、邮电通信、广播电视等都属于公用事业行业。它们是社会的基础设施,投资大,建设周期长,收效慢。对于公共事业,允许众多企业巨额投资、竞相建设是不经济的。因此,政府往往授予某些企业在指定地区独家经营某项公用事业特许权,用这种方法对他们进行管理。政府对其的管理主要是对其定价进行调节和管制。政府一般只允许这些企业获得合理的利润率,但并不保证这些企业一定能够盈利。成本的增加、管理的不善和需求的变化同样会使这些企业发生亏损。

（2）运输部门:铁路、公路、航空、航运和管道运输等都属于运输部门,与大众生活和经济发展有着密切的联系。这些行业的服务范围广,涉及的问题多,因而有必要由政府统一管理。

（3）金融部门:银行与非银行金融机构、保险公司、商品与证券交易市场、经纪商、交易商等属于金融部门。其中,银行部门是国民经济的枢纽,也是政府干预经济的主要渠道之一。金融部门的稳定关系到社会经济繁荣和发展,因而是政府重点管理的对象。

政府除了对上述国计民生的重要行业进行直接管理外,通常还制定有关的反垄断法来间接地影响其他行业。

2. 政府对行业的促进干预和限制干预

政府对行业的促进作用可通过补贴、优惠贷款、优惠税法、限制外国竞争的关税、保护某一行业的附加法规等措施来实现,因为这些措施有利于降低该行业的成本,并刺激和扩大其投资规模。例如,当政府鼓励某一行业的发展时,就会相应增加该行业的优惠贷款量,限制该行业国外产品的进口,降低该行业的所得税,其结果会刺激行业的股价上升。

同样,当政府考虑到生态、安全、企业规模和价格因素时,也会对某些行业实施限制性规定。这既可以通过行政手段直接干预,可以用法律、法令进行限制,也可运用经济手段进行约束。例如,提高该行业的贷款利率,限制其融资规模,或提高该行业的税收,降低其利润水平等,其结果都可能使该行业的股票价格下降。

（五）关联行业变动因素的影响

所有影响行业兴衰的因素最终都集中表现于对某一行业产品的供应和需求关系上。投资者通过分析行业的供需关系,可以对行业的发展前景有更深刻的了解。关联行业的变动对某行业以及该行业股价的影响,一般表现在以下方面。

1. 关联行业是该行业的上游产业

当关联行业是该行业的上游产业时,则其产品是该行业生产的投入。此时,关联行业产品价格的上升,就会造成该行业的生产成本提高,利润下降,理论上会导致其股价出现下降趋势。

2. 关联行业的产品是该行业产品的替代产品

当关联行业的产品是该行业产品的替代品时,若关联行业产品价格上涨,就会提高对该行业产品的市场需求,从而使市场销售量增加,公司盈利随之提高,股价上升。

3. 关联行业的产品与该行业生产的产品是互补关系

当关联行业的产品与该行业生产的产品是互补关系时,关联行业产品价格上升(意味着其产品的市场需求减少),就会引起该行业产品的市场需求减少,从而使该行业的股价也呈下降趋势。

六、投资行业的选择

通过对行业一般特征的了解和分析,投资者可选择某一行业作为投资对象。

(一)选择对象

一般来说,投资者应选择增长型行业和在行业生命周期中处于扩展阶段或稳定阶段、竞争实力雄厚、有较大发展潜力的行业作为投资对象。

1. 增长型行业

增长型行业的特点是增长速度快于整个国民经济的增长率,投资者可享受快速增长带来的较高股价和股息。投资者也不应排斥增长速度与国民经济同步的行业,这些行业一般发展比较稳定,投资回报虽不及增长型行业,但投资风险相应也较小。如果投资者要选择受经济周期影响大的行业,就要考虑经济周期的循环阶段,应避免在经济衰退阶段投资这些行业。而在经济复苏阶段,这些行业开始回升和增长时,它们的股息也会不断提高,股价逐渐上涨,具有增长型行业的特征,投资者同样可以获得投资增长的回报。

2. 处于生命周期不同阶段的行业

投资者应避免初创期的行业,因为这些行业的发展前景尚难预料,投资风险较大。同样,投资者也不应选择已处于衰退阶段、缺乏竞争力的行业——这类行业的投资收益较低,风险也较大。投资者应选择正处于成长阶段和稳定阶段的行业——这些行业有较大的发展潜力,基础相对稳定,盈利逐年增加,股息红利和股票价值也稳步增高。如投资这些行业,一般可以得到丰实而稳定的收益。

(二)衡量方法

衡量行业类型和其所处阶段的方法主要有两种:一种是将行业的增长情况与国民经济的增长情况进行比较,从中发现增长速度快于总体经济水平的行业;另一种是利用行业历年的销售额、盈利额等历史资料,分析其过去的增长情况,并预测行业的未来发展趋势。

1. 行业增长比较分析

判断某行业是否属于增长型行业,可利用该行业的历年统计资料与国民经济综合指标进行对比。具体做法是取得某行业历年的销售额或营业收入的可靠数据,并计算出年变动率,将其与国民生产总值增长率、国内生产总值增长率进行比较。通过比较,可以作出以下判断。

(1)确定该行业是否属于周期型行业。如果国民生产总值或国内生产总值连续几年上升,则说明国民经济正处于繁荣阶段;反之,则说明国民经济正处于衰退阶段。观察同一时期该行业销售额是否与国民经济综合指标同向变化,如果在国民经济繁荣阶段行业的销售额也逐年同步增长,在国民经济处于衰退阶段时行业的销售额也同步下降,则说明这一行业很可能是周期型行业。

(2) 比较该行业的年增长率与国民经济综合指标的年增长率。如果在大多数年份中该行业的年增长率都高于国民经济综合指标的年增长率,说明这一行业是增长型行业;如果行业的年增长率与国民经济综合指标的年增长率持平或相对较低,则说明这一行业与国民经济增长保持同步或是增长过缓。

(3) 计算各观察年份该行业销售额在国民经济综合指标中所占比重。如果这一比重逐年上升,说明该行业增长比国民经济平均水平快;反之,则较慢。

通过以上分析,基本上可以发现和判断哪些行业属于增长型行业;但要注意,观察数不可过少,以免带来较大的误差。

2. 行业未来增长率的预测

利用行业历年销售额与国民生产总值、国内生产总值的周期资料进行对比,只能说明过去的情况,因此投资者还需要了解和分析行业的增长变化,对行业未来的发展趋势作出预测。具体的预测方法主要有以下两种。

(1) 将行业历年销售额与国内生产总值标在坐标图上,用最小二乘法找出两者的关系曲线,也绘在坐标图上。这一关系曲线即为行业增长的趋势线。投资者根据国内生产总值的计划指标或预计值,可以预测行业的未来销售额。

(2) 利用行业历年的增长率,计算历史的平均增长率和标准差,预计未来增长率。使用这一方法,要运用行业在过去 10 年或 10 年以上的历史数据,才能使预计的结果有说服力。如果某一行业是与居民基本生活资料相关的,也可先利用历史资料计算人均消费量及人均消费增长率,再利用人口增长预测资料来预计行业的未来增长率。

第五节 公司分析(微观分析)

股票投资的公司分析(company analysis)即微观分析(microanalysis),主要是利用公司的历年资料对它的资本结构、财务状况、经营管理水平、盈利能力、竞争实力等指标进行具体细致的分析;同时,要将该公司的状况与其他同类型的公司、本行业的平均水平、本公司的历史情况分别进行比较,得出较为客观的结论。投资者虽不直接参与公司的经营管理活动,但如果投资者对公司经营管理情况和问题一无所知或知之甚少,那么,其投资活动将面临极大的风险。股票市场越成熟,股票发行公司的经营管理和经营效益状况对股票价格及投资者收益的影响越大。

打开任意一款由券商提供的证券行情软件,选中某只股票,然后单击热键 F10,即可进入该上市公司的基本情况介绍界面,涉及最新提示、公司概况、财务分析、股东研究、股本结构、资本运作、业内点评、行业分析、公司大事、研究报告、经营分析、主力追踪、分红扩股、高层治理、龙虎榜单、关联个股共 16 项信息。

一、公司财务经营状况分析

财务分析(financial analysis)是股票投资分析的主要内容之一,财务分析的对象是上市公司定期公布的财务报表。财务报表能综合地反映企业在一定会计期间内资金流转、财务状况和盈利水平的全貌,是企业向有关方面传递经济信息的主要手段。投资者可通过阅读财务报表,就账面会计数据间的相互关系、在一定时期内的变动趋势和量值进行分析比较,以判断公司的财务状况和经营状况是否良好,预测公司的未来发展并做出投资决策。

(一)财务分析的目的

不同的经济主体进行财务分析的目的不同,分析的侧重点也有所不同。但无论分析者的目的和侧重点存在多大差异,他们都应从大量的会计数据资料中迅速而准确地得到自己所需要的各种经济信息。

1. 企业的经营者

如果企业的经营者为了测定企业的经营效率、更有效地管理和规划企业而进行分析,那么他们应将分析的重点集中于企业在营运过程中出现的某些薄弱环节或对企业发展有重大影响的项目。

2. 企业的债权人

企业的债权人主要为测定企业的偿债能力而进行财务分析。其中,提供短期融资的债权人主要关心企业的现金头寸和近期的现金收入状况。

3. 提供中、长期贷款的金融机构、企业债券持有者和优先股股东

提供中、长期贷款的金融机构、企业债券持有者和优先股股东主要关心企业在较长时间内支付利息和产生收入的能力,以及提存偿债基金的情况。

4. 普通股股东和潜在投资者

普通股股东和潜在投资者主要关心企业当期的盈利水平以及未来的发展潜力。

(二)公司主要的财务报表

各类财务报表是分析公司财务状况的主要依据。财务报表是公司按照统一规定的财务制度或有关法律要求,根据日常核算资料定期编制的一整套报表的总称,是对公司一定时期内(如半年或一年内)的经营成果的综合反映。中国内地的上市公司向公众提供的主要财务报表有以下三种。

1. 资产负债表

资产负债表(balance sheet)是反映公司在某一特定日期(如年末、季末、月末)财务状况的会计报表。资产负债表主要向投资者提供如下信息。

(1)公司所掌握的经济资源及这些资源的分布与结构。

(2)公司资金的来源构成,包括公司所承担的债务,以及所有者在企业所拥有的权益。

(3)公司的财务实力,短期偿债能力和支付能力。

(4)企业资本结构的变化情况及财务状况的发展趋势。

资产负债表的内容分为三大类:资产、负债和所有者(股东)权益。它们三者之间的关系遵循如下会计恒等式：

$$资产＝负债＋所有者(股东)权益$$

（1）资产。资产是公司所拥有的财产总计，即公司所拥有的或掌握的，以及其他人所欠的各种资源或财产。资产一般分为流动资产、固定资产、长期投资、无形及递延资产和其他长期资产五大类。

① 流动资产是指在一年或者超过一年的一个营业周期内变现或者耗用的资产，包括现金、银行存款、短期投资、应收票据、应收账款、预付账款、存货等。其中，现金、银行存款、短期投资(有价证券)、应收票据、应收账款等是几乎立即可以用来偿付流动负债的流动资产，被称作速动资产。预付账款、存货等比速动资产流动性差的资产，称盘存资产。

② 固定资产是指使用年限在一年以上，单位价值在规定标准以上，并在使用过程中保持原来物质形态的资产，包括房屋及建筑物、机器设备、运输设备、工具器具等。

③ 长期投资是指不准备在一年内变现的投资，包括股票投资、债券投资和其他投资。

④ 无形及递延资产是指企业长期使用而没有实物形态的资产，包括专利权、非专利技术、商标权、著作权、土地使用权、商誉等；递延资产是指不能全部计入当年损益，应当在以后年度内分期摊销的各项费用，包括开办费、租入固定资产的改良支出等。

⑤ 其他长期资产是反映企业除以上资产以外的其他长期资产，如特准储备物资等。

（2）负债。负债是指公司负有法律责任、须按时偿还的债务，包括流动负债和长期负债两种。

① 流动负债是指将在一年内或超过一年的一个营业周期内偿还的债务，包括短期借款、应付票据、应付账款、预收账款、应付工资、未交税金、未付利润、其他未交款、预提费用、待扣税金、一年内到期的长期负债等。

② 长期负债是指偿还期在一年或者超过一年的一个营业周期以上的债务，包括长期借款、应付债券、长期应付款等。

（3）所有者(股东)权益。所有者权益表示除去所有债务后的公司净值，反映全体股东所拥有的资产净值情况。所有者权益包括实收资本、资本公积、盈余公积、未分配利润等。

① 实收资本是指投资者(股东)实际投入公司经营活动的资本总额。

② 资本公积是指股本溢价、法定财产重估增值、接受捐赠的资产价值等。

③ 盈余公积是指公司按规定从税后利润中提取的公积金。

④ 未分配利润是企业留于以后年度分配的利润或待分配利润。

2. 损益表

损益表(profit and loss statement)是反映公司在一定时期内(通常是一季度或一年内)经营成果及其分配情况的报表，也称收益表或利润表。损益表可以提供公司在一定时期内销售收入的取得、成本和费用的发生、利润或亏损的实现情况，是一种动态财务报表。依据损益表可以评估公司盈利水平，预测盈利趋势，分析公司利润(或亏损)增减变化的原因。

损益表由产品销售利润、营业利润、利润总额三部分构成。损益表中的三部分与各项目的关系可用如下公式表达：

$$产品销售利润＝产品销售收入－产品销售成本－产品销售费用$$
$$－产品销售税金及附加$$

$$营业利润＝产品销售利润＋其他业务利润－管理费用－财务费用$$
$$利润总额＝营业利润＋投资净收益＋营业外收入－营业外支出$$

3. 现金流量表

现金流量表(cash flow statement)是反映公司在一定会计期间内经营活动、投资活动和筹资活动所产生的现金流入与现金流出情况的报表。现金流量是指公司现金和现金等价物的流入和流出。现金等价物是指企业持有的期限短、流动性强、易于转换成已知金额现金、价值变动风险很小的投资。在现金流量表中,现金流量是分三类来反映的,即经营活动产生的现金流量、投资活动产生的现金流量和筹资活动产生的现金流量。其中,经营活动是指投资活动和筹资活动以外的所有交易和事项。投资活动是指公司长期资产的购建和不包括在现金等价物范围内的投资及其处置。筹资活动是指导致公司资本及其债务规模和构成发生变动的活动。

现金流量表以收付实现制为基础,能真实地反映公司当期实现收入的现金、实际支出的现金、现金流入流出相抵后的净额,并以此为基础分析损益表中本期净利润与现金流量的差异,正确评价公司的经营成果。现金流量表还可反映公司的偿债能力、支付股利的能力和产生未来现金流量的能力,帮助债权人、股东和潜在的投资者做出正确的投资决策。

(三) 公司财务报表的分析方法

财务报表分析主要有以下五种方法。

1. 单位化法

单位化法将各种"总数"化成单位数字,主要是以每一股普通股为单位进行分析。例如,将税后净利总数除以发行在外的普通股股数,可以得到"每股税后净利";将"净资产"除以发行在外的普通股股数,可以得到"每股净资产"等。单位化法可以清晰地反映每一股股票的权益。

2. 结构分析法

结构分析法通过分析同一年度会计报表中各项目之间的比率关系,从而揭示各个会计项目的数据在企业财务中的相对意义。结构分析法的运用步骤如下。

首先,将同一年度资产负债表中的"资产总额""负债和股东权益总额"作为分析的基数,再将表中全部资产类项目的余额化作"资产总额"的百分数列计,将属于"负债和股东权益"的各个项目的余额化作"负债和股东权益"的百分数列计,这样就可反映企业的资产占用构成情况及企业资金来源的构成情况,进而分析这样的资产、负债和权益构成是否合理,以及存在什么问题。

其次,将"损益表"中"销售收入"数据当作基数,再列计各项成本、费用、所得税税金及利润项目的百分率,这样可清楚地反映企业的各项费用率和销售利润率等情况。

再次,可以分析同一年度财务报表中某一小项目及其结构,如"流动资产"项目下货币资金、应收账款、应收票据、短期有价证券、存货等项目各占多少比例,并进一步分析其流动资产结构及流动性程度。

最后,还可以将不同年度财务报表结构分析的结果进行比较,分析不同年度各项目的百分率变动情况,使结构分析带有动态分析的性质。

结构分析法使在同一行业中规模不同的企业的财务报表有了可比性。因为使用这种方法时,把各个会计项目的余额都转化成了百分数,这就使经营规模不同甚至相差悬殊的企业之间有了可比的基础,可据此比较它们之间的经营状况和财务状况。

3. 趋势分析法

趋势分析法又称指数分析法,是将同一公司连续多年的会计报表中的重要项目(如销售收入、销售成本、费用、税前净利、税后净利等)集中在一起,与某一基年的相应数据作百分率比较的分析方法。该分析法的操作步骤如下。

首先,选择某一会计年度为基期,将基期会计报表中各个项目或若干重要项目的余额定为 100%。要注意的是,基期必须是各方面情况都较正常、较有代表性的会计年度,各项目基期的值必须为正值才有比较的可能。

其次,将以后各年度的会计报表中相同项目的余额除以基期相应项目的余额,再乘以100%,并按年度顺序排列。

通过计算、排比、分析,可以反映企业的资产、负债、股东权益以及收入、成本、费用、利润等项目相对于基期的增减情况、变动幅度,并可据此预测企业经营活动和财务状况的未来变化趋势。

4. 横向分析法

横向分析法是采用环比的方法比较"资产负债表"和"损益表",即将企业连续两年或数年的会计数据按时间序列排列,进行前后期对比,并增设"绝对额增减"和"百分率增减"两栏,编制出比较财务报表,以揭示各会计项目在这段时间内所发生的绝对金额和百分率的变化情况及变化趋势。

5. 标准比较法

标准比较法是将企业的有关财务报表数据及百分率与本行业的平均水平或行业标准进行比较,分析公司在本行业中所处的地位。行业标准或平均水平可由政府或某权威机关制定,也可由公司根据历史统计资料计算得出。

(四)财务比率分析

财务比率分析是将财务报表中的两个相关项目进行比较,以揭示它们之间存在的逻辑关系以及企业的经营状况和财务状况。企业的财务比率可分为以下五类。

1. 盈利能力分析

企业盈利能力分析主要反映资产利用的结果,即企业利用资产实现利润的状况,通过对盈利能力指标的长期趋势进行分析,可判断公司的投资价值。

1) 毛利率(gross profit margin)

毛利率的计算公式如下:

$$毛利率 = \frac{毛利}{销售收入} \times 100\%$$

毛利是企业的销售收入与销货成本的差额(营业收入与营业成本的差额),是考核公司经营状况和财务成果的重要指标。一般说来,毛利率指标越高越好,但不同行业间的毛利率相差很大,而在同一行业中,各企业的毛利率差距不大。

2) 净利率(net interest rate)

净利率的计算公式如下:

$$净利率 = \frac{税后净收益}{销售收入} \times 100\%$$

税后净收益是销售收入减去一切生产成本、各项费用和税金后的相对效益,即每一元销售收入有多少纯收益。各行各业的净利率有时相差很大,可比性很小。但在同一行业中,净利率高的企业盈利能力强,股东获利多。

3) 资产收益率(return on assets)

资产收益率的计算公式如下:

$$资产收益率 = \frac{税后净收益}{资产总额} \times 100\%$$

资产收益率又称资产报酬率,用来衡量企业利用资产实现利润的情况,即每一元钱的资产能获取多少净利润。这一指标可准确全面地反映企业经营效益和盈利率情况。

4) 股东权益收益率(return on equity)

股东权益收益率的计算公式如下:

$$股东权益收益率 = \frac{税后净收益}{股东权益} \times 100\%$$

或

$$净资产收益率 = \frac{税后净收益}{净资产} \times 100\%$$

股东权益收益率又称净资产收益率、股东权益报酬率、净值报酬率、权益报酬率、权益利润率、净资产利润率等,是净利润与平均股东权益的百分比,是公司税后利润除以净资产得到的百分率。该指标反映的是股东权益的收益水平,用以衡量公司运用自有资本的效率,体现了自有资本获得净收益的能力。该指标值越高,说明投资带来的收益越高。

如果公司既发行普通股,又发行优先股,还可以计算普通股收益率,用以衡量普通股投资的获利能力,并预测公司未来的派息能力。其计算公式如下:

$$普通股收益率 = \frac{税后净利 - 优先股息}{股东权益 - 优先股面额总和} \times 100\%$$

2. 投资收益分析

投资收益分析是将公司财务报表中公布的数据与有关公司发行在外的股票数、股票市场价格等资料结合起来进行分析,计算出每股净收益、市盈率等与股东利益休戚相关的财务指标。

1) 普通股每股净收益

普通股每股净收益的计算公式如下:

$$每股净收益 = \frac{税后净收益 - 优先股股息}{发行在外普通股股数}$$

每股净收益(earnings per share,EPS)是公司每年税后净利润在扣除优先股股息后所剩余额,属于每股普通股的净收益。这些净收益的一部分以股息形式派发给普通股股东,另一部分以留存收益的形式留在公司内用以扩大再生产。每股净收益的高低是发放普通股股息和普通股票升值的基础,也是评估一家企业经营业绩和比较不同企业运行状况的重要依据。在做出投资决策前,投资者都非常重视对这一指标的分析。

每股净收益突出了相对价值的重要性。如果一家企业的税后净收益绝对值很大,但每股净收益却很小,说明它的经营业绩并不理想,股票的市场价格也不可能很高。反之,每股净收益数额大,意味着公司有潜力增发股利或增加资本金以扩大生产经营规模,而公司经营规模扩大、预期利润增长,又会使公司股票市价稳步上升,从而使股东们获得资本收益。

每股净收益基本上是不分行业的。任何一个行业或公司都有可能提高自己的每股净收益，这主要取决于公司的经营管理。投资者在投资前不仅应比较不同公司的每股净收益水平，还应比较同一公司在不同年度的每股净收益情况，以此来分析该公司在未来的发展趋势。

2）股息发放率（dividend payout ratio）

股息发放率的计算公式如下：

$$股息发放率 = \frac{每股股息}{每股净收益} \times 100\%$$

股息发放率又称股息支付率、派息率，这一指标表明公司派发的普通股股息在其税后净收益中所占的比率。每股股息相同而派息率不同的公司，其派息基础可能是大不相同的。派息率低的公司可能在利润充裕的情况下分红，而派息率高的公司则可能在利润拮据的情况下也进行分红。但是绝不能简单地认为派息率越高越好，而要根据具体情况来分析。有的公司虽然股息发放率低一些，但盈利水平很高，它们当前少发放股息的目的在于将大量利润用于再投资，这意味着公司尚有增加股息派发的潜力，股票价值也有升值的机会。反之，有的公司内部缺乏再投资的条件，虽有较高的派息率，但公司的发展后劲不足。另外，股息发放率也与行业特点有关。一般收入较为稳定的行业、处于稳定发展阶段的行业，往往股息发放率较高；而新兴的行业、成长性公司的股息发放率却很低。

3）普通股每股经营活动净现金流量

普通股每股经营活动净现金流量的计算公式如下：

$$普通股每股经营活动净现金流量 = \frac{经营活动净现金流量}{发行在外的普通股股数}$$

该指标是指经营活动现金净流量与流通在外普通股股数之比，用来反映公司支付股利和资本支出的能力。

一般而言，该比率越大，证明公司支付股息的能力及资本支出的能力越强。对投资者来说，如果公司的支付能力很强，每年都能在满足各项开支后支付一定量的股息，那么投资者就能在较短的时间内收回投资成本，对公司的信心就会增强；反之，如果公司支付能力不强，即使账面上获利颇丰，前景良好，部分投资者仍会对公司失去信心，因此将资金投向别处，或者要求公司延缓投资项目而发放股息，这都会影响公司的发展前景。

4）支付现金股利的经营净现金流量

支付现金股利的经营净现金流量的计算公式如下：

$$支付现金股息的经营净现金流量 = \frac{经营活动的净现金流量}{现金股息}$$

该比率是指经营活动的净现金流量与现金股息的比率，用以反映公司年度内使用经营活动净现金流量支付现金股利的能力。该比率越大，说明公司支付现金股息的能力越强。

5）普通股获利率

普通股获利率的计算公式如下：

$$普通股获利率 = \frac{每股股息}{每股市价} \times 100\%$$

获利率又称股息实得利率，这是衡量普通股股东当期股息收益率的指标。这一指标在用于分析股东投资收益时，分母应采用投资者当初购买股票时支付的价格；在用于对准备投资的股票进行分析时,则要用当时的市价。这样既可揭示投资该股票可能获得股息的收益率,也表明出售或放弃投资这种股票的机会成本。

投资者可利用股价和获利率的关系以及市场调节机制预测股价的涨跌。当预期股息不变时,股票的获利率与股票市价呈反比。

6) 本利比

本利比的计算公式如下:

$$本利比 = \frac{每股市价}{每股股息}$$

本利比是获利率的倒数,表明目前每股股票的市场价格是每股股息的几倍,以此来分析相对于股息而言股票价格是否被高估以及股票有无投资价值。

7) 市盈率(p/e ratio)

市盈率的计算公式如下:

$$市盈率 = \frac{每股市价}{每股净收益}$$

市盈率又称本益比,其表明投资者愿意为每 1 元公司净收益所支付的股票价格相当于净收益的倍数,是分析股价与公司净收益之间相互关系的主要指标。市盈率是投资者评估公司股票价值的最常用的依据。它揭示了每股市价相当于每股净利的倍数,表明公司需要积累多少年的净利才能达到目前的股价水平。市盈率高,说明公司盈利能力相对较低或是股价偏高。因此,投资者一般都偏好市盈率低的股票,并在股票市盈率高时出货。但这并不是绝对的。当投资者预期公司盈利将增加时,会争相购买该公司股票,市盈率会迅速上升。因此,经营前景好、有发展前途的公司的股票,市盈率会趋于升高;而发展机会不多、前景黯淡的公司的股票,市盈率通常处于较低水平。

市盈率主要用于对公司未来盈利能力的预测,因此在计算市盈率时通常采用本期或下期税后净利的预计数,而很少采用前期的数据。但是投资者也可计算若干年的市盈率以观察其变化趋势,或是计算若干年的平均市盈率,将当前市盈率与它进行比较,分析股票在现阶段是否具有投资价值。由于市盈率的分母是每股净收益,与公司规模大小、盈利额绝对值多少没有多大的直接关系,所以可以将某公司的市盈率与同行业其他公司进行比较,进一步判断股票的投资价值。

8) 投资收益率(return on investment)

投资收益率的计算公式如下:

$$投资收益率 = \frac{每股净收益}{每股市价} \times 100\%$$

投资收益率是市盈率的倒数,其越大,说明股权资本的盈利率越高,对潜在投资者越有吸引力,是投资者做出投资决策的重要参数。

9) 每股净值(net value per share)

每股净值的计算公式如下:

$$每股净值 = \frac{股东权益}{发行在外普通股股数}$$

如果公司的股本除了普通股外还有优先股,则要先从股东权益中减去优先股权益。

$$每股净值 = \frac{股东权益 - 优先股面额总和}{发行在外普通股股数}$$

每股净值又称每股净资产,这一指标反映了每股普通股票代表的公司净资产价值,是支撑股票市场价格的物质基础。每股净资产的数额越大,表明公司内部积累越雄厚,抵御外来因素影响和打击的能力越强。每股净资产是公司清理时的股票账面价值,通常被认为是股价下跌的最低值。投资者可以将每股净资产与股票市场价格相比,从中发现股票是否具有潜在的获利性。大部分公司的股票市价都会高于每股净资产,而成功公司的股票价格更是会大大高于每股净资产。

10) 市净率(price-to-book ratio,PBR)

市净率的计算公式如下:

$$市净率 = \frac{每股股价}{每股净资产}$$

市净率指的是每股股价与每股净资产的比率,可用于股票投资分析。一般来说,市净率较低的股票,投资价值较高;反之,则投资价值较低。但在判断投资价值时,还要考虑当时的市场环境以及公司经营情况、盈利能力等因素。

3. 偿债能力分析

偿债能力是指股票发行企业偿还各种短期、长期债务的能力。企业偿债能力的分析主要是看企业的资金占用结构、财务结构是否合理,即企业的资金是否有足够的流动性。常用的分析指标如下。

1) 流动比率(current ratio)

流动比率的计算公式如下:

$$流动比率 = \frac{流动资产}{流动负债}$$

流动比率是指全部流动资产对全部流动负债的比率。企业的流动资产主要包括库存现金、银行存款,以及能在一年内变现的短期资产,如应收账款、应收票据、预付款、存货、短期有价证券、其他应收款等。流动负债则是指预期在一年之内到期并必须偿付的各种短期债务,如应付账款、应付票据、预收货款、一年内到期的长期负债、其他应付款、应付利息费用、应付税金、应付股息、应付工资等。

流动比率可分析公司的流动资产是否足以偿付流动负债,是衡量公司提供流动资金、偿付短期债务和维持正常经营活动能力的主要指标。流动比率过低,说明公司的偿债能力较差,流动资金不够充足,短期财务状况不佳;而流动比率过高,则表明公司的管理可能过于保守,将资金过多地使用在了流动性较强的资产上,而放弃了某些获利机会。一般认为,工业企业的流动比率为 2 是比较适宜的,而公用事业的流动比率则可低得多。这是因为,公用事业如水电、煤气、电话等的账单是按月支付的,其应收账款周转速度比工业企业快得多。实际上,由于各公司的经营能力和筹措短期资金能力的不同,对流动比率的要求也有所不同。对于一个信誉良好、很容易筹措到短期资金的公司来说,即使其流动比率较低,也不会影响公司资产的安全性和流动性。

2) 速动比率(quick ratio)

速动比率的计算公式如下:

$$速动比率 = \frac{速动资产}{流动负债}$$

速动比率又称酸性比率,是公司速动资产与流动负债的比率。所谓速动资产,是指几乎可以立即用来偿付流动性负债的资产,即流动资产减去存货。速动比率是一个比流动比率更严格的、用以衡量企业流动性状况的指标,可以更确切地反映企业快速偿付短期债务的能力。

速动资产没有将存货包括在内,是因为公司的存货包括原材料、在产品和产成品,它们并非都能立即变成现金。原材料等要经过一个生产周期、成为产品后才能销售,而存货在销售过程中常受市场价格波动的影响,还可能变成滞销品。因此,存货能否在不受损失的条件下迅速变成现金以支付债务,存在一定的不确定性。如果公司的流动性资产中有预付款,也应予以剔除。这是因为,预付款是企业已经支付并由以后各期分别负担的各项费用,其流动性很低。此外,如果公司应收账款中坏账数额过大或是公司持有的短期证券信用级别低,流动性差,在出售时经常会受市场价格波动的影响,则也应作相应的扣除。可见,作为衡量公司偿付短期债务能力的指标,速动比率比流动比率更科学、更可靠。

通常认为,速动比率为1较为理想,因为这意味着公司不需要动用存货就可以偿付流动负债,表明公司有较强的偿债能力。速动比率过低,说明公司在资金使用和安排上不够合理,随时会面临无力清偿短期债务的风险,应立即采取措施调整资产结构,并想方设法筹措到足够资金以备不测。速动比率过高,则表明低收益资产为数过多,或是应收账款中坏账较多,将影响公司的盈利能力。

3）现金比率（cash ratio）

现金比率的计算公式如下：

$$现金比率=\frac{现金余额}{流动负债}$$

现金比率是指公司在会计期末拥有的现金余额和同期各项流动负债总额的比率,是衡量公司短期偿债能力的重要指标。对于债权人来说,现金比率总是越高越好,现金比率越高,说明公司短期偿债能力越强。如果现金比率达到或超过1,即现金余额等于或大于流动负债总额,则说明公司不需要动用其他资产,仅凭持有的现金就足以偿还流动负债。然而资产的流动性与盈利能力成反比。现金是流动性最强、盈利能力最低的资产。对公司来说,现金比率并非越高越好。保持过高的现金比率,虽能提高公司的偿债能力,但同时又降低了公司的获利能力。因此,公司不应长时间保持太高的现金比率。

4）已获利息倍数（interest coverage）

已获利息倍数的计算公式如下：

$$已获利息倍数=\frac{息税前利润}{利息}$$

已获利息倍数是指上市公司息税前利润相对于所需支付债务利息的倍数,可用来分析公司在一定盈利水平下支付债务利息的能力。

由于企业一般会从营业收入中直接支付当期的利息费用,所以利息倍数能说明公司当期收益能在多大程度上满足当期利息费用支出的需要,也可反映公司使用财务杠杆的安全情况。一般认为,利息倍数大,公司的偿债能力较强,持有公司中长期债券的投资者的安全系数大,收益较有保证。如果利息倍数小,说明企业利息负担较重,很可能过多地使用债权人资金,财务风险也相应增大。行业不同对利息倍数的要求也不同,工业企业的利息倍数一般应达到5～6倍;而公用事业的利息倍数要求较低,但也不应于3倍。将公司的利息倍数与本行业的平均水平相比较,可以看出公司债务的安全程度。

5）应收账款周转率(accounts receivable turnover rate)

应收账款周转率的计算公式如下：

$$应收账款周转率 = \frac{赊销净额}{平均应收账款净额} \times 100\%$$

应收账款周转率是分析和评估企业应收账款的变现速度和企业流动资金周转状况的重要指标。

在上述公式中：

$$赊销净额 = 销售收入 - 现金销售收入 - 销售折扣、销货退回和折让$$

$$应收账款净额 = 应收账款总额 - 坏账备抵$$

$$平均应收账款净额 = \frac{期初应收账款净额 + 期末应收账款净额}{2}$$

有时无法将全部销售收入分解成赊销和现金销售两部分,也可用销售收入代替赊销净额：

$$应收账款周转率 = \frac{销售收入}{应收账款平均余额} \times 100\%$$

6）应收账款平均回收天数

应收账款平均回收天数的计算公式如下：

$$应收账款平均回收天数 = \frac{365}{应收账款周转率}$$

通过对应收账款周转率的深入分析,可得出应收账款的平均收款期,这一指标可反映企业应收账款的工作效率。

应收账款周转率和回收天数受所售商品种类、当地商业往来惯例、竞争环境等因素的影响,并无统一标准。与同行业应收账款平均周转率、平均回收天数相比,如果收款期过长,应收账款周转率过低,说明企业客户的信用状况不佳,可能隐含着较大的坏账风险;也说明企业销售和财务人员催收账款不力,使企业的较多营运资本滞留在应收账款上,从而影响企业的经营效益。合理的应收账款周转率和回收天数,说明企业产品销售后收款迅速、坏账损失少、资产流动性高、偿债能力强,收账费用也相应较低。

4. 资本结构分析

资本结构分析(capital structure analysis)主要是分析企业资产与债务、股东权益之间的相互关系,反映企业使用财务杠杆的程度及财务杠杆的作用。

1）股东权益比率(shareholder equity ratio)

股东权益比率是股东权益对总资产的比率,简称权益比率。其计算公式如下：

$$股东权益比率 = \frac{股东权益}{资产总额} \times 100\%$$

股东权益包括普通股股本、优先股股本、资本公积金以及保留盈余等。对股东来说,股东权益过高,意味着企业不敢负债经营,没有积极地利用财务杠杆作用。在企业的资本利润率高于融资的固定利率或费用时,财务杠杆可以发挥积极有效的作用,股东权益比率偏低些较好。但是,如果企业的资本利润率低于融资成本,股东权益比率过低意味着利息负担过重,财务杠杆将发挥消极的负面作用。对债权人来说,股东权益比率高意味着企业资金来源中股东投资的比率大,举债融资的比率小,债权人的权益受到保护的程度大。

2) 负债比率(debt ratio)

负债比率的计算公式如下:

$$负债比率 = \frac{债务总额}{资产总额} \times 100\%$$

债权人的权益对总资产的比率,简称负债比率。负债比率可反映债权人提供资金的安全程度。对债权人来说,较低的负债比率意味着他们的权益在较大程度上受到保护,在公司发生财务困难或被迫破产清算时收回本金和利息的可能性较大。如果负债比例过高,则债权人的权益受保护程度下降,风险增大。同时,负债比例过高还表示公司融资的能力受到很大限制,除非企业愿意提供比市场利率更高的利率,以弥补债权人所承担的较大风险。

股东权益比率与负债比率两者相加应该等于100%。将这两个比率结合起来,可呈现公司的资本结构、两种资本在公司总资本中的比例关系以及各自的作用。

3) 长期负债比率

长期负债比率的计算公式如下:

$$长期负债比率 = \frac{长期负债}{固定资产} \times 100\%$$

长期负债比率是长期负债占固定资产的比率。如果长期负债比率较高,说明公司过多地依赖长期债务购置固定资产,而由于固定资产流动性较差,债权人的权益受保护程度小。如果长期负债比率较低,说明公司尚未充分利用财务杠杆作用,也说明公司尚有较大的潜在借债能力,特别是在需要用固定资产作抵押时,可为债权人提供安全保障。

4) 股东权益占固定资产比率。

股东权益占固定资产比率的计算公式如下:

$$股东权益占固定资产比率 = \frac{股东权益}{固定资产} \times 100\%$$

由于股东权益主要用于固定资产投资,所以这一比率可反映公司股东投资是过多还是不够充分。将这一比率与长期负债比率比较,可表明公司购置固定资产的两个资金来源以及各占多少比率。一般情况下,股东权益占固定资产比率应略大于50%,而长期负债比率应略小于50%为好。

5. 经营效率分析

企业利用各项资产以形成产出或销售的效率,称为经营效率。经营效率也是企业财务管理和财务分析的重要目标。经营效率分析可以衡量企业是否实现了资源的优化配置,发现企业提高产出和销售的潜在能力。经营效率分析可将资产负债表与损益表有机地结合起来,计算并分析企业的资产利用情况和周转速度,以揭示企业在配置各种经济资源过程中的效率状况。经营效率分析的主要指标如下。

1) 存货周转率(inventory turnover ratio)和存货周转天数(inventory turnover days)

存货周转率的计算公式如下:

$$存货周转率 = \frac{销售收入}{平均存货}$$

式中,平均存货=(期初存货+期末存货)÷2,或是每年、每月的平均存货。

存货周转率反映企业的存货由销售转为应收账款的速度,是分析公司销售能力的强弱和存货是否过量的重要指标,也是衡量企业产供销效率和企业流动资产运转效率的参考依据。一般而言,存货周转率高,说明公司销售能力强,营运资本中闲置在存货中的数额小,商品库存周转快,公司利润额多,公司的存货管理效率显著。若存货周转率低,则说明存货销售慢,这可能是存货数量超过了市场需要,也可能是存货有质量问题,需要冲销处理,这都影响了存货变现的流动性。虽然存货周转率高说明企业经营效率较高,但存货周转率也并非越高越好。存货周转率过高,可能是原材料库存较小,生产过程中可能会出现停工待料的局面;也可能是库存产成品过少,在销售过程中可能会出现脱销的局面。这两种情况都会影响企业的生产效率和市场竞争能力。因此,存货需要保持一个适当的水平。重工业、轻工业、商业等各行业都有自己的生产周期和经营特点,所以各行业的存货周转率不能相提并论,而应注重比较企业与同行业平均值的差距。

存货周转天数又称存货供应天数,反映产品销售后、应收账款收妥所需要的天数。平均收款期一般越短越好,但也与信用发达程度有关。

$$存货平均周转天数 = \frac{365}{存货周转率}$$

2) 固定资产周转率(fixed asset turnover)

固定资产周转率的计算公式如下:

$$固定资产周转率 = \frac{销售收入}{固定资产总额} \times 100\%$$

固定资产周转率是用来衡量企业利用现存厂房、机器设备等固定资产形成多少销售额的指标,反映了企业固定资产的使用效率。由于固定资产有长期使用的特点,有的企业固定资产存续年限已经很长,提取折旧占原值比率较高,也可以用"固定资产净值"来代替公式中的"固定资产总额"。由于有固定资产原值、存续时间、折旧等因素影响,不同企业的固定资产周转率有时会出现很大差异。因此,这一指标一般只用于本公司不同年份的纵向比较,而很少在不同企业之间作横向比较。

3) 总资产周转率(total asset turnover,TATO)

总资产周转率的计算公式如下:

$$总资产周转率 = \frac{销售收入}{资产总额} \times 100\%$$

总资产周转率是销售收入与资产总额的比率。如果企业的资产总额中包含无形资产,则应作相应扣除,即以销售收入与有形资产相除。这一比率表明企业投资的每一元资产在一年之内可产生多少销售额,从总体上反映了企业利用资产创造收入的效率。显然,这一比率越高,表明企业投资发挥的效率越大,企业利润率也越高;反之,则说明资产利用程度低,投资效益差。但是,总资产周转率在不同行业之间几乎没有可比性。资本密集程度越高的行业,其总资产周转率越低。因此,一般不将总资产周转率作跨行业的比较。

企业的总资产等于全部负债加上股东权益,即企业的全部资产是负债和股东投资这两大资金来源的投资对象,所以总资产周转率又称投资周转率。

4) 股东权益周转率(equity turnover)

股东权益周转率的计算公式如下:

$$股东权益周转率 = \frac{销售收入}{股东权益} \times 100\%$$

这一指标表明股东每一元的投资在年内可产生多少元的销售收入,反映了企业的资本经营活动能力。

6. 需要注意的问题

在对企业的财务报表进行分析时,还要注意以下问题。

(1)为了使财务分析得出的结论准确可靠,作为分析基础的财务报表的数据必须准确无误、真实可靠,要特别注意有无虚瞒谎报或弄虚作假的情况。一般情况下,各项财务比率所采用的会计数据都未对价格变动作过调整。如果出现严重的通货膨胀,必须要考虑可比价格因素,否则会影响财务分析的现实意义。

(2)各项财务比率分析的数据是公司过去或历史的经营实绩。要用这些数据去预测公司未来的发展,还需要根据变化了的经济环境和经营条件作出适当的调整。

(3)财务报表的数据仅仅是账面上的静态数据,在进行财务分析时还要注意结合宏观经济形势的变化、企业所在行业的特点、季节性因素等,作具体的、现实的分析(包括采用连续性的动态分析和对现金流量的分析),这样才能得出准确可靠的分析结论。

二、公司经营管理分析

管理是一个抽象的概念,其涵盖的范围很广,质量也很难以量化。一般认为,管理是一种独特的,关系公司发展的重要工作,它包括计划、组织、推动、控制劳动力和对其他资源合理利用,以完成所规定的目标。大多数公司经营管理的主要目标是为公司谋求最大限度的盈利。

(一)对管理层的分类

在规模较大的公司,行政管理人员很多,可分为有决策层管理人员,如以董事长为首的董事会成员;上层管理人员,如总经理(或称总裁)及其主要助手;中下层管理人员,如职能部门、处、室经理及所属各科室人员。投资者较为关注的主要是决策层和上层管理人员的工作及其成效。

1. 对决策层的分析

决策层制定的各项重要政策,如经营方针、经营方向、管理制度、管理原则等,对公司的前途起着决定性作用。投资者必须分析这些政策的指导思想是属于保守的还是开放的,是稳健的还是冒进的,是改革的还是守旧的,是具有进取精神的还是只想维持现状的等。通过细密的分析,投资者可以概括出一家公司的主要特征:它是一家积极开拓型的公司,还是消极保守型的公司,甚至是无所作为、前景暗淡的公司,并据此作出合理的投资选择。

2. 对上层管理人员的分析

对上层管理人员的分析,主要是看其对政策的贯彻情况、目标和计划的完成情况、工作之间的协调情况、各种工作的效率高低、解决内外事务的能力等。

3. 管理层的稳定性分析

公司决策层和上层管理人员的稳定性对企业稳健发展至关重要。有些公司人员变动频繁,可能造成公司的方针政策多变,工作成败的前后责任难以分清,工作容易脱节,效率也会受到影响。当然,公司经营管理的优劣,最终还是要通过前述的各种财务数量指标综合地表现出来。

(二)对管理层能力的分析

管理人员的性格、品质、知识、才干的表现和发挥,很难一一加以分析和综合,但是,管理层作为一个总体,究竟应当具备哪些能力,可以分项进行具体的分析。

1. 解决内部问题的能力

解决内部问题的能力主要包括如下内容。

(1)保持高效率生产的能力,如如何提高劳动生产率、充分利用固定资产等。

(2)财产安排、管理的能力。

(3)开拓、发展业务的能力。

(4)解决劳务纠纷和处理好与工会、职工关系的能力。

(5)应用当代先进的科学管理方法的能力如电子计算机、新型办公设备的使用,成本管理、质量管理、定额管理等科学方法的推行等。

2. 处理外部事务的能力

处理外部事务的能力主要包括如下内容。

(1)开展与同行业其他公司在市场上竞争的能力(这一点将作为公司分析的一个专门方面在后边分析)。

(2)对外界宣传、推销、联系的能力。

(3)对外单位的沟通能力,包括同政府机关、上级主管单位进行协商、谈判以及处理有关法律事务的能力。

3. 进行调查研究和开发新产品的能力

进行产品、市场的调查分析,对产品供需情况的研究,对产品的更新换代以适应消费者不断提高的要求,以上内容对于公司将来发展的前途是十分重要的。特别是在产品的更新换代方面,要求公司对科技研究和产品开发予以高度重视,花大力气,下大功夫,不断创新并推出新产品,保持公司持续的市场占有率,使产品在不断推陈出新中畅销不衰。

4. 吸收、培养和训练新的管理人员的能力

为了不断地提高管理质量,公司必须不断地培养高、中级管理人员。一方面,公司可从高校毕业生中吸收优秀人才,或从社会广揽人才;另一方面,公司应建立专门的培训机构,制订培训计划,与大专院校合作,提高、训练现有管理人员的业务能力和思想道德品质。

三、公司竞争地位分析

在现代市场经济条件下,各个行业都有为数众多的公司或其他形式的组织进行同类产品的营业。各公司为了谋求生存与发展,彼此进行着剧烈的竞争。一般来说,只有那些规模大、资力雄厚的大公司,才有可能在市场竞争中居于支配地位,其竞争地位也较高。投资者通常愿意选择这样的公司进行投资。

投资者分析一个公司在同业中的竞争地位,可以依据以下指标。

（一）年销售额或年收入额

公司年销售额的大小是衡量一个公司在同行业中相对竞争地位高低的重要方面。公司销售额或收入额在全行业销售额中的比重,是其竞争地位最好的反映。公司的盈利主要来自销售收入。在正常情况下,销售收入越高,利润越高。

（二）销售额或收入额的增长

公司销售额的大小是一个静态的指标,对分析公司的竞争地位的高低很重要,但并不是唯一的标准,投资者还须从动态中研究销售额的增长情况。对投资者来说,具有吸引力的公司不仅应当具有较大的规模,其销售额也应有较高的增长速度。因为增长的销售额会带来增长的利润额,从而给投资者带来丰厚的、不断增加的股息收益,同时也会促使公司的股票价格不断提高,在证券市场上吸引更多的投资者。

销售额的增长速度是一个相对的概念,缺乏绝对标准,其快慢程度是比较而来的,可用计算所得的增长率与同行业的其他公司,以及整个行业的平均增长率比较;也可与国民经济指标如国民生产总值、国民收入、个人可支配收入等指标的增长率比较,以分析其增长程度是迅速还是缓慢。

（三）销售额的稳定性

除了销售数量的大小和增长的快慢外,销售额的稳定性也很重要。在正常情况下,与稳定的销售收入相伴而来的是稳定的盈利。如果销售收入变动太大,对公司的经营管理诸方面均会带来不利的影响。

对于不同行业,其总销售额的稳定程度有所差异。一般来说,提供基本服务或必需品行业的收入,往往比其他行业稳定;生产资料或高档耐用消费品行业的收入往往不是很稳定;生产高技术产品的行业,产品更新换代很快,可能某产品现在是一种需求大、竞争力强的产品,但很快就被新型产品所代替,变成过时、淘汰的产品,其销售收入最不稳定。

（四）公司销售趋势预测

年销售额大小和销售额增长率只能说明过去,要判断公司是否能继续保持雄厚的竞争实力和较快的增长速度,还需要对其销售趋势作出预测。预测公司未来销售趋势主要有两种方法:一种是运用最小二乘法找出公司销售额的趋势线;另一种是先算出公司销售额占全行业销售额的百分比,再用回归分析法预测未来的百分比。

（五）公司竞争力分析的原则

当投资者在分析公司竞争实力时,主要应考虑以下原则。

（1）选择在本行业中占主导地位的大公司。

（2）选择增长率高于行业平均增长率或主要竞争对手的成长型公司。

（3）选择在它所涉及的全部行业(而非仅在主营业务)中都具有强大的竞争实力的公司。

第六节　股票投资的市场分析

在基本分析中,除了宏观、中观和微观分析之外,整个股票市场的发展状况,以及投资者的投资动机和心理素质也是影响股票投资成败的基本因素。

一、股票市场的经济指标分析

要使股票市场经济功能得到正常发挥,就需要股票的发行和流通量达到一定规模。评价其规模一般需要借助于两个指标:一个是反映股票市场经济功能的统计总量指标,另一个是反映股票市场经济功能的统计相对指标。

(一)统计总量指标分析

统计总量指标由股票的发行量和交易量指标构成,它表明一国利用股票来筹集资金的规模和水平,而股票交易量既是衡量投资者从事股票投资热情程度的指标,又是股票市场繁荣程度的一个特征。

中国股票市场在 20 世纪 90 年代恢复之初,仅有 8 只股票,股份总数为 260 万,大部分还是国家股,只有少部分能流通,此时的股票市场显然是畸形的,无法充分发挥其筹融资和投资功能,市场行情也很容易被大资金所操控。

而截至 2024 年 11 月,沪深两市及北交所共有 5 457 只股票。其中,A 股上市总数为 5 374 只,B 股上市总数为 83 只。在 A 股上市的股票中,在上交所上市的公司有 2 274 家,占比 41.67%;在深交所上市的公司有 2 843 家,占比 52.10%;在北交所上市的公司有 257 家,占比 4.71%。全部 A 股上市公司资产总额超过 380 万亿元,合计总市值超 85 万亿元。横向比较,A 股市场规模已居世界第二,成为全球最为重要的资本市场之一。

目前,股票市场的供求矛盾已经趋于缓和,机构大户想要操纵股市疯狂炒作更加困难,股市更有效地发挥了筹资功能和资源配置功能,对中国股票市场的发展及产业结构的调整发挥了重要作用,助推了中国经济的高质量、健康发展。

(二)统计相对指标分析

相对指标指的是社会经济现象中两个有关指标之比,用来表明现象之间的数量关系。由于它把社会经济现象的两个总量指标进行了抽象处理,因而更有利于现象之间的比较。统计相对指标主要有如下内容。

1. 股票发行额占国内生产总值的比率

股票发行额占当年国内生产总值的比率,表明股份公司发行股票所筹集的资金在未来经济发展中可能发挥作用的程度。在现实中,股票是持续发行的。因此股票发行额是每年都会变动的,而每年筹集到的资金的实际价值,也因通货膨胀的存在而有所不同。

2. 股票市值占国内生产总值的比率

股票市值占当年国内生产总值的比率表明经济的冷热程度。一般认为,经济发展程度与股票市值占国内生产总值的比重之间是正相关。但是,股票市值每天都处于波动中,因此其没有具体标准,只能给出一个大致的参考范围。低收入国家一般在 20％～30％;中等收入国家一般在 50％左右;市场经济发达的国家,股市市值大体与国内生产总值持平。

股票证券化率[①]又名巴菲特指标或巴菲特指数。巴菲特认为,在美国股票市场证券化率处于 70％～80％时买进股票就会有不错的收益;但如果在超过这个比例区间时买进股票,就会冒很大的风险,甚至等于在"玩火"。美国和英国的股票市场有大量的国外上市企业,他们的股票总市值与国内生产总值的比率高位常常在 150％以上。所以,当比率在 70％～80％时,就是低谷区域了。

截至 2021 年年末,A 股的证券化率达到 84.3％,创近十年新高,在发展中国家中居前列;若将中概股包含在内,中国上市公司证券化率可达到 95％。但与美国、日本等发达国家相比,中国证券化率还有较大提升空间。美国 2021 年末证券化率接近 300％,日本超过 120％。

3. 风险与收益的比率

在股票市场中,风险与收益一般呈正相关。有效资本市场存在一条资本市场线(见图 4-1),投资者会在这条线上选择自己的风险和收益投资组合。

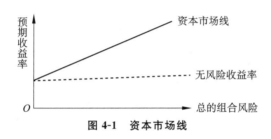

图 4-1　资本市场线

在图 4-1 中,无风险收益率一般指的是政府短期债券和银行定期存款所能提供的收益率;资本市场线是一条以无风险收益率为截距向上倾斜的线,可以通过收益与风险组合对应的投资组合来实现。

二、市场主体的投资动机分析

市场主体包括许多方面的参与者,这里主要指的是投资机构、大户、散户这三类。投资动机是指投资主体进行投资活动所要达到的目的,一般包括以下八种。

1. 资本增值动机

资本增值动机是指获取股息和利息收入,以实现私人资本增值。

2. 灵活性动机

灵活性动机是指投资者尽可能规避风险,将投资迅速变现的能力。

3. 参与决策动机

参与决策动机是指部分投资者为了参与公司决策而进行股票投资。

4. 投机动机

投机动机即利用股票价格的升降获取差价收益。

---

① 证券化率＝证券总市值÷当期 GDP×100％;A 股证券化率＝A 股总市值÷当期 GDP×100％。

5. 安全动机

安全动机是指为防止意外灾害或被盗造成的损失而选择投资,持这种动机的投资者认为把钱存入银行与投资股票的安全程度基本相等,但投资股票能够获得更大的可能收益。

6. 选择动机

因边际效用递减规律的作用,投资者仅仅购买一种股票会感到乏味,而且没有一种股票能够满足投资者的所有投资需要,这使得投资者在增加投资规模时会选择其他种类的证券。

7. 自我表现动机

自我表现的核心是自我炫耀,从中得到自我满足。一部分投资者通过持有巨量股票资产来显示自己的富有、地位和威望;一些自认为能力超群的投资者通过投资股票而获得比别人更高的收益,来显示自己能力卓越;一部分退休人员及家庭主妇期望通过投资股票而得到社会承认;一部分青少年参与股票投资来表明自己已经成熟。

8. 好奇与挑战动机

这里的好奇与挑战是行为金融学用语,指的是指有人从未买卖过股票,但目睹他人买卖股票,自己也想体验一下;有人则眼见别人炒股赚了钱,出于一种挑战心理,也开始炒股,力图比别人赚得更多。具有这种动机的投资者往往缺乏必要的技术和心理准备,因而投资较具冲动性,不够稳定。

还有一类投资者长期从股票投资,已经形成习惯,股票投资已成为其生活不可或缺的一部分;甚至有人炒股成癖,极度关心股票行情变化,一日不炒股便会坐卧不宁,此类超出常规的投资活动,一般属于不理智投资。

三、市场主体的心理因素分析

在股票投资活动中,心理因素占有很重要的地位,有时大众心理甚至能左右股票市场的走势。投资者的心理状况对股票价格的影响,主要是通过供求关系起作用,即心理变化引起供求关系发生变化,从而影响股票的波动。

(一)从众心理与投资的乘数效应

在大众心理因素中,有一种很极端的倾向,即在形势乐观的时候更加乐观,在形势悲观的时候更加悲观。在股票投资市场中的表现是行情好则加倍乐观,行情下跌则加倍悲观。所以,在股市处于疲软状态的时候,那些好的股票也不会有人投资;在股市一片繁荣的时候,有些股票的前景虽然不好,但还是有人投资。人们正是有了大众心理的乘数效应,所以才会在股市呈现涨势的时候,预期继续上升,进而积极参与。

(二)盲从心理与盲目跟风效应

盲从心理就是人云亦云,人为亦为。当别人在购买股票时,这种投资者唯恐落后,盲目购入不明就里的股票;当别人抛售股票势盛时,他们也不分青红皂白地迅速出手。这类投资者往往为别人抬轿而自受损失。

事实上,多数人所做的决定不一定是正确的,少数人做的决定也不一定是错误的,但在大众的观念中,会认为多数人做的决定是最合理的,潜意识里盲信"少数服从多数"。在股市中,如果大部分人看好某只股票,并且有很多人购买该股票,那该股票的价格就会上升,反之就会下降。所以,有人说股市就是投资大众所做出决定的具体体现。

（三）犹豫不决的心理

很多投资人自己虽然了解股票投资的技巧,但不一定有实战经验,所以在股票市场中犹豫不决。这样的投资者虽然在平时的分析中能够让人信服,所做的场外决定也很让人赞赏,但是在股票市场中,行为和计划就会不匹配,甚至是背道而驰。

（四）投资偏好

每个人都有自己的爱好和偏好,比如在买东西时就认准自己经常用的牌子,这就是在潜意识中所形成的偏好。在股市中也是一样的,有的投资者会偏好买某几种股票,或喜欢投资热门股,偏爱股市的稳定,不喜欢冒险;还有一类投资者,具有强烈的风险收益转换的冲动,所以喜欢投资投机股票。

（五）赌博心理或赌徒心理

赌博心理或赌徒心理就是输了还想再把输掉的赢回来,赢了还想继续赢下去,使自己的占有欲得到进一步的满足的一种心理状态。

此类投资者发财心切,渴望把握住几种股票,以使自己摇身变成百万富翁。一旦在股市获小利,则欣喜若狂,加大投入,甚至把所有资本都投入;而一旦损失,则会丧失理智,不惜孤注一掷,最后的下场可能就是损失惨重甚至倾家荡产。

（六）过度贪求

一些投资者"贪得无厌",不知见好就收。在股市上升时,总盼望股价升得更高,以便能获取更大的收益,迟迟不抛售已经获利颇丰的股票;在股市下跌时,总希望继续下跌,以便获取廉价筹码,最终导致贻误时机。

（七）避贵求廉

一些投资者忽视股票的内在价值与价格的关系,一味追求低价,只投资价格低廉的股票。无论一种股票前景多么好,他们都不会投资这种价格上升的股票;相反,他们对价格还没有上升或者很少上升的股票非常热衷,甚至不管其质量有多差。

课 后 练 习

一、名词解释

信息、信息不对称、基本分析、宏观分析、中观分析、微观分析、财务指标、盈利能力、发展能力、经营状况、股东权益、流动比率、速动比率、市盈率、市净率、投资动机、心理因素分析。

二、简答题

1. 简述宏观经济分析的主要方法与相关变量。
2. 分析国内生产总值(GDP)变动对股票市场的影响。
3. 简述经济周期与股票市场的关系。
4. 分析通货膨胀与通货紧缩对股票市场的影响。
5. 分析利率变动对股票市场的影响。
6. 分析汇率变动对股票市场的影响。
7. 分析货币政策与财政政策对股票市场的影响。
8. 简述股票投资行业分析的主要内容。
9. 简述公司财务报表分析的主要方法。
10. 哪些财务指标可以反映公司的偿债能力? 它们各有什么意义?
11. 哪些财务指标可以反映公司的盈利能力? 它们各有什么意义?
12. 哪些财务指标可以反映公司的经营效率? 它们各有什么意义?
13. 哪些财务指标可以反映公司的投资收益? 它们各有什么意义?
14. 如何客观认识中国股票市场的发展状况?
15. 投资者的投资动机有哪些?
16. 投资者都有哪些需要避免的心理状态?

三、论述题

1. 利用宏观经济分析的指标和方法,对当前中国股市的发展趋势进行系统分析和判断。
2. 当前哪种行业具有较高的投资价值? 为什么?
3. 假设你分别拥有 10 万元、100 万元、1 000 万元和 1 亿元,请分别做出相应的投资分析和投资规划。

课后拓展一:巴菲特的投资哲学

沃伦·巴菲特(Warren Buffett),1930 年 8 月 30 日生于美国内布拉斯加州的奥马哈市,全球著名的投资商,主要投资品种有股票、基金行业,现任伯克希尔·哈撒韦公司董事长和首席执行官(CEO)。巴菲特将价值投资归结为三点:把股票看成许多微型的商业单元;把市场波动看作你的朋友而非敌人(利润有时候来自对朋友的愚忠);购买股票的价格应低于你所能承受的价位。在价值投资理论看来,一旦看到市场波动而认为有利可图,投资就变成了投机,没有什么比赌博心态更影响投资。巴菲特认为,从短期来看,市场是一架投票计算器。但从长期看,它是一架称重器。巴菲特购买股票的基础是:假设次日关闭股市或在五年之内不再重新开放。

巴菲特的投资哲学可概括为 5 项投资逻辑、12 项投资要点、8 项选股标准和 2 项投资方式。

1. 巴菲特的 5 大投资逻辑

（1）因为我把自己当成是企业的经营者，所以我成为优秀的投资人；因为我把自己当成投资人，所以我成为优秀的企业经营者。

（2）好的企业比好的价格更重要。

（3）一生追求消费垄断企业。

（4）最终决定公司股价的是公司的实质价值。

（5）没有任何时间适合将最优秀的企业脱手。

2. 巴菲特的 12 项投资要点

（1）利用市场的愚蠢，进行有规律的投资。

（2）买价决定报酬率的高低，即使是长线投资也是如此。

（3）利润的复合增长与交易费用和税负的避免，使投资人受益无穷。

（4）不在意一家公司来年可赚多少，仅有意未来 5～10 年能赚多少。

（5）只投资未来收益确定性高的企业。

（6）通货膨胀是投资者的最大敌人。

（7）价值型与成长型的投资理念是相通的；价值是一项投资未来现金流量的折现值；而成长只是用来决定价值的预测过程。

（8）投资人财务上的成功与他对投资企业的了解程度成正比。

（9）"安全边际"从两个方面协助你的投资：首先是缓冲可能的价格风险；其次是可获得相对高的权益报酬率。

（10）拥有一只股票，期待它下个星期就上涨，这是十分愚蠢的。

（11）就算联储主席偷偷告诉我未来两年的货币政策，我也不会改变我的任何一个作为。

（12）不理会股市的涨跌，不担心经济情势的变化，不相信任何预测，不接受任何内幕消息，只注意两点：A. 买什么股票；B. 买入价格。

3. 巴菲特的 8 项投资标准

（1）必须是消费垄断企业。

（2）产品简单、易了解、前景看好。

（3）有稳定的经营史。

（4）经营者理性、忠诚，始终以股东利益为先。

（5）财务稳健。

（6）经营效率高、收益好。

（7）资本支出少、自由现金流量充裕。

（8）价格合理。

4. 巴菲特的 2 项投资方式

（1）卡片打洞、终生持有，每年检查一次以下数字：A. 初始的权益报酬率；B. 营运毛利；C. 负债水准；D. 资本支出；E. 现金流量。

（2）当市场过于高估持有股票的价格时，也可考虑进行短期套利。

从某种意义上说，卡片打洞与终生持股，构成了巴式方法最为独特的部分，也是最使人入迷的部分。

资料来源：https://finance. qq. com/zt2012/bfttzzx/index. htm.

课后拓展二：巴菲特对于个人投资的七大建议

1. 一个人今天之所以可以在树荫下乘凉，是因为他在很久之前种下了这棵树

一个人在个人财富上需要成为一个先行思考者，无论是投资、储蓄或是支出。当你准备为未来可能的紧急情况做储蓄打算时，人们应该借鉴发生过的金融危机情况以及自己需要多少储蓄才能度过危机。

同样的，很少有人会通过投资而快速致富，大部分人都以破产收场。最可能的致富之路在于一个时刻设定好自己的投资组合，并长期保持对于这一投资组合的关注。

2. 只买自己愿意持有的东西，即使这个市场关闭 10 年

巴菲特有一句最被人误解的话"我们应该永远愿意持有某样东西。"这句话的重点不在于巴菲特只投资那些他准备买进的股票，而在于要投资于稳定、已经有规模且拥有持久竞争优势的商业模式。投资应该是一项长期的选择，但人们仍然需要保持警惕，保证你当初投资的理由现在依然存在。

3. 价格即你愿意付多少钱，价值则是你收获了什么

当人们在进行投资时，所支付的价格和收获的价值往往是两个不同的东西。换言之，你买进股票的原因应该是你认为一只股票的价格低于其公司实际的价格，而不是仅仅因其便宜。

4. 现金对于一家公司的重要性，就好比氧气对于人的重要性。永远不要在事情发生时毫无准备

伯克希尔·哈撒韦公司能够安然度过每一次衰退和经济危机，并可以拥有比危机前更好变现能力，其原因在于巴菲特明白保留"应急资金"的重要性，并坚持公司必须时刻保证拥有最少 200 亿美元的现金。事实是，当市场在 2008 年崩溃时，伯克希尔·哈撒韦公司手中拥有足够的现金，并借机以极其低的价格做了几笔非常漂亮的投资，如购买高盛的认股权证。如果你拥有足够的现金储备，那么在遇到挑战或是遇到好的机遇时，你就可以从容应对。

5. 风险在于你对从事的事情一无所知

最棒的一项投资就是投资自己和知识，这就是为什么巴菲特每天会花费数小时用于阅读。无论是投资还是其他事情，你的知识越丰富，就越可能做出明智的决定和避免不必要风险。

6. 大部分人不适合投资股票

如果一个投资者拥有时间、知识和意愿，巴菲特并不反对个人投资股票。如果一个人一周可以有 6~8 小时的时间用于投资，那么个人投资股票可以是一个明智的选择。但是，如果一个人保证不了这样的时间，那么人们应该考虑低支出的指数基金。

7. 记住回馈

巴菲特曾经说过："如果你有幸成为人类最幸运的那 1%，那么你就欠了剩下的所有人，你应该为剩下的 99% 去考虑。"即使你可能不是那最幸运的 1%，但是记住：用自己的方式去回馈社会仍然是重要的。

资料来源：https://xueqiu.com/8708774839/85115650.

第五章 技术分析

知识目标

了解技术分析、技术分析的假设和要素、道氏理论、K线理论、切线理论、形态理论、波浪理论、技术指标、量价指标、涨跌指标、价差指标等基本概念。

能力目标

1. 掌握道氏理论、K线理论、切线理论、形态理论、波浪理论、技术指标等的运用。
2. 具备灵活使用技术分析理论和指数指标的能力。

第一节　技术分析概述

一、技术分析的概念

技术分析（technical analysis）是以股票价格的动态和变化规律为分析对象，借助图表和各类指标，通过对股票市场行为的分析，预测股票市场未来变动趋势的分析方法。技术分析的目的在于探索股票市场的价格变动趋势，而股票价格的变动趋势有三种：上升趋势、下降趋势和盘整趋势。

二、技术分析的作用

技术分析常常用于分析股票的价格趋势，以便选择最有利的买入或者卖出股票的时间。在实践中，技术分析不仅用于股票市场，还广泛应用于外汇市场、期货市场和其他金融市场。

在推崇技术分析的投资者看来，要想预测股票价格的未来走势，选择适当的投资时机比估计股票本身的价值更为重要。这是因为，股票价格不完全是根据基本经济因素理性决定的，还受到投资者的情绪、偏好等因素的影响，包括很多非理性的成分。所以，股票的价格背离其内在价值的现象屡见不鲜。技术分析认为，成功的投资者往往并非那些最客观地判断股票内在价值的人,而是善于揣摩其他投资者的心理和投资行为、把握股票价格走势的人。

技术分析使用者把股票投资比作投资者之间的博弈行为,看谁能以更低的价格买进股票,以更高的价格售出股票。只要预料有人愿意以更高的价格来购买某种股票,那么不管其内在价值是多少,买进这种股票的决策就是正确的。

三、技术分析与基本分析的区别

与基本分析相比,技术分析不要求分析者具备专门的经济理论和财务分析的知识,也不必收集从宏观经济到企业经营的各种信息数据。技术分析认为,股票的价格变化是各种因素综合影响的结果。只要研究股票价格的表现,就足以作出正确的投资决策。技术分析的图形与指标都比较直观,容易理解。技术分析和基本分析方法的主要区别如下:

(一)依据的是股票价格走势还是内在价值

技术分析着眼于描述股票价格的运动模型,不深入研究推动价格变动的内因。基本分析注重股票价值的发现,通过对政治、经济、市场和企业的运行情况的分析,确定股票本身的价值,把握价格变动的趋势。

(二)着眼于历史还是未来

技术分析认为,未来的价格趋势是过去价格运动的延续,因此,分析者们立足于过去,将股票交易的历史数据作为分析的依据。基本分析认为股票投资价值取决于未来的投资收益,因此,分析者们立足于未来,将基本经济因素的预测值作为分析的依据。

(三)择时还是择股

技术分析强调选择合适的投资时机,即什么时候买进股票,什么时候抛售股票。基本分析强调选择投资对象,即买进价值被低估的股票,抛出价值被高估的股票。

(四)通用还是专用

技术分析有通用性,即每一种技术分析方法均适用于任何一种股票或者任何一个股票市场。基本分析以针对性和特异性为特征,对不同的股票进行基本分析,不仅内容不同,方法也不尽一致。

(五)短期还是长期

技术分析关心的是股票价格的短期变化,基本分析则偏重于分析中长期的投资价值。

四、技术分析的基本假设和基本要素

(一)基本假设

技术分析的理论基础是三项合理的市场假设:市场行为涵盖一切信息、股票价格沿趋势

移动、历史会重演。

1. 市场行为涵盖一切信息

这一前提是与有效市场假设一致的。根据有效市场假设,如果信息是高度对称的、透明的,那么任何信息都会迅速而充分地反映在市场价格中。技术分析也认为,如果股票市场是有效的,那么影响股票价格的所有因素都会立即反映在市场行为中,并在股票价格上得到体现。作为技术分析方法的应用者,不需要去关心是什么因素影响了股票价格,只需要从市场的量价变化中了解这些因素对市场行为的影响效果。

任何一个因素对股票市场的影响最终都必然体现在股票价格的变动上。所以,这一假设是技术分析的基础;如果离开了这一假设条件,技术分析将无法进行。但是,有效市场的假设本身就存在问题。众多实证分析指出,即使像美国这样发达的股票市场也仅仅是弱式有效市场,信息损失是必然的,因此市场行为(包括一切信息)也只是理想状态。

2. 股票价格沿趋势移动

这一假设认为,股票价格的变动是有规律的,有保持原来运动方向的惯性,而股票价格的运动方向是由供求关系决定的。技术分析认为,供求关系是一种理性和非理性力量的综合,股票价格运动反映了一定时期内供求关系的变化。供求关系一旦确定,股票价格的变动趋势就会一直持续下去。只要供求关系不发生彻底改变,股票的价格走势就不会发生反转。这一假设条件也有一定的合理性,因为供求关系决定价格是市场经济的普遍现象。

这一假设条件是技术分析最根本、最核心的条件。只有承认股票价格遵循一定的规律变动,才能运用各种方法发现、揭示这些规律,并对股票投资活动进行有效指导。然而,尽管一些基本因素确实会通过供求关系影响股票价格和成交量,但股票价格最终要受它的内在价值制约。

3. 历史会重演

这一假设建立在对投资者心理分析的基础上,即当市场出现和过去相同或相似的情况时,投资者会根据过去的成功经验或失败教训做出目前的投资选择,市场行为和股票价格走势会出现历史重演。因此,技术分析认为,根据历史资料概括出来的规律已经包含了未来股票市场的变动趋势,所以可以根据历史预测未来。

投资者的心理因素确实会影响着投资行为,进而影响股票价格。但是,历史虽有相似之处,但绝不是简单的重复,差异总是存在的,绝不会出现完全相同的历史重演。

正因如此,技术分析显得说服力不够强、逻辑联系不够充分,长久以来一直存在不同的看法和争论。

(二)基本要素

在股票市场中,价格、成交量、时间和空间是进行技术分析的要素,其具体情况和相互关系是进行分析的基础。

1. 价格和成交量

市场行为最基本的表现是成交价格和成交量。过去和现在的成交价格和成交量可以反映大部分市场行为,在某一时间的价格和成交量反映的是买卖双方在这个时间的共同的市场行为,是双方暂时的均衡点。随着时间的变化,均衡点会不断地发生变化,这就是价量关系的变化。一般来说,买卖双方对价格的认同程度可通过成交量的大小得到确认。认同程度小,分歧大,则成交量大;认同程度大,分歧小,则成交量小。成交量和价格的关系如下。

(1) 成交量是推动股价涨跌的动力。在牛市中,股价的上升常常伴随成交量的增加,股价回调时成交量也随即减小。在熊市中,股价下跌时会出现恐慌性抛售,成交量会显著增加;股价反弹时,投资者对后市仍有疑虑,成交量并不增加。人们对于成交量与股价涨跌的因果关系尚有不同的看法,然而股价的大幅度调整往往伴随成交量的增加,这种量价配合的现象是不容争辩的事实。

(2) 量价背离是市场逆转的信号。技术分析的使用者注意到,有时候股价大幅度升降,成交量却大幅度减少。例如,在牛市中,股价连创新高,成交量却不见放大;在熊市中,股价连创新低,成交量却极度萎缩。这种量价背离的现象说明,价格的变动得不到成交量的配合,价格的变动趋势不能持久,这常常是市场趋势逆转的征兆。

(3) 成交密集区对股价运动有阻力作用。技术分析认为,如果在一个价格区间沉积了数量巨大的成交量,那么当股价突破这个价位向上运动时,势必有很多投资者因获利而抛售,增加了上升的阻力。相反,股价要冲破这个区间向下运动时,大多数股票持有人不会愿意以低于买进的价位抛售而蒙受损失,就会导致大批的股票被锁定,使卖方的力量被削弱,股价的下行趋势受到阻力。成交越密集,阻力作用越大,成交密集区因而成为股价相对稳定的均衡区域。

(4) 成交量放大是判断突破有效性的重要依据。根据上面的讨论,除非买卖双方力量发生了明显的倾斜,否则很难克服成交密集区的阻力推动股价的上升或下挫。因此,有效的突破必然伴随成交量的放大,否则说明买卖力量的均势并没有打破,股价的变动不能确认为发生了有效的突破。

2. 时间和空间

在技术分析中,"时间"是指完成某个过程所经过的时间长短,通常是指一个波段或一个升降周期所经过的时间。"空间"是指价格的升降所能够达到的程度。时间会指出"价格有可能在何时出现上升或下降",空间则指出"价格有可能上升或下降到什么地方"。

时间体现了市场潜在的能量由小变大再变小的过程,而空间反映的是每次市场发生变动程度的大小,体现市场潜在的上升或下降的能量的大小。上升或下降的幅度越大,潜在能量就越大;相反,上升或下降的幅度越小,潜在能量就越小。

一般来说,对于时间长的周期,日后价格变动的空间也应该大;对于时间短的周期,日后价格变动的空间也应该小。时间长、波动空间大的过程,对日后价格趋势的影响和预测作用也大;时间短、波动空间小的过程,对日后价格趋势的影响和预测作用也小。

五、技术分析方法的分类与应用

(一)技术分析方法的分类

技术分析方法主要的手段是在历史价格和成交量资料基础上进行的统计、数学计算、图表绘制。技术分析方法可主要分为以下六类。

1. K 线类方法

K 线类方法侧重于若干天 K 线的组合情况,据此推测股票市场多空双方力量的对比,进而判断股票市场多空双方谁优谁劣,这一优势是暂时性还是决定性的。K 线图是进行技术分析时的最重要的图表。

2. 切线类方法

切线类方法是按一定方法和原则,在由股票价格的数据所绘制的图表中画出一些直线,然后根据这些直线的情况推测股票价格的未来趋势,这些直线就叫切线。切线主要包含支撑线和压力线。支撑线和压力线的向后延伸位置对价格趋势起一定的制约作用。切线的画法是最为重要的,画得好坏直接影响预测的结果。目前,画切线的方法有很多种,主要是趋势线、通道线、黄金分割线、甘氏线、角度线等。

3. 形态类方法

形态类方法是根据价格图表中过去一段时间走过的轨迹形态来预测股票价格未来趋势的方法。根据技术分析第一条假设——市场行为包括一切信息,价格走过的形态就是市场行为的重要组成部分,是股票市场对各种信息感受之后的具体表现。从价格走势的形态,可以推测出股票市场处在一个什么样的大环境中,由此对投资给予一定的指导。其主要的形态有 M 头、W 底、头肩顶、头肩底等类型。

4. 指标类方法

指标类方法要考虑市场行为的各个方面,建立一个数学模型,给出数学上的计算公式,得到一个体现股票市场的某个方面内在实质的数字,即指标值。指标值的具体数值和相互关系可直接反映股市所处的状态,为我们的操作行为提供指导方向。指标反映的东西大多是无法从行情报表中直接看到的。

目前,世界上用在股票市场上的各种技术指标数不胜数,主要包括相对强弱指标(RSI)、随机指标(KD)、趋向指标(DMI)、平滑异同平均线(MACD)、能量潮(OBV)、心理线(PSY)、乖离率(BIAS)等。

5. 波浪类方法

波浪理论起源于 1978 年美国人查尔斯·J. 柯林斯发表的专著《波浪理论》,而波浪理论的实际发明者和奠基人是美国人艾略特,他在 20 世纪 30 年代就有了波浪理论的最初想法。波浪理论把股价的上下变动和不同时期的持续上涨和下降看成是波浪的上下起伏一样,波浪的起伏遵循自然界的规律,股票的价格也就遵循波浪起伏的规律。简单地说,上升是 5 浪,下跌是 3 浪,数清楚了各个浪就能准确地预见到:跌势已接近尾声,牛市即将来临;或是牛市已到了强弩之末,熊市即将来临。

与其他技术分析流派相比,波浪理论最大的特点就是能提前很长的时间预计到底和顶,而其他分析流派往往要等到新的趋势确定之后才能看到。但是,波浪理论又是公认的最难掌握的技术分析方法,大浪套小浪、浪中有浪,在数浪的时候极易发生偏差。复盘时,回过头来数这些浪,发现均满足波浪理论的陈述,都能数对;而一旦身处现实之中,能够正确数浪的人则很少。

6. 周期类

循环周期理论认为,价格的高点和低点的出现,在时间上存在一定的规律性。正如事物的发展兴衰有周期性一样,价格的上升和下降也存在一些周期性的特征。如果投资者掌握了股票价格高低的出现在时间上的规律性,对进行实际买卖是有一定好处的。

（二）应用技术分析法时的注意事项

以上六类技术分析流派从不同的方面理解和考虑股票市场,有的有着坚实的理论基础,有的则没有很明确的理论基础。但它们又都有一个共同的特点,即都经过了股票市场的实践考验。这六类技术分析方法尽管考虑的方式不同,但目的是相同的,彼此间并不排斥,在使用时可以相互借鉴。由于这六类技术分析方法考虑的方面不同,所以在指导操作时所使用的方式也有所不同:有的注重长线,有的注重短线;有的注重时间,有的注重价格;有的注重价格的相对位置,有的注重价格的绝对位置。

在进行技术分析时,需要注意如下事项。

1. 技术分析必须与基本面的分析结合起来使用

市场突发消息较频繁,人为操纵的因素较多。所以,仅靠过去和现在的数据、图表去预测未来,这是不可靠的。事实上,在 A 股市场上,技术分析仍然有较高的预测成功率。成功的关键在于不能机械地使用技术分析,除了要在实践中不断修正技术分析参数外,还必须注意结合基本面分析。

2. 多种技术分析方法综合研判,切忌片面地使用某一种技术分析结果

投资者必须全面考虑各种技术分析方法对未来的预测,综合这些方法得到的结果,最终得出一个合理的多空双方力量对比的描述。实践证明,单独使用一种技术分析方法有相当大的局限性和盲目性。如果应用每种方法后得到的结论相同,那么依据这一结论出错的可能性就很小;如果仅靠一种方法,得到的结论出错的可能就大。为了减少自己的失误,应尽量多掌握一些技术分析方法,掌握越多,结论的误差就越小。

3. 前人和别人得到的结论要通过自己实践验证后才能放心地使用

由于股票市场能给人们带来巨大的利益,上百年来研究股票的人多不胜数,分析的方法各异,使用同一分析方法的具体环境也不同。前人和别人得到的结论是在一定的特殊条件和特定环境中得到的,而这些方法随着环境的改变有可能在自己使用时失败。

4. 技术分析是一种工具,要靠人去使用,决定的因素是人

在运用技术分析时,很大程度上依赖于使用者个人的选择。例如,技术指标中参数的选择,切线中线条画法的选择,波浪理论中波的数法,都是人为的。个人的偏好和习惯会影响这些选择,进而影响技术分析的结果。

第二节　道 氏 理 论

一、道氏理论的形成

道氏理论(Dow Theory)是美国投资者使用最早和影响最大的技术分析方法,以美国著名的股票分析家查尔斯·道的姓命名。查尔斯·道与爱德华·琼斯在 1880 年共同创建了从事股票投资咨询的道·琼斯公司,并于 1889 年出版了影响力很大的《华尔街日报》。查尔斯·道悉心研究股票市场价格变动的规律,在一些杂志上发表了一系列分析股票价格走势的评论员文章。1902 年,查尔斯·道去世,其追随者萨缪尔·尼尔森将这些文章中的一部分整理出版,并第一次采用了"道氏理论"的提法。1908 年起成为《华尔街日报》编辑的威廉·汉密尔顿,撰写了很多应用道氏理论分析市场趋势的文章,为推广、完善和发展道氏理论做了大量工作,并于 1922 年出版了《股票市场的晴雨表》,确立了道氏理论在技术分析法中的地位。道氏理论被认为是股市技术分析理论的鼻祖,也是其他分析方法的理论基础。

二、道氏理论的主要内容

道氏理论认为,可以通过股票价格平均数的波动来研究整个股票市场的变动趋势。不论什么因素,股市指数的升跌变化都反映了公众的心态。这是道氏理论对股票市场的重大贡献。

股票价格的周期性变动可以分解成三种运动:主要趋势、次要趋势和短期波动。主要趋势如潮起潮落,持续时间长,波动幅度大;次要趋势如海浪翻腾,持续时间不长,峰谷落差较小;短期波动如浪花滚动,转瞬即逝,变动范围最小。三种运动合成了复杂的股价运动。

(一)主要趋势

主要趋势也称基本趋势、长期趋势,是大规模的、总体上的上下运动,通常持续一年或数年之久。

1. 牛市

如果股票市场每一个后续价位都上升到比前一个价位更高的水平,而每一次回调的低点都比前一次的低点高,那么这一主要趋势就是上升趋势,称为牛市。牛市可分为以下三个阶段。

(1)建仓。在这一阶段,有远见的投资者知道尽管当前市场萧条,但形势即将扭转,因而就在此时购入股票,并逐渐抬高其出价,以刺激抛售;而一般公众则远离股市,市场活动基本停滞,但也开始有少许反弹。

(2)一轮稳定的上涨。此时,交易量随着公司业务的好转而不断增加,公司的盈利也开始受到关注。在这一阶段里,技巧娴熟的投资者往往会得到最大的收益。

(3)随着公众蜂拥而上,市场高峰出现。所有信息都令人乐观,价格惊人地上扬,并不断创造新高,新股不断地大量上市。在这一阶段的最后一个时期,交易量惊人地增长,而卖空也频繁出现。

2. 熊市

如果股票市场每一个后续价位都下跌到比前一个价位更低的水平,而每一次反弹的高点都比前一次的低,那么这一主要趋势就是下降趋势,称为熊市。熊市也可分为三个阶段。

(1)出货。在这一阶段,有远见的投资者感到交易的利润已达至一个反常的高度,因而在涨势中抛出所持股票。尽管上涨趋势逐渐减弱,市场交易量仍居高不下,公众仍很活跃。但由于预期利润逐渐消失,行情开始显弱。

(2)恐慌阶段。买方少起来而卖方就变得更为急躁,价格跌势突然加速,成交量也迅速增加,价格几乎是直线落至最低点。在这一阶段之后,可能存在一个相当长的次等回调或盘整,然后开始进入第三阶段。

(3)持续性下跌阶段。那些在大恐慌阶段坚持过来的投资者此时或因信心不足而抛出所持股票,或由于目前价位比前几个月低而买入股票。此时,商业信息开始恶化,跌势并不快,但仍持续着,这是由于部分投资者因其他需要,不得不筹集现金而越来越多地抛出其所持股票。当坏消息被证实,而且预计行情还会继续看跌时,这一轮熊市就结束了,而且通常是在所有的坏消息公布之前就已经结束了。

3. 牛、熊市各自的异质性

没有任何两个熊市或牛市是完全相同的。有一些可能缺少三个典型阶段中的一个,一些牛市由始至终都在以极快速度上涨。一些短期熊市没有明显恐慌阶段,而另一些则以恐慌阶段结束。任何一个阶段都没有一定的时间限制,例如,在牛市的第三阶段投资者面对的是一个令人兴奋的投机机会,所以公众非常活跃。这一阶段可能持续至少一年,也可能不过一两个月。

(二)次要趋势

次要趋势又称中期趋势,是价格在沿着主要趋势演进过程中产生的重要反复,即在上涨的主要趋势中会出现中期回档下跌,在下跌的主要趋势中会出现中期反弹回升。

中期趋势一般并不改变长期趋势的发展方向,当中期趋势下跌时,其谷底一波比一波高,表示长期趋势仍将上升;当中期趋势上升时,其波峰一波比一波低,表示长期趋势仍为下跌。中期趋势与长期趋势的关系对比如图 5-1 所示。

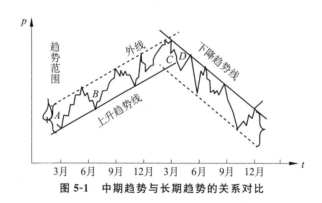

图 5-1　中期趋势与长期趋势的关系对比

中期趋势是长期牛市或熊市正常且必要的整理形态,是对股价暴涨暴跌的技术性修正,一般为主要趋势涨跌幅的 1/3～2/3。通常一个长期趋势中总会出现二、三次中期趋势,一次中期趋势历时几周到几个月不等。当股市出现回档下跌或反弹上升时,及时区分是中期变动还是长期趋势的根本转向非常困难,这降低了对大势研判的正确性。

(三)短期波动

短期波动又称为日常波动,持续的时间很短,一般小于 6 天。道氏理论认为,短期波动是由人为操纵形成的,与反映客观经济态势的中长期趋势存在本质的不同,既不重要又难以利用,可以不予理睬。鉴于此,证券市场的短期趋势一般不被人们作为重要趋势分析的对象。但必须承认,证券市场的短期波动也是形成中期趋势和长期趋势的基础。

此外,还要注意成交量在确定趋势中起着重要的作用。趋势的转折点是进行投资的关键,成交量所提供的信息有助于投资者作出正确的判断。通常,在多头市场中,价位上升,成交量增加；价位下跌，成交量减少。在空头市场中，当价格滑落时，成交量增加；在反弹时，成交量减少。这条规则有时也有例外，因为只根据几天的成交量是很难得出正确结论的。

此外，当一个新的主要趋势第一次确定后，如果不考虑短期的波动，趋势会持续下去，直到出现明确的反转信号。

三、对道氏理论的评价

（一）参考价值

道氏理论自问世以来，经历了时间的考验，曾经数次在股票市场长期趋势的转折关头发出及时、准确的信号，令很多人信服。作为股价理论的重要基础，道氏理论有一定的合理性。

1. 道氏理论具有合理的内核和严密的逻辑

道氏理论指出了股市循环和经济周期变动的联系，在一定程度上能对股市的未来变动趋势作出预测和判断，因而拥有很多信奉者，为投资大众所熟悉。

2. 道氏理论是最可靠的先导指标

依道氏理论编制的股票价格平均数和股价指数是反映经济周期变动的灵敏的晴雨表，被认为是最可靠的先导指标。

3. 道氏理论对以后的技术分析法有重大影响

尽管道氏理论主要是对股市变动的长期趋势作出预测，但后人却在道氏理论的基础上发展演绎出种种长期、中短期的技术分析方法。因此，道氏理论被视为技术分析法的鼻祖。

（二）局限性

道氏理论的创始者查理斯·道声称，其理论并不是用于预测股市，甚至不是用于指导投资者，而是一种反映市场总体趋势的晴雨表。根据定义，道氏理论是一种技术理论，是根据价格模式的研究来推测未来价格行为的一种方法。也有人认为，道氏理论在设计上是一种提升投机者或投资者知识的工具，并不是可以脱离经济基本条件与市场现状的一种全方位的严格技术理论。人们对道氏理论也提出过不少批评意见，主要涉及它的实用性和可靠性。

1. 侧重长期分析

道氏理论最明显的缺点是侧重于长期分析，而不能作出中短期分析，更不能指明最佳的买卖时机。道氏理论认为，股市存在着牛市和熊市相互循环转化的规律。因此，它主要用于预测股市的长期趋势，有助于长期投资分析，而对中短期变动的预期帮助不大。

2. 对市场逆转的确认具有滞后性

即使是对长期趋势的预测，道氏理论也无法预先精确地指明股市变动的高峰和低谷，对市场逆转的确认具有滞后性。

3. 不能刻画市场的复杂性

股票市场的实际变动，特别是长期趋势和中期趋势，并不像道氏理论表述的那样泾渭分明，人们很难将它们加以区分。分析家依道氏理论曾多次发出错误信号，使投资者遭受损失。

4. 无助于选股

道氏理论过于强调股价平均数，但股价平均数不等于整个股票市场，并非所有股票都与股价平均数同涨同跌,所以这一理论没有给投资者指出具体的投资对象。

5. 不一定适应经济背景的变化

由于道氏理论已经存在了上百年,有些内容在今天已经过时,需要更新。在道氏理论之后出现的许多新的技术分析方法,在一定程度上弥补了道氏理论的不足。

第三节　K 线理论与实战

一、K 线及其起源

(一) K 线的含义与基本形态

K 线又称蜡烛图、蜡烛线、日本线、阴阳线、棒线、红黑线等,是指将各种股票每日、每周、每月的开盘价、收盘价、最高价、最低价等涨跌变化状况,用图形的方式表现出来。K 线最上方的一条细线称为上影线,中间长方形为实体,下方的一条细线为下影线。根据不同的情况,K 线可分为阳线和阴线。

1. 阳线

当收盘价高于开盘价时,表示当期股价上升了,K 线中部的实体以空白或红色表示,称为阳线(见图 5-2)。此时,上影线的长度表示最高价和收盘价之间的价差,实体的长短代表收盘价与开盘价之间的价差,下影线的长度则代表开盘价和最低价之间的价差。

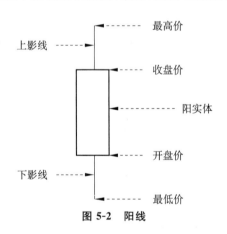

图 5-2　阳线

2. 阴线

当收盘价低于开盘价时,表示当期股价下降,中部的实体以黑色或绿色表示,称为阴线(见图 5-3)。此时,上影线的长度表示最高价和开盘价之间的价差,实体的长短仍代表收盘价与开盘价之间的价差,下影线的长度则代表收盘价和最低价之间的价差。

通过 K 线图,投资者能够把每日或某一周期的市况表现完全记录下来,股价经过一段时间的盘档后,在图上即形成一种特殊区域或形态,通过不同的形态显示出不同意义。投资者可以从这些形态的变化中摸索出一些规律。K 线图形态可分为反转形态、整理形态及缺口和趋向线等。

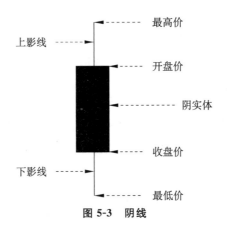

图 5-3 阴线

（二）K 线的起源与发展

K 线图起源于日本德川幕府时代，被当时日本米市的商人用来记录米市的行情与价格波动，后因其细腻独到的标画方式而被引入到股票及期货市场。目前，这种图表分析法在中国和整个东南亚地区仍在流行。由于用这种方法绘制出来的图表形状颇似一根根蜡烛，加上这些蜡烛有黑白之分，因而也叫阴阳线图表。

那么，为什么叫"K 线"呢？这是因为，在日本的"K"并不是写成"K"字，而是写作"罫"（日本音读 kei），K 线是"罫线"的读音，K 线图称为"罫线"，西方以其英文的第一个字母"K"直译为"K"线。

随着时代的发展变化，K 线分析法开始渗入期货市场、外汇市场以及股票市场。尽管在不同的市场中，买卖策略和买卖方式可能存在较大的差别，但 K 线分析法在不同的市场中都能表现出极强的描述和测市功能。因此，K 线分析法多年来一直盛行于海内外，为各类市场中的投资者所喜爱。

二、K 线图的主要形状及其市场含义

不同的开盘价、收盘价、最高价与最低价绘制出来的 K 线形态有着极大的差别，而不同形态的 K 线图形又反映了不同的市场态势。只有熟悉了各种形态的 K 线图形，才能对市场走势进行正确的分析。图 5-4 所示为 K 线的基本种类。

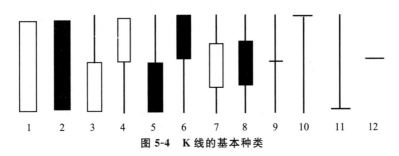

图 5-4 K 线的基本种类

1. 光头光脚的阳线

光头光脚的阳线即没有上影线和下影线,只有阳实体的图形。这表示开盘价为最低价,股价呈上升趋势,收盘于最高价。阳线表示买方的力量占据优势,阳线越长,这种优势越明显。

2. 光头光脚的阴线

光头光脚的阴线即没有上影线和下影线,只有阴实体的图形。这表示开盘价即是最高价,股价一路下跌,收盘于最低价。阴线说明卖方的力量占据优势,阴线越长,这种优势越明显。

3. 光脚阳线

光脚阳线即由上影线和阳实体组成的图形,没有下影线。这种图形说明开盘价为最低价,开盘后股价攀升,逐渐受到卖方的压力,到最高价处上升势头受阻,价格掉头回落,但收盘价仍比开盘价高。这种图形表示总体上买方的力量比卖方强,但是在高价位处卖方占有优势。这种图形属上升抵抗型。买卖双方力量的对比可以根据上影线与实体长度的比例来判断。实体越长,上影线越短,说明买方的优势越明显;反之,说明买方的优势越弱。在上升趋势的后期,出现上影线很长,阳线实体很短的图形,往往表明上升趋势疲软,是发生逆转的前兆。

4. 光头阳线

光头阳线即由下影线和阳实体组成的图形,没有上影线。这种图形表示开盘后价格一度下探,在最低价位处得到支撑,然后一路上扬,在最高价位收盘,属于先跌后涨型。这种图形说明买方经受了抛盘的压力,开始显示出优势。双方力量的对比可以从实体与下影线的长度的比例中看出来。实体越长,买方的优势越明显。

5. 光脚阴线

光脚阴线即由上影线与阴实体组成的图形。这种图形表明开盘后价格曾经上升,在最高价位处受阻回落,在最低价位处收盘,属于先涨后跌型。这种图形说明卖方的力量占优,使得买方未能成功抬高股价。实体部分越长,影线越短,表示卖方的力量越强。

6. 光头阴线

光头阴线即由下影线与阴实体组成的图形。它表示开盘后,价格顺势下滑,在最低价位受阻后反弹上升,但收盘价仍低于开盘价,为下跌抵抗型的图形。这种图形说明,在开始阶段,卖方的力量占优;在价格下跌的过程中,卖方的力量逐渐削弱;在收盘前,买方力量稍稍占优,将股价向上推动。但从整个周期来看,收盘价没有超过开盘价。买方的力量仍占下风。实体越长,表示买方力量越弱。

7. 有上、下影线的阳线

有上、下影线的阳线即带有上、下影线,实体为阳线的图形。这是一种价格震荡上升的图形,在总体上,买方力量占优,价格有所上升。但是,买方在高价位处受到卖方的抛压形成上影线;在低价位区,卖方的力量并不占优,因而形成了下影线。这种图形中对于买卖方优势的衡量,主要依靠上下影线和实体的长度来确定。一般来说,上影线越长,下影线越短,实体越短,越有利于卖方;上影线越短,下影线越长,实体越长,越有利于买方。

8. 有上、下影线的阴线

有上、下影线的阴线即带上、下影线,实体为阴线的图形。这是价格震荡下挫的图形,虽然总体上卖方力量占优,但是买方在低价位区略占优势,遏制了价格的跌势,形成了下影线。上、下影线越长,表明买卖双方的较量越激烈,股价上下震荡越大。实体部分的比例越大,则说明卖方的优势越大;反之,说明双方力量的差距较小。

9. 十字形

十字形即只有上下影线,实体长度为零的图形。它表示开盘价等于收盘价,买卖双方的力量呈胶着状态。当影线较长时,说明双方对现行股价的分歧颇大。因此,这种图形常常是股价变盘的预兆。

10. T 字形

T 字形即由下影线和长度为零的实体组成的图形。它表示交易都在开盘价以下的价位成交,并以最高价收盘,属于下跌抵抗型。这种图形说明卖方力量有限,买方力量占有优势;而且,下影线越长,优势越大。

11. 倒 T 字形

倒 T 字形即由上影线和长度为零的实体组成的图形。它表示交易都在开盘价以上的价位成交,并以最低价收盘,属于上升抵抗型。这种图形说明买方力量有限,卖方力量占有优势;而且,上影线越长,优势越大。

12. 一字形

一字形是一种非常特殊的形状,表示全部的交易只在一个价位上成交。在实行涨跌停板制度下,开盘后直接到涨跌停板并维持到收盘时,会出现这种情况;一些冷门股也可能会发生这种情况。

总而言之,指向一个方向的影线越长,越不利于股票价格日后向这个方向变动。

三、K 线图的组合应用

单根 K 线图只能反映一天、一周或一个月内供求力量的对比。而进行几根相邻的 K 线图的组合分析,则往往能通过价格的连续变化,动态地反映供求力量的消长。技术分析使用者经常用几个月甚至数年的日 K 线的变化来分析股价中长期的趋势。

熟悉了单根 K 线的价格走势特点之后,可尝试着将两根、三根、多根 K 线结合起来分析行情。由于 K 线的种类较多、每种 K 线依其实体和影线的长短不同又有变化,将两根至多根 K 线组合起来分析,可变幻出几十种甚至上百种不同的组合。对 K 线的判断和应用,应掌握以下几条原则。

（一）分析实体的长短

阳线的实体越长,买方的力量越强;阴线的实体越长,卖方的力量越强。两根或三根 K 线组合在一起时,如果同是阳线,且后面的阳线实体与前面的阳线相比一根比一根长,表明买方占绝对优势,股价涨势还将增强;如果后面的阳线与前面相比。渐次缩短,表明买方气势已开始减弱,股价涨幅有限。如果同是阴线则相反,两根或三根阴线,后面比前面的长,说明卖方势强，股价还会进一步下跌；阴线渐次缩短，说明卖方力量开始衰退，股价下跌势头趋缓。

（二）分析上影和下影的长短

上影长，说明买方将股价推高后遇空方打压，上影越长，空方阻力越大；下影长，说明买方在低价位有强力支撑，下影越长，支撑力越强。

（三）两根、三根 K 线的相互关系

如果紧连的两根或三根 K 线分别为阳线或阴线，则要注意分析它们之间的关系，着重比较收盘价的相对关系。以两根 K 线为例，如果第一根是阴线，第二根为阳线，要看第二根 K 线的收盘价是否高于第一根 K 线的收盘价、是否超过第一根 K 线实体的 50%、是否高于阴线的开盘价、是否将前一日阴线全部包入。阳线收盘价位置越高，表明买方力量越强。如果第一根是阳线，第二根是阴线，则看阴线的收盘价是否低于阳线的收盘价、是否低于阳线实体 50%、是否低于阳线的开盘价，即将前一日阳线全部包入。阴线收盘价越低，卖方力量越强。三根或多根 K 线组合也可依上述办法分析。

（四）分析 K 线是否组成某一形态

进行多根 K 线组合分析时，要注意其是否已组成某一反转或盘整形态。若已组成形态，则应按形态特点分析，而不必过于拘泥于 K 线的关系要特别注意突破形态的 K 线，如以大阳线向上突破或大阴线向下跌破，加上量的配合，均是突破明确的信号。

（五）分析 K 线在一个较大行情中的位置

分析 K 线时，要胸有全局，不能只见树木不见森林。特别要注意，如果高价圈和低价圈中出现大阳线、大阴线和十字转机线，则将它们放在整个行情走势中进行分析判断。

K 线组合形态有着极其丰富的内容。投资者应当在进一步学习的基础上，在实践中不断探索，总结规律，才能熟能生巧，运用自如。应用 K 线图组合进行分析时应注意，无论是一根 K 线，还是两根及多根 K 线的组合，都是对多空双方争斗的描述；由它们的组合得到的结论都是相对的，而不是绝对的。对于买卖股票的投资者而言，分析结论只是起到建议的作用。也就是说，结论为涨，股票不一定就涨，而是指日后上涨的概率较大。

第四节　切线理论与实战

在股票市场上，"顺势而为，逆势不动"是一个共识。这里的"势"就是趋势，而对于如何把握"势"，有很多不同的说法。在这里，切线理论提供了一种技术分析方法。根据一定的方法和原则，在使用股票价格数据所绘制的图表中画出一些直线，然后根据这些直线的情况推测股票价格的未来趋势，这些直线就称为切线，依据切线进行的技术分析理论就是切线理论（tangent theory）。

一、股价趋势与趋势线

（一）股价趋势与股价趋势线的含义

股价趋势是股票价格市场运动的方向。股价每日都有涨跌变化,但在一定时间内总保持着一定的趋势,这是由股价的变化规律所决定的。

股价趋势线(trendline)是用来呈现某一股票过去价格走势的线。

（二）股价趋势的分类

1. 按照股价运动方向

从其运动的方向看,股价趋势可分为上涨趋势、下跌趋势、水平趋势三种。需要注意的是,股价的运动趋势并非始终保持直线的上升或下跌。在一个上涨的趋势中,会出现几次下跌的修正行情,但这种修正并不影响涨势;在下跌的行情中途出现几次暂时的回升,同样也不能改变跌势。

（1）上涨趋势。上升趋势也叫涨势,表现为各次级波动的低点一点比一点高(见图5-5)。若将过去的各个低点相连,可形成一条向上倾斜的直线,这就是上升趋势线。图5-5中,p 代表股票在该交易日收盘时的价格,t 代表时间长度。

（2）下跌趋势。下降趋势也叫跌势,表现为各次级波动的高点一点比一点低(见图5-6)。将各个高点相连,可形成一条向下倾斜的直线,这就是下降趋势线。

（3）水平趋势。水平趋势也叫水平移动、横盘、横向整理趋势,表现为各次级波动的最高点和最低点基本上在同一水平线上或在某一箱形中作横向移动(见图5-7)。连接各次级波动的最低点,可形成一条水平移动线。

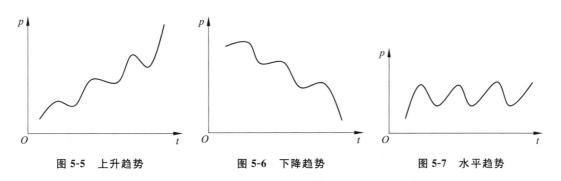

图5-5 上升趋势　　　　　　图5-6 下降趋势　　　　　　图5-7 水平趋势

2. 按照股价移动时间

股价趋势从其移动时间看,可分为长期趋势、中期趋势和短期趋势。

若干个同方向的短期趋势可形成一个中期趋势,若干个同方向的中期趋势又可形成一个长期趋势。当影响长期趋势的因素作用发挥殆尽,长期趋势不能再延续时,就会朝相反方向反转而转变成另一长期趋势。股价运动就是如此周而复始,循环往复的。

3. 按照主次

根据本章第二节道氏理论的分类,股价趋势分为主要趋势、次要趋势和短期波动,其分别对应长期、中期和短期趋势。

1）主要趋势

主要趋势又称长期趋势,通常运行时间在一年以上。主要趋势是价格运行趋势的基本趋势,是投资者努力要弄清楚的方向性问题。只有了解了主要趋势,投资者才能做到顺势而为。

2）次要趋势

次要趋势又称中期趋势,通常运行时间为 3 周到 3 个月之间。当价格持续上涨到一定阶段时,往往会进行局部的调整,这个调整的任务是由次要趋势来完成的。此时的价格调整幅度可能是主要趋势波幅的 1/3、1/2 或 2/3;如果调整过多,那就不是价格调整,而是主要趋势反转了。3 周到 3 个月是次要趋势运动时间,往往也是投资者做波段交易的主要时间段。

3）短期波动

短期波动又称短期趋势,一般运行时间在 3 周内。短期波动是在次级趋势中进行的价格调整运动,它多数时候与主要趋势方向相同。短期波动可以调整到中期趋势波幅的 1/3、1/2 或 2/3,如果调整过多,就不是价格调整,而是主要趋势继续发力了。

（三）股价趋势线的画法

画股价趋势线(见图 5-8)的关键在于选择两个具有决定意义的点。

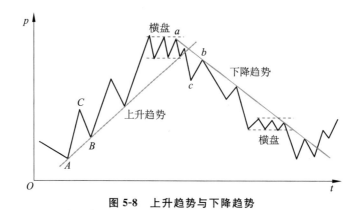

图 5-8　上升趋势与下降趋势

（1）上升趋势线。决定上升趋势时需要两个反转低点(如图 5-8 中的 A 和 B 两点)。当股价下跌到某一低价 A 点后旋即回升,随后再下跌至 B 点,但没有跌破前一个低点 A,再度迅速上升,由这两个低点 A 和 B 连接成的直线就是上升趋势线。

（2）下降趋势线。决定下跌趋势时以则需要两个反转高点(如图 5-8 中的 a 和 b 点)。股价上升到某一价位 a 时开始下跌,随后回升却未能突破前一个高点 a 点,回升至 b 点时再度迅速下跌,由 a 和 b 点这两个高点连成的直线就是下降趋势线。

（3）趋势线的修正。最早的趋势线画出以后,有时不能得到股价的确认,还需作出修正。如果股票价格在画出趋势线后的短短几天内跌破上升趋势线或涨过下降趋势线,说明股价仍在盘整,尚未真正形成趋势。真正趋势的形成是股价变动在一定时期内始终在上升趋势线的上方或下方,甚至始终与趋势线保持一段距离。通常,过于陡峭的趋势线需要修正的机会较多。

（4）K线图形趋势线画法。由于K线有开盘价、收盘价、最高价、最低价之分，连接K线图形趋势线可按下列原则处理。

① 上升趋势线可连接两根决定性阳线的开盘价或最低价。

② 下降趋势线可连接两根决定性阴线的开盘价或最高价。

（四）趋势线的有效性

趋势线画好以后，可从以下三个方面验证它的有效性。

1. 趋势线被触及的次数

股价变动中触及趋势线的次数越多，趋势线越可靠，趋势线的支撑及阻力效用越强，一旦被突破后的市场反应也越强烈。

2. 趋势线的倾斜度

趋势线的斜率越大，可靠性越低，阻力作用和支撑作用也越弱，以后很容易被突破或修正。在股价变动趋势形成初期，如果出现斜率很大的趋势线，即使突破也不会改变股价的变动方向，这种情况可视为修正。

3. 趋势线的时间跨度

趋势线跨越的时间越长，可靠性越高，支撑或阻力的效力越大。

（五）趋势线有效突破的确认

趋势线经过一段时间后终会被突破，关键是要及时确认是改变行情变化方向的有效突破，还是因某一偶然因素作用的无效突破。

1. 收盘价突破

如果在某一交易日的交易过程中，股价曾以最高价或最低价突破趋势线，但收盘价仍未突破趋势线，这种突破不可确认。

2. 连续两天以上的突破

趋势线被突破后市场价格连续两天以上向突破方向发展，可视为有效突破。

3. 连续两天创新价的突破

在上升趋势线被突破后，连续两天创新低价；或是下跌趋势线被突破后，连续两天创新高价，均可视为有效突破。

4. 长期趋势线突破

时间跨度很长的趋势线一旦被突破，说明大势反转的可能性大，股价反向变化的力度强，形成新趋势线的时间跨度也大。

5. 与成交量配合的突破

股价从下降的趋势转为上升的趋势，必须要有成交量配合。当股票价格向上突破下降趋势线时，成交量随之放大，可视为有效突破。但是，股价下跌突破上升趋势线，则不一定需要成交量增加。当股价向下跌破趋势线后，如果跌幅不深，那么成交量不一定增加，甚至会有所萎缩；但是当股价回弹至趋势线下方，成交量明显放大，股价立即快速下跌，则可确认上升趋势线已被有效突破。

6. 趋势线与形态同时突破

趋势线一旦与股价形态同时被突破,则会产生叠加效应,突破后股价走势力度加大,可视为有效突破。

二、支撑线与压力线

(一)支撑与支撑线

在一段时间内,股票价格会多次出现上升到某一价位时就不再继续上升,或下跌到某一价位时就不再下跌的情况,这就表明股价运动遇到了压力和支撑。

1. 支撑

支撑是指股价下跌到某一价位附近,会出现买方增加、卖方减少的情况,从而使股价暂停下跌甚至反弹上升,该种情况就是股价遇到了支撑。

2. 支撑线

支撑线(support line)又称抵抗线,它起阻止股价继续下跌的作用,而这个起着抵抗、阻止股价继续下跌的价位就是支撑线所在的位置,或者,股价下跌时的关卡称为支撑线。支撑线既有上升支撑线,又有下跌支撑线(见图 5-9)。

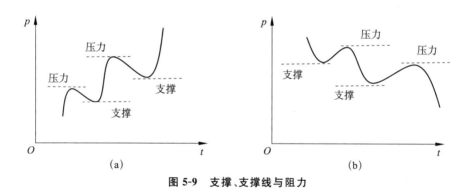

图 5-9　支撑、支撑线与阻力

(二)压力与压力线

1. 压力

压力也称阻力,是指股价上升到某一价位附近时会出现卖方增加、买方减少的情况,使股价上涨受阻甚至反转下跌,这种情况就是股价遇到了压力或阻力。

2. 压力线

压力线(pressure line)也称阻力线(resistance line),在股价上升受阻的价位附近画出的趋势线就称为压力线(见图 5-9)。

(三)支撑与压力的转换

实际上,支撑线和压力线的设定主要是从人的心理因素方面考虑的,两者之间的相互转化同样是从心理角度方面考虑的(见图 5-10)。支撑线和压力线之所以能起支撑和压力的作用,在很大程度上是出于心理因素方面的原因,这就是支撑线和压力线理论上的依据。当然,心理因素并不是唯一的依据,但肯定是其主要依据。

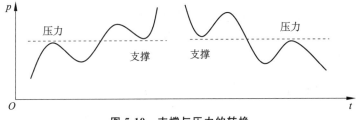

图 5-10　支撑与压力的转换

1. 压力变支撑

如图 5-10 左半部所示,假设股价在一个支撑区域停留了一段后开始向上移动,在此支撑区买入股票的多头们会认为自己买对了,并对自己没有多买入些而感到后悔。在支撑区卖出股票的空头们会认为自己弄错了,希望股价再跌回他们的卖出区域,让他们再将原来卖出的股票补回来。而旁观者中的持股者的心情和多头相似,持币者的心情同空头相似。无论是这四种人中的哪一种,都有买入股票、成为多头的愿望。

由于这四种人决定要在下一个买入的时机买入,所以使股价稍一回落就会受到大家的关心。他们会或早或晚地买入股票,这就使价格还未下降到原来的支撑位置时,就又被推上去。在该支撑区发生的交易越多,就说明越多的股票投资者在这个支撑区有切身利益,这个支撑区就越重要。

2. 支撑变压力

如图 5-10 右半部所示,假设股价在一个支撑位获得支撑后,停留了一段时间开始向下移动,而不是像前面假设的那样是向上移动。对于上升,由于每次回落都有更多的买入,因而产生新的支撑位;而对于下降,跌破了该支撑位,情况就截然相反了,买者会减少,卖者会增加。在该支撑区买入的多头都意识到自己错了,会有抛出股票、逃离市场的想法。一旦股价有些回升,即便尚未到达原来的支撑位,也会有一批股票抛压出来,于是再次将股价压低。

这些分析的附带结果是支撑和压力地位的相互转变。如上所述,一个支撑如果被突破,那么这个支撑将成为压力;同理,一个压力如果被突破,这个压力将成为支撑。这说明,支撑和压力的界定不是一成不变的,而是可以改变的,条件是它被有效的足够强大的股价变动所突破。

（四）支撑与阻力的形成

股价运动在某一价位水平附近形成支撑和阻力的依据如下。

1. 历史上的成交密集带

股票交易曾在某一区域内出现价格反复波动或交易量巨大的情况,说明其在这一区域间换手率高,堆积着大量的筹码,股价再次接近这一区域就会遭到抵抗而形成支撑或受阻。

2. 百分之五十原则

股价上涨到一定程度时,会有投资者卖出而获利了结,下跌到一定程度也会有投资者逢低吸纳。因此,当股价回复到以前大涨大跌行情的百分之五十左右时,会成为技术的出货和入货点,形成阻力线和支撑线。

3. 过去出现过的最高点和最低点

股票价格水平的高低没有绝对标准,而是相对而言的,投资者会不自觉地将当前的股价与过去曾出现的价格进行比较。当股价下跌到过去的最低价位区域时,买方会增加大量的买盘使股价站稳;当股价上升到过去的最高价位区域时,卖方会增加大量的卖盘形成巨大压力,于是形成了支撑与阻力。

（五）支撑与压力有效性的判断

趋势线方法为投资者提供了很多价格移动可能存在的支撑线和压力线,而这些支撑线和压力线对判断行情发挥着重要的作用。但是,应该明确的是,支撑线和压力线有突破和不突破两种可能,在实际应用中会产生一些令人困惑的现象,往往要等到价格已经离开了很远的时候才能返回来确认突破是否成功。

用各种方法得到的支撑线和压力线,其价位仅仅是一些参考的价格,而不能把它们看成万能的工具而完全依赖它们。股票市场中影响价格波动的因素很多,支撑线和压力线仅仅是众多因素中的一个,要同时考虑多方面的因素才能提高判断正确的概率。

1. 上升趋势中支撑线的确认

在上升轨道中,股价回档至支撑线附近或在支撑线附近盘档,如果此时阳线强而阴线弱,则支撑线将有效,股价会反弹并继续上扬。反之,若阳线弱而阴线强,支撑很可能会无效。

2. 下降趋势中阻力线的确认

在下降轨道中,股价反弹至阻力线附近或在阻力线附近盘档,若阴线强而阳线弱,且成交量没有放大,则阻力将有效,股价会再次下跌走软。反之,若阳线强而阴线弱并有大成交量配合,则股价很可能会冲破阻力线,结束下跌走势。

（六）支撑与阻力的分析要点

1. 支撑与阻力的原义就是支撑能止住回档,阻力会止住反弹

一个上升趋势的回档回到支撑线附近时,将止跌回稳;而下降趋势跌至支撑线附近也可得到支撑,不再进一步下跌。一个下跌趋势的反弹回升到阻力线附近将受阻回落,而上升趋势升至阻力线附近也会被止住继续上升的势头。一旦形成了支撑与阻力,投资者即可在一定时间内预期未来股价涨跌的界限与区间。

2. 支撑线与阻力线的突破是有效突破

当股价上升到阻力线遇到阻力而未跌落,在阻力线附近盘旋数日,接着伴随着大成交量而一举越过阻力线,这是决定性的突破,表明股价将有上涨行情。反之,当股价下降至支撑线附近而未能反弹,跌破支撑线,可视为向下有效突破。

3. 支撑线与阻力线有互换性

阻力线一旦被突破就转变成上升行情的支撑线,那么将来股价回跌到此时将止跌回稳。支撑线一旦被突破就转变为下跌行情的阻力线,将来股价反弹到此时将受阻回跌。

4. 支撑线与阻力线的突破是观察中期趋势、长期趋势的重要信号

股价突破次级支撑或阻力,通常可视为中级行情反转的第一信号;而突破中级支撑或阻力,则可视为长期趋势反转的第一信号。

三、轨道线

在一段时间内,股价会在下有支撑、上有阻力的空间内螺旋行进,而在互相平行的支撑线和阻力线之间形成的区间被称为"轨道",相应的支撑线就成了轨道的下线,压力线就成了轨道的上线。

(一)轨道线的含义

轨道线(channel line)又称通道线或管道线,是基于趋势线刻画的一种描述股价波动的线。在已经得到了趋势线后,通过第一个峰和谷可以做出这条趋势线的平行线,这条平行线就是轨道线(见图 5-11)。

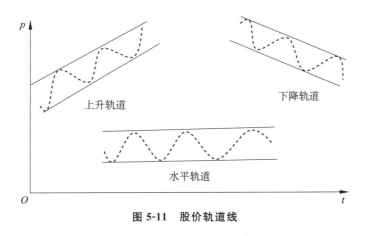

图 5-11　股价轨道线

轨道线是趋势线概念的延伸,当股价沿道趋势上涨到某一价位水准时会遇到阻力,而回档至某一水准价格时又会获得支撑。当轨道线确立后,投资者就非常容易找出高、低价位之所在,进而做出判断并操作股票。

(二)轨道线的分类

按股价运动方向,可将轨道分为上升轨道、下降轨道和水平轨道,如图 5-11 所示。

(三)轨道线的突破

与突破趋势线不同,对轨道线的突破并不是趋势反转的开始,而是趋势加速的开始,即原来的趋势线的斜率将会增加,趋势线的方向将会更加陡峭(见图 5-12)。

轨道线被触及的次数越多,延续的时间越长,其被认可的程度和其重要性就越高。轨道线的另一个作用是提出趋势转向的警报:如果在一次波动中股价未触及轨道线,离得很远就开始掉头,这往往是趋势将要改变的信号。这说明,市场已经没有力量继续维护原有的上升或下降的规模了。

轨道线是基于趋势线产生的。很显然,先有趋势线,后有轨道线。趋势线比轨道线重要得多。趋势线可以独立存在,而轨道线则不能。

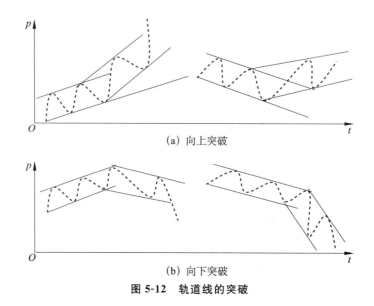

(a) 向上突破

(b) 向下突破

图 5-12　轨道线的突破

四、趋势变化中的特殊情况——缺口

(一) 缺口的含义

K 线图的缺口(gap)是指由于受到利好或利空消息的影响,股价大幅度上涨或下跌,致使股价的日线图出现当日成交最低价超过前一交易日最高价或成交最高价低于前一交易日最低价的现象。通常情况下,如果缺口未被迅速回补,表明行情有延续的可能;如果缺口被回补,则表明行情有反转的可能。

或者说,缺口是指股票价格在大幅度快速上升或下跌的过程中出现的,股价因没有发生交易而在股价趋势图上表现为一个空档的现象。

缺口的形成通常是因为当日开盘价出现跳空高开、继续高走,或是跳空低开、继续低走。在 K 线图中,K 线实体间有空档而影线相连的情况,不能称为缺口。缺口一般都会被未来股价的变动封闭,称为补空。一般认为,缺口会在短期内被下一个短期趋势封闭。如果未能在短期内被封闭,就有可能被下一个中期趋势封闭,甚至被下一个长期趋势封闭。

(二) 缺口的类型及实战价值

缺口的出现是多空双方力量对比相差悬殊的表现,而缺口的封闭则是双方力量发生转化的结果。缺口分析是根据股价变动形成缺口的位置及大小,预测股价走势的强弱,判断股价是整理、突破还是已接近涨跌趋势的尽头。缺口分析是研判各种股价变化形态时有力的辅助工具。

缺口主要分为普通缺口、突破缺口、持续性缺口与衰竭性缺口四种(见图 5-13)。

1. 普通缺口

(1) 形成。普通缺口经常出现在密集的交易区域,因此许多需要较长时间形成的整理

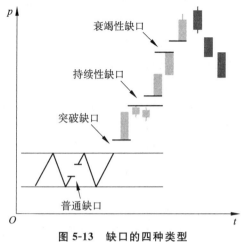

图 5-13 缺口的四种类型

或转向形态(如三角形、矩形等)都可能在这类缺口形成,如图 5-13 所示。此时的股价尚未脱离形态上升或下降,可判断短期内股价仍处于盘整阶段。也就是说,形态内的缺口并不影响股价在短期内的走势。

(2)实战价值。由于股价在某一形态内波动时上下振幅有限,所以,普通缺口一般会在几天之内被封闭,它几乎没有什么技术操作上的意义。普通缺口在整理形态时出现的机会要比在反转形态时大得多,所以当发现发展中的三角形和矩形有许多缺口时,就应该增强它是整理形态的信念。

2.突破缺口

(1)形成。突破缺口是股价跳出形态而产生的缺口。当股价跳出交易密集区域并产生一个缺口时,表明价格走势已经突破盘局,将以相当的动能向突破方向推进,属于有效突破。股价一旦跳出交易密集的形态,则原来的形态就成了支撑地带或阻力地带。

通常导致突破缺口的 K 线是强有力的长阳线或长阴线,表示多空双方的力量对比发生了显著的变化。突破缺口越大,表示未来行情变动的力度越大。突破缺口向上突破,必须要有大成交量的配合。随着股价的向上一跃,成交量也随之放大,表明股价上升的动能很大,缺口不会在短期内被封闭,有效突破的可信度增强。股价向下突破的成交量不放大,也可确信它的有效。

(2)实战价值。突破缺口在技术分析上有重要的参考价值,经常在重要的转向形态(如头肩式)的突破时出现。这类缺口可帮助投资者辨认突破讯号的真伪。如果股价突破支持线或阻力线后以一个很大的缺口跳离形态,可见突破强而有力。突破缺口一旦形成,行情走势必将向突破方向的纵深发展。所以,突破缺口形态确认以后,无论价位(指数)的升跌情况如何,投资者都必须立即做出买入或卖出的指令,即向上突破缺口被确认,则立即买入;向下突破缺口被确认,则立即卖出。

3.持续性缺口

(1)形成。持续性缺口又称逃逸缺口,是股价突破形态后在大幅度急速直线运行的途中产生的缺口。它表明买卖双方力量对比悬殊,股价还会有上升或下跌行情,缺口一般不会在短期内被封闭。如果在行情急速移动过程中出现两个缺口,则未来股价变动的中点就在这两个缺口之间，可以据此预计未来股价变动的终点价位。如果在股价急速行进过程中连续出现持续缺口，则表示股价离行情终点已相距不远。

持续性缺口出现的机会较少。在股价突破形态后快速运动过程中的第一个缺口一般是持续性缺口。持续性缺口已脱离交易密集区，通常在股价直线运动的过程中产生。

（2）实战价值。持续性缺口的技术分析意义最大。它通常是在股价突破后从远离形态至下一个反转或整理形态的中途出现。因为根据持续性缺口能初步预测股价未来可能移动的距离，所以又称为测量、量度缺口。其量度的方法是从突破点到持续性缺口起始点的垂直距离，就是未来股价将会达到的幅度；或者说，股价未来所走的距离，和过去已走的距离一样。

4. 衰竭性缺口

（1）形成。衰竭性缺口又称终止缺口、消耗缺口、竭尽缺口，是股价已达快速变动的终点，即将进入一个反转或整理形态而产生的缺口。衰竭性缺口是多头市场或空头市场已近尾声的信号，股价在近日内会跌落或回升，因此多半会在3～5日内被封闭。

判断衰竭性缺口的依据是在上升行情中出现缺口的当日或次日成交量特别大，预计将来一段时间内不可能出现比这个更大的成交量或维持这一成交量，在下跌行情中，出现缺口当日的成交量则极度萎缩；衰竭性缺口出现在股价已快速运行了一段时间，远离密集成交区后；股价跳出形态后的第一个缺口是持续性缺口，以后的每一个缺口都可能是衰竭性缺口；衰竭性缺口的跳空距离一般比前一个缺口大。

如果缺口出现后的第二日股价有当日反转的情况，而收盘价停在缺口边缘，就更加可以肯定是衰竭性缺口。通常衰竭性缺口大多在恐慌性抛售或消耗性上升的末段出现。

（2）实战价值。衰竭性缺口的技术分析含义十分明确，它清晰地告诉投资者原来的上升或下跌行情已告一段落。如果在上升途中，表示即将下跌；若在下跌趋势中出现，就表示即将回升。不过，衰竭性缺口并非意味着行情必定转向（尽管有转向的可能）。在缺口发生的当天或后一天若成交量特别大，而且趋势似乎无法随成交量而有大幅的变动时，这就可能是衰竭性缺口。假如在缺口出现的后一天，其收盘价停在缺口边缘，形成了一天行情的反转时，就更可确定这是衰竭性缺口了。

衰竭性缺口很少是突破前一形态大幅度变动过程中的第一个缺口，绝大部分的情形是它的前面至少会再现一个持续性缺口。因此可以假设，在股价快速上升或下跌变动中期出现的第一个缺口为持续性缺口，但随后的每一个缺口都可能是衰竭性缺口——尤其是当这个缺口比前一个空距大时，更应特别注意。

5. 其他缺口

（1）岛形缺口。岛形缺口是指股价在同一价位区发生两个缺口，即股价上升或下跌行情出现终止缺口后，股价横向盘整了一段时间，然后向相反方向变动，在先前终止缺口价位跳空下跌或上升，形成突破缺口。由于两个缺口发生在相同价位区，盘整密集区看上去像一个孤立的小岛，因此称为岛形缺口（见图5-14）。岛形缺口的出现通常表示一个中长期行情的终结。

（2）除权除息缺口。由于制度因素等原因，在上市公司送股、配股后，总股本增多，每股收益相对送、增股本以前摊薄，股价也随即降低，此时会出现除权除息缺口，表现在除权价与股权登记日的收盘价之间的跳空（见图5-14）。

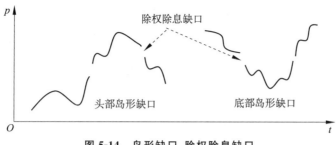

图 5-14　岛形缺口、除权除息缺口

除权除息缺口的出现为股价在新的一轮波动中提供了上升空间,诱发填权行情。当然,股价也可能出现相反走势,导致贴权现象。

第五节　形态理论与实战

形态理论(morphological theory)是股票技术分析的重要组成部分之一。该理论通过对市场横向运动时形成的各种价格形态进行分析,并且配合成交量的变化,推断出市场现存的趋势将会延续还是反转。简言之,形态理论是通过研究股价所走过的轨迹,分析和挖掘出曲线的一些多空双方力量的对比结果,进而指导投资行动。股票价格的形态主要分为反转形态和整理形态(或持续形态)两种。

一、反转形态

(一)反转形态的定义

反转形态(reversal patterns)也称反转突破形态,它的出现代表股价运动将出现方向性转折,即:由原来的上升行情转变为下跌行情,或由原来的下跌行情转变为上升行情。

反转形态出现的前提条件是原来确实存在着股价上升或下降的趋势,而当股价运动打破了一条重要趋势线时,可认为大势将发生反转。通常,反转形态的规模越大(即形态中股价波动幅度大、形态跨越区域大、形成时间长),则形态潜在的能量也越大,反转后的价格变动也越剧烈;反之,则股价变动的幅度也小。

(二)反转形态的主要类型

比较常见的反转突破形态主要有头肩顶、头肩底、双重顶、双重底、三重顶、三重底、圆形顶、圆形底、喇叭形、菱形、V形反转等,在实际案例中多为这些抽象图形的近似形态。

1. 头肩顶和头肩底

1) 头肩顶(head and shoulders top)

头肩顶是最为常见的反转形态图表之一。头肩顶是在上涨行情接近尾声时的看跌形态,图形以左肩、头部、右肩及颈线构成。其前提条件是,股价在长期上升后堆积了大量成交量,获利回吐压力增强,上升趋势慢慢失去能量,升幅趋缓(见图5-15)。

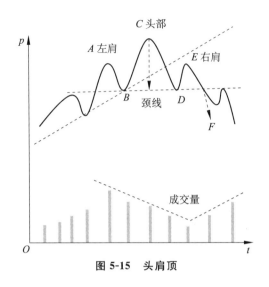

图 5-15　头肩顶

　　头肩顶的形成是左肩(A 点)成交量大,随后股价回落至 B 点。之后,股价回升并创出新高(C 点),价位超过左肩但成交量却有所减少,头部形成。最后,股价第三次上升,价位达不到左肩的高度(E 点)即回跌,成交量显著下降。在两肩的颈部 B 点和 D 点之间划一条趋势线,即颈线。当股价第三次下跌急速穿过颈线时,头肩顶完成。贵州茅台(600519)在2020 年 12 月至 2021 年 7 月、宁德时代(300750)在 2021 年 6 月至 2022 年 3 月均走出了头肩顶形态。

　　当股票的收盘价或收盘指数突破颈线幅度超过股票市价 3％时可认为是有效突破。股价向下突破颈线时,成交量不一定放大;但反弹至颈线附近时成交量会放大,并且在以后的下跌过程中成交量也会放大。颈线一旦被突破就会成为反弹的阻力线,股价反弹一般很难再向上穿破颈线。如果股价向上穿过颈线,原来判定的头肩顶即告失败,那么,可判断前面发出的反转信号有误,股价还会继续上升。股价有效突破颈线后,预计最小的下降幅度相当于头部到颈线的距离。

　　2)头肩底(head and shoulders bottom)

　　与头肩顶相反,头肩底是一种典型的趋势反转形态,是在行情下跌尾声中出现的看涨形态,图形以左肩、底、右肩及颈线形成(见图 5-16)。

　　头肩底与头肩顶的显著区别在于成交量的变化。股价在形成头肩底的左肩、头部与第一次反弹时,成交量没有明显增加,甚至有所减少;形成头部后反弹时,成交量放大;形成右肩后,成交量萎缩;突破颈线上升时,必须有大成交量配合。

　　同样,当股票以收盘价或收盘指数突破颈线幅度超过 3％,并有大成交量伴随时,可认为是有效突破。此后颈线转变为支撑线,股价回档会在颈线处站稳反弹。突破头肩底颈线后,股价的最小上升幅度为底部至颈线的垂直距离。民生银行(600016)在 2022 年 9 月至2022 年 12 月、山东高速(600350)在 2021 年 10 月至 2022 年 1 月的股价均走出头肩底形态。

　　2. 复合头肩顶和复合头肩底

　　复合头肩顶和复合头肩底是头肩式(头肩顶和头肩底)的变形,其走势形状和头肩式十分相似,只是肩部、头部或两者同时出现多于一次(见图 5-17)。

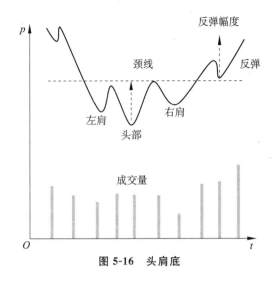

图 5-16 头肩底

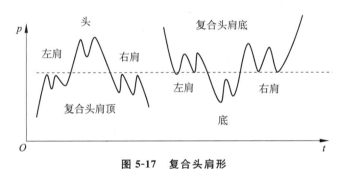

图 5-17 复合头肩形

（1）形态确立。连接左肩之一的低点（或高点）与头部完成后下跌（或上升）的低点（或高点），并将此线延长便是复合头肩形的颈线。股价如从下向上突破头肩底，必须要有大成交量配合，否则突破的有效性降低；如从上向下突破头肩顶，则无须成交量配合，也可确信其有效。颈线一旦被突破，股价至少将沿着突破方向变动，相当于头部顶端至颈线的距离。

（2）实战价值。复合头肩形由于形态较复杂，形态的形成也历时较长，一般在长期趋势的顶部或底部出现。其应用价值和普通的头肩式形态一样：当在底部出现时，即表示一次较长期的升市即将来临；假如在顶部出现，则表示市场将转趋下跌。

许多人都高估复合头肩形态预期上升（或下跌）的"威力"，其实复合头肩形态的力量往往较普通的头肩形态为弱。在中期趋势中出现时，复合头肩形态完成其最少升幅（或跌幅）后便不再继续，而普通头肩形态的上升（或下跌），往往是较其量度出来的最少幅度为大的。但是，在长期趋势（牛市或熊市）的尽头出现时，复合头肩形态具有和普通形态相同的"威力"。

3. 双重顶和双重底

双重顶和双重底都是基本的反转形态。

（1）双重顶。双重顶又称"双顶"或"M"头，是 K 线图中较为常见的反转形态之一。双重顶由两个较为相近的高点构成（见图 5-18），形状类似英文字母"M"，因而得名。在它形成前，股价已有一段上升趋势。当股价上升至第一个峰顶（A 点）时，在此价位附近堆积了大量的筹码,股价回跌(至 B 点),成交量随之下降,之后股价再度上升至第一峰顶附近(C 点),不能创新高。此时,成交量虽有放大,却不及第一峰顶。随后,开始第二次下跌,双重顶基本形成。

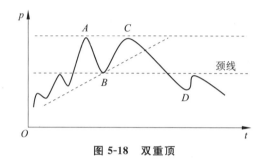

图 5-18　双重顶

画一条连接两峰顶(A 点、C 点)的水平线,再在两峰之间的低点(B 点)画一条与之平行的线就是颈线。当股价以收盘价向下跌破颈线超过股票市价的 3% 时,可认为是有效突破。股价突破双重顶的颈线无须成交量放大,但以后继续下跌时,成交量会放大。颈线一旦被跌破,就成了股价反弹的阻力线,而股价突破颈线后的下跌幅度至少为峰顶至颈线的垂直距离。

(2)双重底。双重底又称 W 底,是双重顶的相反形态(见图 5-19)。它与双重顶的最大区别在于股价从下向上突破颈线时必须有成交量放大配合,否则它的有效性将降低。

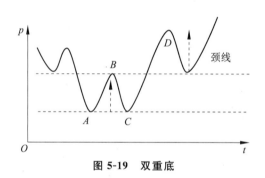

图 5-19　双重底

双重顶和双重底两峰之间的时间跨度越长,形态规模越大,反转的力度越大,未来股价反转涨跌的幅度也越大。如果两峰之间间隔很近,它们之间只有一次简单的上升或下跌行情,就很可能是整理形态而非大势反转,即:股价还会沿着原来的变动方向继续推进。

4. 三重顶和三重底

三重顶和三重底比双重顶和双重底多一个顶部和底部(见图 5-20),完成形态所需时间较长,常出现在长期或中期趋势的反转过程中。

三重底是三重顶的相反形态。当它的第三个底部完成,股价向上突破颈线,并有成交量增加相配合时,突破的有效性才能被确认。

三重顶的三个顶峰之间的时间跨度不一定相等,三个顶点的股价水平也不一定要完全相等,只要相近即可,但三个顶峰的成交量有逐渐减少的趋势——当第三个顶峰的成交量非常小时,就出现了下跌征兆。重要的是,当股价跌破颈线(即跌破两个谷底的支撑价位)时,三重顶形态才算完成。预计股价跌破颈线后的最小跌幅为从顶部最高价至颈线的距离。

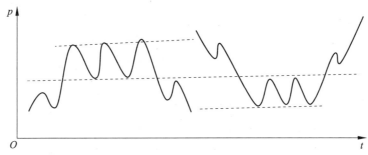

图 5-20　三重顶和三重底

5. 圆形顶和圆形底

圆形顶和圆形底也是反转形态,但较少出现。圆形底的形态是股价缓慢地下跌,成交量也逐渐萎缩,直至股价和成交量都到无法再下降的水平,股价又渐渐上升,成交量也随之增加,走出一个圆弧形态(见图 5-21)。

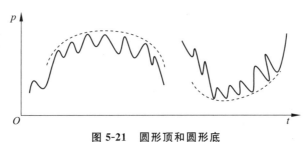

图 5-21　圆形顶和圆形底

圆形顶则是在股价走势的顶部走出一个圆弧形态,股价随之下跌反转。

圆形顶和圆形底的未来股价走势没有精确测量方法,但圆弧形持续的时间越长,说明潜在的能量越大,反转后股价走势越强劲。

6. 增大形

增大形也称扩大形、喇叭形,它是一种扩散的三角形态,通常出现在上升行情的顶部。这是多头市场结束的主要反转信号,但比较少见,也很难把握。

增大形通常有三个渐次增高的顶峰,还有两个渐次下降的底部,整个形态呈喇叭口形状。它表明股价明显上升后进入盘整,开始波动幅度不大,成交量也不大;但随着股价上下剧烈波动,成交量也逐渐放大,市场逐渐失控。当股价从第三个峰顶下跌,跌破第二个谷底时,形态完成,下跌行情开始(见图 5-22)。

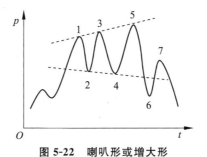

图 5-22　喇叭形或增大形

　　股价波动的幅度越来越大,形成了越来越高的三个高点,以及越来越低的两个低点。这说明当时的交易异常地活跃,成交量日益放大,市场已失去控制,完全由参与交易的公众的情绪决定。在这个混乱的时候进入股市是很危险的,进行交易也十分困难。在经过了剧烈的动荡之后,人们的热情会渐渐平静,远离这个市场,股价将逐步地往下运行。

7. 菱形

　　菱形一般是头部反转形态,由两个对称三角形组成,是看跌形态。在形态之内,开始表现为股价上下振幅扩大,成交量也增加;接着,股价波幅收缩,成交量也下降;当伴随很大的成交量突破菱形下端趋势线时,形态完成,股价的最小跌幅即为菱形的高度(见图5-23)。

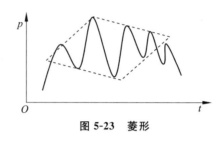

图 5-23　菱形

　　菱形的左半部其机理与增大形一样,投资者受到市场炽烈的投机风气传言所感染,当股价上升时便疯狂追涨,但当股价下跌时又盲目地加入抛售行列,疯狂杀跌。

8. V 形反转

　　V 形反转是现实中比较常见的、力度极强的反转形态,往往出现在市场剧烈波动之时。V 形反转是在价格底部或者顶部区域只出现一次低点或高点,随后就改变原来的运行趋势,股价呈现出相反方向的剧烈变动(见图5-24)。

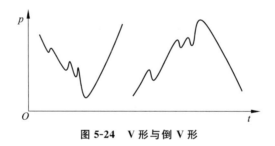

图 5-24　V 形与倒 V 形

　　V 形反转在投资品种的 K 线组合里是很多见的,是一种强烈的上涨信号。它的出现一般都是 K 线趋势经过一段较长时间的下跌后(下跌按某个角度下行),如在利空后的极度发泄后,突发较大的利好消息。这时,K 线拐头向上而且有一段的持续性,因此在 K 线图形上形成了一个 V 字。2022 年 10 月至 2022 年 12 月的农业银行(601288)、中国平安(601318)、交通银行(601328),以及 2022 年 4 月至 2022 年 4 月的中国银行(601988)等均为 V 形反转。

二、整理形态

　　整理形态(continuation pattern)是一种暂时方向连续的状态。这是一种过渡形态,一旦完成主力目的(如基本出货完毕),随之而来的就是转折。整理形态的幅度、位置、成交量决定了其可操作性。大多数股票的整理形态波动较小,没有操作价值,因此不宜在整理期介入,等待整理结束重新选择方向之后操作是较安全的。在整理过程中,越接近整理末期,越要少参与,因为一旦整理结束,下跌将会带来迅速的亏损。而对于那些长时间整理而不向上突破的股票则越接近末端,越要考虑止损,因为迟迟不突破表明主力在做空。

整理形态主要有三角形、矩形、旗形、楔形等。

(一)三角形

整理形态的三角形可以分为对称三角形、上升三角形、下降三角形和扩散三角形(也称喇叭形或增大形),下面主要讲述前三种。

1. 对称三角形

对称三角形是一种常见的整理形态,在整理形态内股价变动幅度逐渐减小,最高价渐次降低,最低价渐次提高,成交量也相应萎缩,将图形上的高点和低点,分别以直线连接起来,就可以画出一个对称三角形状(见图 5-25)。

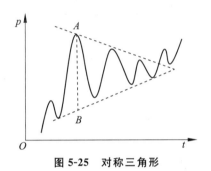

图 5-25 对称三角形

整理形态并不改变原来的股价变动方向。如果原来是上升趋势,股价于三角形底部 1/2~3/4 处以长阳线与大成交量配合突破可认为是有效突破,表明股价已脱离盘局,即将展开新的一轮上升趋势。如果原来是下降趋势,股价于三角形 1/2~3/4 处以长阴线向下跌破,跌后不久成交量放大为有效突破,表明股价还将继续下跌。如果股价盘整至超过三角形 3/4 处仍未突破,说明三角形盘整形态基本失效,股价还将盘整。

股价突破三角形后,上涨下跌的最小幅度为三角形的高度,三角形形态越大,股价脱离盘整后的走势越强劲。

2. 上升三角形

上升三角形指股票在某价格水平呈现出相当强大的卖压,价格从低点回升到该水平便告回落,但市场的购买力良好,价格未回至上次低点即告弹升,此情形持续令价格承受着一条水平阻力线,波动日渐收窄。若把每一个短期波动高点连接起来,可划出一条水平阻力线。而将每一个短期波动点相连,可得出另一条向上倾斜的线,这就是上升三角形(见图 5-26)。

上升三角形的成交现象和对称三角形相似,在形态形成的过程中不断减少。在上升三角形中,通常上升部分的成交较大,而下跌部分的成交则较少。

3. 下降三角形

下降三角形形状与上升三角形恰好相反,它表示股票在某特定的水平出现稳定的购买力,因此每回落至该水平便大幅回升,形成一条水平的支撑线。但卖出力量不断加强,每

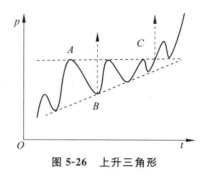

图 5-26　上升三角形

一次波动的高点都较前次为低,于是又形成一条向下倾斜的阻力线,成交量在完成整个形态的过程中一直十分低沉(见图 5-27)。

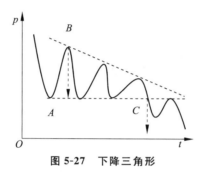

图 5-27　下降三角形

此种形态不可贸然确定底部。在其他三角形形态中,如果价格发展到三角形的尾端仍然无法形成有效突破,其多空力道均已消耗殆尽,形态会失去原有的意义。但是下降三角形是个例外,当价格发展到其尾部时仍然可能会下跌。

形态被突破后,其价格也会有回抽的过程。回抽的高度一般在颈线附近。在此位置,获利盘与逃命盘的大量涌出会使价格继续大幅下跌。在破位时,如果没有伴随大量的成交量,则意味着价格下打的意味不是很浓。此时,应注意下方的支撑位;如果价格遇阻徘徊,应考虑减仓。

(二) 矩形

矩形是股价在两条平行线的区间内横向盘整,成交量也相应萎缩。如果在矩形形态中股价上升时的成交量大于下降时的成交量,表示股价有可能向上突破形态;反之,股价则可能向下突破形态。股价向上突破要有成交量增加相伴,突破后股价将继续上升,向下突破则不一定要有成交量增加。股价突破后的最小涨跌幅度为矩形的高度(见图 5-28)。

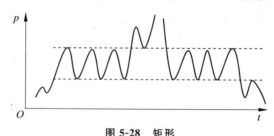

图 5-28　矩形

矩形为冲突型,是描述实力相当的多空双方的竞争,一般说明双方的力量在该范围之间完全处于均衡状态,在这期间谁也占不了谁的便宜。看多的一方认为其价位是很理想的买入点,于是股价每回落到该水平即买入,形成了一条水平的支撑线。与此同时,看空的投资者对股市没有信心,认为股价难以升越其水平,于是股价回升至该价位水平即出售,形成一条平行的压力线。

另外,矩形也可能是投资者因后市发展不明朗,投资态度变得迷惘和不知所措而造成的。所以,当股价回升时,一批对后市缺乏信心的投资者退出;而当股价回落时,一批憧憬着未来前景的投资者加进。由于双方实力相当,于是股价就在这一段区域内来回波动。

一般来说,矩形是整理形态,在牛市和熊市中都可能出现,长而窄且成交量小的矩形在原始底部比较常出现。

(三) 旗形

旗形是在股价急速上升或下降的中途出现的一种整理形态。

1. 上升旗形

上升旗形是指在股价急速上升后升势受阻,股价开始小幅盘跌,一波比一波低,形成向下倾斜的小平行四边形,成交量很小。股价看似要反转下降,但到旗形末端又突然放量上升,恢复原来的上升趋势(见图 5-29)。

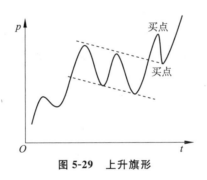

图 5-29 上升旗形

2. 下降旗形

下降旗形是指在股价急速下跌途中跌势受阻,股价开始小幅攀升,一波比一波高,形成向上倾斜的平行四边形,成交量也开始减少;但当股价向下突破时,成交量大增,股价又回复至下降趋势(见图 5-30)。

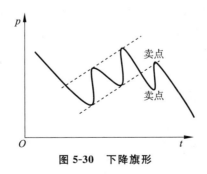

图 5-30 下降旗形

旗形通常在四周之内向预定方向突破,超过三周时,应特别注意。旗形一旦突破,股价又会呈直线快速上升或下跌趋势,其上涨或下跌幅度大约与旗形出现前上涨或下跌幅度相同。

(四) 楔形

楔形与旗形相似,也是一种与原有趋势方向相反的、带有倾斜角度的整理形态,只是它的两条趋势线是收敛性的且呈楔状(见图 5-31)。

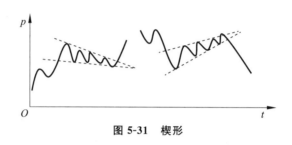

图 5-31　楔形

向下倾斜的楔形是上升趋势中的中期整理。向上倾斜的楔形则是下跌趋势中的中期整理。股票在形态之内成交量缩小,而突破形态时成交量放大。突破楔形后,股价沿原来方向移动。

第六节　波浪理论与实战

一、波浪理论起源

波浪理论(wave principle)是技术分析大师艾略特(Elliott)发明的一种分析工具。与其他追随趋势的技术方法不同,波浪理论可以在趋势确立之时预测趋势何时结束,是现在常用的一种预测工具。

艾略特利用道琼斯工业平均指数作为研究工具,发现不断变化的股价结构性形态反映了自然和谐之美。根据这一发现,他提出了一套相关的市场分析理论,精炼出了市场的 13 种形态(pattern)或波浪(waves),在市场上这些形态重复出现,但是出现的时间间隔及幅度大小并不一定具有再现性。之后他又发现了这些呈结构性形态的图形可以连接起来形成同样形态的更大图形。基于此,艾略特提出了一系列权威性的演绎法则用来解释市场的行为,并特别强调了其预测价值,这就是久负盛名的艾略特波浪理论,又称波浪理论。

二、波浪理论的主要内容

(一) 五升三降是波浪理论的基础

在 1938 年出版的著作《波浪理论》和 1939 年一系列的文章中,艾略特指出股市呈一定的基本韵律和形态,五个上升浪和三个下降浪构成了八个浪的完整循环。前五个上升浪代表上升方向的推动浪,后三个下降浪则作为前五个上升浪的调整,上升浪与下降浪分别如图 5-32 和图 5-33 所示。

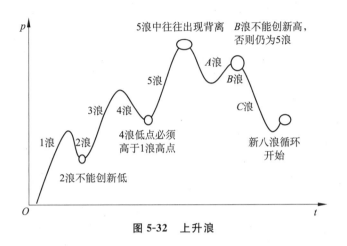

图 5-32 上升浪

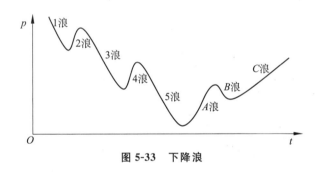

图 5-33 下降浪

(二) 基本要点

波浪理论的基本要点如下。

(1) 一个完整的循环包括八个波浪,五升三降。

(2) 波浪可合并为高一级的大浪,也可以再分割为低一级的小浪。

(3) 跟随主流行走的波浪可以分割为低一级的五个小浪。

(4) 1 浪、3 浪、5 浪三个波浪中,3 浪不可以是最短的一个波浪。

(5) 假如三个推动浪中的任何一个浪成为延伸浪,其余两个波浪的运行时间及幅度会趋于一致。

(6) 调整浪通常以三个浪的形态运行。

(7) 黄金分割率理论的奇异数字组合是波浪理论的数据基础。

(8) 经常遇见的回吐比率为 0.382、0.5 及 0.618。

(9) 4 浪的底不可以低于 1 浪的顶。

(10) 艾略特波段理论包括三部分:形态、比率及时间,其重要性以排行先后为序。

(11) 艾略特波段理论主要反映群众心理。越多人参与的市场,其准确性越高。

（三）基本特点

波浪理论的基本要点如下。

（1）股价指数的上升和下跌将会交替进行。

（2）推动浪和调整浪是价格波动两个最基本形态。推动浪（即与大市走向一致的波浪）可以再分割成五个小浪，一般用1浪、2浪、3浪、4浪、5浪来表示。调整浪也可以划分成三个小浪，通常用A浪、B浪、C浪表示。

（3）在上述八个波浪（五升三降）完毕之后，一个循环即告完成，走势将进入下一个八浪循环。

（4）时间的长短不会改变波浪的形态，因为市场仍会依照其基本形态发展。波浪可以拉长，也可以缩细，但其基本形态永恒不变。

总之，八浪循环是波浪理论的核心。

三、波浪理论的缺陷

1. 波浪理论家对现象的看法并不统一

每一个波浪理论家，包括艾略特本人，很多时候都会受到一个问题的困扰，就是一个浪是否已经完成而另外一个浪开始了？有时甲看是第一浪，乙看是第二浪。差之毫厘，失之千里。看错的后果可能十分严重。一套不能确定的理论用在风险极高的股票市场，其错误足以使人损失惨重。

2. 怎样才算是一个完整的浪，并无明确定义

在股票市场的升跌次数绝大多数不按五升三降这个机械模式出现。但波浪理论家却曲解说有些升跌不应该计算入浪里面，数浪完全是随意主观的。

3. 波浪理论有所谓的伸展浪

有时五个浪可以伸展成九个浪。但在什么时候或者在什么准则之下波浪可以伸展，艾略特却没有明言，这使数浪这回事工作各行其是。

4. 波浪理论的浪中有浪

浪可以无限伸延，升市时可以无限上升，一个巨型浪可以延伸一百多年，下跌浪同理。只要升势未完就仍然在上升浪，跌势未完就仍然在下跌浪。这种情况下，波浪理论相当于没有实际作用，也无法可靠地推测浪顶浪底的运行时间。

5. 波浪理论不能运用于个股的选择上

波浪理论大师柏彻特曾经指出："尽管波浪理论对个股有些效果，但是对许多股票的计浪往往太模糊，形成不了庞大的实用价值。"

第七节 技术指标与实战

一、技术指标概述

(一)技术指标的含义

技术指标分析(technical index analysis)是依据一定的数理统计方法,运用一些复杂的计算公式来判断股票走势的量化分析方法。它是技术分析中极为重要的分支,大约在 20 世纪 70 年代之后技术指标分析逐步流行。

(二)技术指标的分类

技术分析的指标相当多,根据指标的设计原理和应用法则,可将所有指标划分为大势型、超买超卖型、趋势型、能量型、成交量型、均线型、图表型、选股型、路径型、停损型这十大类型。用户只要知道指标属于哪一类,就基本知道了该指标的应用法则;同样,用户只要明白自己的需求,就可以在相应类别中找到合适的技术指标。

1. 大势型

大势型指标包括 ABI、ADL、ADR、ARMS、BTI、C&A、COPPOCK、MCL、MSI、OBOS、TRIM、STIX、TBR 等。大势型指标一般无法在个股画面中使用(COPPOCK 指标除外)。

例如,ABI 指标(absolute breadth index)即绝对广量指标,属于大势型的动量指标。该指标不以价格趋势为目标,其主要的设计目的是用于侦测市场潜在的活跃度。用户可以将ABI 想象成"极端指标",ABI 的数据越高,表示整体市场的涨跌家数差异越大。一般情况下,市场行情有涨有跌,而上涨家数多于下跌家数,或者下跌家数多于上涨家数,都是正常现象。但是,当上涨家数与下跌家数的差异大幅增加时,则有其特殊的意义存在。由于行情大涨或大跌的关系,股市经常会出现涨跌一面倒的行情,而 ABI 指标正是针对这种"极端"行情而设计的。

2. 超买超卖型

超买超卖型指标包括 CCI、DRF、KDJ、K%R、KAIRI、MFI、MOM、OSC、QIANLONG、ROC、RSI、SLOWKD、VDL、W%R、BIAS、BIAS36、布林极限、极限宽等。

大约有五分之一的指标属于这种类型,它们很难被完全清晰地解释但只要掌握其"天线"和"地线"的特征,各种难题就可以迎刃而解了。

天线和地线都于中轴线平行,天线位于中轴线上方、地线位于中轴线下方,两者离中轴线有相同的距离。天线可视为指标压力或是常态行情中的上涨极限,地线可视为指标支撑或常态行情中的下跌极限。这里的常态行情是指涨跌互见、走势波动以波浪理论的模式进行,并且促使指标持续上下波动于固定的范围里的情形,连续急涨急跌或瞬间的暴涨暴跌都不能算是常态行情。

例如,CCI 指标(commodity channel index)是由美国股市分析家唐纳德·蓝伯特(Donald Lambert)所创造的,是一种重点研判股价偏离度的股市分析工具。CCI 指标是根据统计学原理,引进价格与固定期间的股价平均区间的偏离程度概念,强调股价平均绝对偏差在股市技术分析中的重要性,是一种比较独特的技术分析指标。

CCI指标专门衡量股价是否超出常态分布范围,属于超买超卖类指标的一种,但它与其他超买超卖型指标相比又有独特之处。如KDJ、W％R、CCI等大多数超买超卖型指标都有"0～100"的上下界限,因此,它们对待一般常态行情的研判比较适用,而对于那些短期内暴涨暴跌的股票价格走势就可能会发生指标钝化的现象。而CCI指标是在正无穷大到负无穷大之间波动,因此不会出现指标钝化现象,这样就有利于投资者更好地研判行情,特别是那些短期内暴涨暴跌的非常态行情。

3. 趋势型

趋势型指标包括 ASI、CHAIKIN、DMA、DMI、DPO、EMV、MACD、TRIX、UOS、VHF、VPT、钱龙长线、钱龙短线、WVAD等。

本类型指标至少有两条线,指标以两条线交叉为信号。趋势类指标的讯号发生,大致上都是以两条线的交叉为准,把握这个重点就可以运用自如。

例如,ASI指标(accumulation swing index)又称振动升降指标、实质线,由威尔斯·威尔德(Welles Wilder)所创。ASI企图以开盘价、最高价、最低价、收盘价构筑成一条幻想线,以取代目前的走势,形成最能表现当前市况的真实市场线。

威尔德认为当天的交易价格并不能代表当时真实的市况,真实的市况必须取决于当天的价格和前一天及次一天价格间的关系。他经过无数次的测试之后,决定了ASI计算公式中的因子,使ASI指标最能代表市场的方向性。由于ASI对比当时的市场价格更具真实性,因此,对于股价是否真实的创下了新高点或新低点,提供了相当精确的验证。ASI精密的运算数值,为股民提供了判断股价是否真实突破压力,或支撑的依据。

4. 能量型

能量型指标包括 BRAR、CR、MAR、MASS、PSY、VCI、VR、MAD等。

本类型指标是股价热度的温度计,专门测量股民情绪高亢或沮丧。指标数据高,代表高亢发烧;指标数据低,代表沮丧发冷。

例如,PSY指标(心理线指标)又称大众指标(majority rule,MJR),是一种建立在研究投资人心理趋向的基础上,将某段时间内投资者倾向买方还是卖方的心理与事实转化为数值,形成人气指标,将其作为买卖股票的参数。

5. 成交量型

成交量型指标包括 ADVOL、成交值、NVI、OBV、PVI、PVT、成交量、SSL、邱氏量法、成本分布等。成交量型指标可分为N字波动型和O轴穿越型。

例如,OBV指标(on balance volume)又称能量潮指标、人气指标,是葛兰维(Granville)于20世纪60年代提出的,并被广泛使用。股市技术分析有四大要素:价、量、时、空。OBV指标就是以"量"这个要素作为突破口,来发现热门股票、分析股价运动趋势的一种技术指标。它将股市的人气(成交量)与股价的关系数字化、直观化,以股市的成交量变化来衡量股市的推动力,从而研判股价的走势。关于成交量方面的研究,OBV指标是一种重要的分析指标。

6. 均线型

均线型指标包括 BBI、EXPMA、MA、VMA、HMA、LMA等。

均线即各种不同算法的平均线,其主要根据短期均线穿越长期均线的结果,判断是否为买卖信号。

例如,BBI 指标(bull and bear index)又称多空指数,是一种将不同日数移动平均线加权平均之后的综合指标。在使用移动平均线时,投资者往往对参数值的选择有不同偏好,而多空指数恰好解决了中短期移动平均线的期间长短合理性问题。

长期以来,由于没有一条公认的使用法则,理论界一直为中短期的移动平均线究竟采用多少天数更为合理而争论不休,而多空指数则通过将几条不同日数移动平均线加权平均的方法解决了这个问题,其一般将 3 日、6 日、12 日和 24 日这四种平均股价(或指数)作为计算的参数。

7. 图表型

图表型指标包括 K 线、美国线、压缩图、收盘价线、等量线、LOGB、LOGH、LOGK、等量 K 线、〇×图、新三价线、宝塔线、新宝塔线等。

图表型指标是以 K 线为基础派生出来的价格图形,其通过图形的特征形态及其组合,来判断买卖信号和预测涨跌。

例如,〇×图又称为点数图(point and figure chart),它出自维克托·德维利尔斯于 1933 年出版的《点数图法预测股价变化》一书,是用圈"〇"和叉"×"来表示价格升跌的一种图表。与 K 线图、量价图等图表截然不同的是,〇×图注重价格在一定价位上的表现,而不记录价格随时间的变化过程,也不考虑成交量情况。〇×图的作图规则是由格值确定的。每当股价的上升达到格值幅度时,就用一个"×"表示;当下降达到格值幅度时,就用一个"〇"表示。

8. 选股型

选股型指标包括 CSI、DX、PCNT%、TAPI、RAD、SV 等。

选股型指标的主要用途是筛选有投资价值的股票。

例如,CSI 指标(commodity selection index)又称股票选择指标,其原始参数值设为 7 天,平均线参数为 12 天。该指标在图表栏中有两条曲线,其中白色曲线由当日 CSI 值连接而成,黄色曲线为平均线。该指标主要用于选择具有较高投资价值的个股。

9. 路径型

路径型指标包括 BOLL、ENVELOPE、MIKE、风林火山等。

路径型指标也称为压力支撑型指标。其图形区分为上限带和下限带,上限代表压力,下限代表支撑。该指标图形的特点是:股价触碰上限会回档,股价触碰下限会反弹,不同指标有特殊的不同含义。

例如,BOLL 指标(bollinger bands)又称布林线指标,是用该指标的创立人约翰·布林格(John Bollinger)的姓来命名的,它是研判股价运动趋势的一种中长期技术分析工具。

10. 停损型

停损型指标包括 SAR、VTY 等。

此类指标不仅具备停损的作用,还具有反转交易的功能。所以,不能单纯以停损的观念看待这个指标,而是将其视为一个会产生交易信号的相对独立的交易系统。

例如,SAR 指标又称抛物线转向指标或停损转向操作点指标,是由威尔斯·威尔德(Wells Wilder)所创造的,是一种简单易学、比较准确的中短期技术分析工具。SAR 指标是利用抛物线方式,随时调整停损点位置,以观察买卖点。由于停损点(又称转向点)以弧形方式移动,故该指标也被称为抛物线转向指标。

二、移动平均线

(一)移动平均线理论

在技术分析领域中,移动平均(moving average,MA)是一个较为重要的概念,不仅是移动平均线,其他一些技术指标(如乖离率、相对强弱指数、均量线等)也都是在它的基础上建立起来的。

1. 移动平均线的含义

平均是指算术平均数,如从1到10这十个数字的均数便是5.5。而移动则意味着这十个数字的变动。假如第一组是1到10,第二组变动为2到11,第三组又变为3到12,那么,这三组平均数各不相同。这些不同的平均数的集合被统称为移动平均数。

2. 移动平均线的意义

(1)将道氏理论数字化。移动平均这一概念是建立在著名的道·琼斯理论上的。移动平均将这套理论加以数字化,从数字的变动中去预测未来股价短期、中期、长期的变动方向,更易为广大投资者所接受。

(2)揭示了平均成本的实质。事实上,移动平均数就是平均成本。平均成本对于个股乃至大势的未来走向有研判的作用。股价(或指数)的上下波动大,无规律性,不易看出它的趋势。而平均成本的计算方法是扣除前面的,加上当天的。如果股价总的走势是上升的(其中可能有升有降),则移动平均数就是扣除前面一个小数字,加上后面一个大数字,平均成本势必与日俱增,当平均成本远远超过了该股所值时,走势必然要掉头向下。因为股价太高,购股成本日益增大,导致股票无人接手,持股者又想清仓获利,有卖无买,股价自然下降。

反之,当股价走势向下时,则移动平均数是扣除前面一个大数字,加上后面一个小数字,平均成本势必越来越小,当小到远远低于该股所值时,持股的套牢,自然不肯抛;空仓的投资者认为时机已到,开始接手,有买无卖,走势便开始掉头转上了。

总之,扣除旧资料,增加新资料,这是移动平均的真谛,也是技术分析的基础。

3. 移动平均的计算方法

移动平均理论是指通过将一段时期内的股票价格的平均价(或平均指数)连成一条曲线,从曲线的波峰、谷底和转折之处研判股票价格的运动方向,因此又称为移动平均线理论。移动平均线公式化后的表示如下。

按时间序列股价分别为 P_1、P_2、P_3、$\cdots$、P_N,N 项移动平均值 M_N 的计算公式为

$$M_{N1} = \frac{P_1 + P_2 + P_3 + \cdots + P_N}{N}$$

$$M_{N2} = \frac{P_2 + P_3 + P_4 + \cdots + P_{N+1}}{N}$$

$$M_{N3} = \frac{P_3 + P_4 + P_5 + \cdots + P_{N+2}}{N}$$

移动平均线如图 5-34 所示。

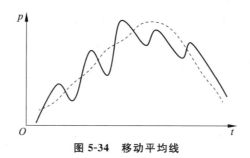

图 5-34　移动平均线

根据对数据统计处理方法的不同,移动平均可分为算术移动平均线(SMA)、加权移动平均线(WMA)和指数平滑移动平均线(EMA)三种。但不管是算术移动平均线还是加权移动平均线,均需要储存大量的数据资料,且费时费力。因此,在实际应用中常使用指数平滑移动平均线,这种方法可避免以上弊端。

4. 移动平均线的特点

移动平均线的基本思想是消除偶然因素的影响。它具有以下几个特点。

(1)追踪趋势。移动平均线能够表示股价的趋势方向,并追踪这个趋势。如果从股价的图表中能够找出上升或下降趋势,那么,移动平均线将保持与趋势方向一致,并消除在这个过程中出现的起伏。

(2)滞后性。在股价原有趋势发生反转时,由于移动平均线有追踪趋势的特征,所以其行动往往过于迟缓,调头速度落后于大趋势。

(3)稳定性。移动平均线是几天变动的平均值。根据移动平均线的计算方法,要想较大地改变移动平均的数值,必须是当天的股价有很大的变化。而且,移动平均线对股价反映具有滞后性。

(4)助涨助跌性。当股价突破移动平均线时,无论是向上还是向下突破,股价都有继续向突破方向发展的势头,这就是移动平均线的助涨助跌性。

(5)支撑线和压力线的作用。移动平均线在股价走势中起支撑线和压力线的作用,即移动平均线被突破,实际上就是支撑线和压力线被突破。

(6)参数作用。移动平均线的参数作用实际上是对上述几个特征的加强。参数选得越大,上述特征就越明显。

(二)平滑异同移动平均线

1. 定义

平滑异同移动平均线(moving average convergence and divergence,MACD)是杰拉德·阿佩尔(Geral Appel)于 1979 年提出的,是利用收盘价的短期(常用 12 日)指数移动平均线与长期(常用 26 日)指数移动平均线之间的聚合与分离状况,对买进、卖出时机做出研判的技术指标。

研究发现,周 K 线 MACD 指标对中长线转折的判断的准确性较高,可以作为中长线投资者的首选参考指标。

2. 计算方法

在应用 MACD 时,通常以 12 日 EMA(指数移动平均值)为快速移动平均线,26 日 EMA 为慢速移动平均线。首先,计算出两条移动平均线数值间的 DIF(离差值)作为研判行情的基础;其次,再求 DIF 的 9 日平滑移动平均线,即 MACD 线,来作为买卖时机的判析。

(1) 计算 EMA。

快速平滑移动平均线的计算:

$$今日\,EMA(12)=前一日\,EMA(12)\times\frac{11}{13}+今日收盘价\times\frac{2}{13}$$

慢速平滑移动平均线的计算:

$$今日\,EMA(26)=前一日\,EMA(26)\times\frac{25}{27}+今日收盘价\times\frac{2}{27}$$

(2) 计算 DIF。

$$DIF=EMA(12)-EMA(26)$$

(3) 计算 DIF 的 9 日 EMA。

根据离差值计算其 9 日 EMA,即"离差平均值",便是所求的 MACD 值。为了不与指标原名相混淆,此值又名 DEA 或 DEM。

$$今日\,DEA(MACD)=前一日\,DEA\times\frac{8}{10}+今日\,DIF\times\frac{2}{10}$$

理论上,在持续的涨势中,12 日 EMA 线在 26 日 EMA 线之上,其间的正离差值(+DIF)会越来越大。反之,在跌势中,离差值可能变负(−DIF),其绝对值也愈来愈大;如果行情开始回转,正或负离差值将会缩小。MACD 就是利用正负的离差值与离差值的 9 日平均线的交叉信号作为买卖行为的依据。

为了方便判断,也可用 DIF 值减去 DEA 值,用以绘制柱状图。

3. 运用法则

MACD 在买卖交易的判断上,有以下几个信号功能。

(1) 当 DIF 和 MACD 在 0 以上,属多头市场,DIF 向上突破 MACD 是买入信号;若 DIF 向下突破 MACD 只能认为是回档,作获利了结。

(2) 当 DIF 和 MACD 在 0 以下,属空头市场。此时,若 DIF 向下突破 MACD,是卖出信号;若 DIF 向上突破 MACD,只能认为是反弹,可暂时补空。

(3) 当 DIF 跌破 0 轴线时,为卖出信号,即 12 日 EMA 与 26 日 EMA 发生死亡交叉的信号。当 DIF 上穿 0 轴线时,为买入信号,即 12 日 EMA 与 26 日 EMA 发生黄金交叉的信号。

(4) "背离信号"的判断。当股价走势出现两个或三个近期低点,而 DIF(MACD)并不配合出现新低点时,可买入;当股价走势出现二或三个近期高点,而 DIF(MACD)并不配合出现新高点时,可卖出。

4. MACD 的优缺点

(1) 优点。MACD 除掉了移动平均线产生的频繁出现的买入与卖出信号,避免一部分假信号的出现,比移动平均线更可靠。

(2) 缺点。与移动平均线相同,MACD 在股市没有明显趋势而进入盘整时,失误的时候较多,其原因有二。

① 由于 MACD 是一项中、长线指标，买进点、卖出点和最低价、最高价之间的价差较大。当行情上下的幅度太小或盘整时，按照信号进场后随即又要出场，买卖之间可能没有利润，也许还要赔点价差或手续费。

② 一两天内涨跌幅度特别大时，MACD 来不及反应。MACD 的移动较为缓和，与行情的移动有一定的时间差。一旦行情迅速大幅涨跌，MACD 不会立即产生信号，此时，MACD 无法发生作用。

（三）乖离率（BIAS）

1. 定义

BIAS 是测算股价与移动平均线偏离程度的指标，通过 BIAS 能够得出股价在剧烈波动时因偏离移动平均趋势而可能造成的回档或反弹，以及股价在正常范围内移动而继续原有趋势的可信度。

2. 技术理论

BIAS 指标是依据葛兰碧移动均线八大法则而派生出来的技术分析指标。其技术原理是：如果股价偏离移动平均线太远，不管是在移动平均线上方或下方，都有可能趋向平均线。BIAS 是表示股价偏离趋向指标的百分比值。

3. 计算公式

BIAS 的计算公式如下：

$$BIAS = (C_t - MA_n) \div MA_n$$

式中，C_t 为当日指数或收盘价，MA_n 为 N 日移动平均价。

4. 应用法则

BIAS 的研判要点如下。

（1）BIAS 分正乖离和负乖离。若股价在平均线之上，则为正乖离；反之，则为负乖离；如股价与平均线相交，则 BIAS 为零。正乖离越大，表示短期多头的获利越大，获利回吐的可能性越高；负乖离越大，则空头回补的可能性也越高。

（2）个别股因多空双方激战的影响，股价和各种平均线的 BIAS 容易出现异常现象（偏高或偏低），其操作策略也应随之而变。

（3）在大势上升市场中如遇负乖离，可择机跌价买进；在大势下跌的市场中如遇正乖离，可以等待回升高价时出脱持股。

对于 BIAS 达到何种程度方为正确的买入点或卖出点，目前并无统一的标准，投资者可凭经验和对行情强弱的判断得出综合结论。

三、量价指标分析

在技术分析方法中，股票价格、成交量和时间动态是研究股价趋势的三个重点因素。技术分析使用者以这三大因素为依据，提出了很多反映市场动态变化的技术指标。这些技术指标各有自己的设计依据和变化参数，经实践检验有不同程度的适用性，但也存在某些方面的局限性。在使用这些技术指标时，投资者还要从市场特性出发，在实践中修正指标的参数，验证其实用程度，并可用若干指标相互印证，而不可盲目照搬。

在技术分析中,研究量与价的关系占有很重要的地位。一般认为,价要有量的支持,甚至认为"量在价先",因此,将价与量联系起来分析是十分重要的。对价量的分析,可以从股价与成交量、股价指数与成交总额、平均成交量、成交笔数等几个不同角度分析,但它们的原理和意义基本相同。

(一)成交量分析

1. 量价配合分析

成交量是某一交易日中成交的总股数或总手数。一般而言,股价与成交量是同步同向的,成交量增加,表示投资者认同当时的股价,交投增旺,自然将股价进一步推高;成交量递减,表示投资者信心不足,离场观望增多,股价随即回落。当股价持续上升,成交量却没能伴随增加,显得后继乏力时,就出现了量价背离的现象,这往往是股市反转的前兆。

(1)盘整阶段。在股市处于盘整阶段时,股价低迷,成交量极度萎缩,出现低价伴随低量的现象。股市要走出盘局,必然伴随成交量增加。当股价在低价位区开始出现小幅变动、成交量却明显放大时,很可能会突破盘整局面。

(2)多头市场。在多头市场的初期,很可能会出现股价急速上涨、成交量也大幅增加的现象。价格随成交量的递增而上涨,是多头市场的典型特征。这种量增价涨的关系,表明股价将继续上升。当股价上升、成交量却无法放大时,可能会出现股价回跌的次级行情。当股价持续上升,不断创出新高价,成交量却无法增加,甚至出现成交量停顿、萎缩时,这很可能是股价趋势即将反转的信号。在股票价格的高价位上,虽然价格仍在高档盘旋,但无法再维持巨大成交量,甚至成交量显著萎缩时,则表示股价即将下跌,多头市场已到末期,大势将要反转。

(3)空头市场。在空头市场初期,多空双方对大势的认识尚有分歧,部分投资者尚未认识到多头市场已经结束,在股价下跌时仍会有很大的成交量。但股价向下跌破股价形态、趋势线或移动平均线,同时又出现大成交量时,就是趋势反转的信号。

随着时间的演进,股价下跌一段时间后,出现恐慌性卖出,成交量放大,股价大幅下跌,成交量萎缩。在空头市场中,成交量随着股价不断创新低而逐渐萎缩,当出现次级反弹时,成交量略有放大,股价再创新低,成交量也进一步萎缩,直至股价极低、成交量极小时,预示着股市已进入底部。

当股市进入底部后,股价回升,成交量并没有递增,说明股价上升缺乏动力,预示着还将跌落。股价跌至谷底附近,成交量再度缩小,是股价将要上涨的信号。当股价在谷底价位区出现大成交量而股价却没有进一步下跌或仅出现小幅度波动时,表示空头市场即将结束,大势将要反转。

2. 股价指数与成交总额分析

成交总额同样是测量股市行情变化的灵敏指标。在多头行情中,成交总额随着股价的上升而增加,这里既有股价因素的作用,也反映了有新的资金进入市场,这是推动股价上升的动力;在空头市场里,成交总额随股价下跌而减少,同样除了股价水平降低的因素外,也有资金撤离市场的影响。所以,分析股价指数与成交额的关系时,可从资金的变化上反映量价之间的配合状况。

1)多头市场

随着时间的演进,多头市场行情起动时,成交额可能并不很大,随着股票价格指数的上升,成交总额随之增加,股价出现回档,成交总额相应减少;股价盘整,成交额再度萎缩;股价上升,成交总额再度扩大,直至当股价上升成交总额不能再扩大,或是股价指数创新高而成交总额却停滞不前甚至有所下降时,上升行情很可能在近期结束。

2)空头市场

随着时间的演进,空头市场股价指数日渐下降,成交总额也急剧萎缩,显示买气日渐衰退;股指略有反弹,成交额相应增加;股价指数盘旋,成交额减少;股价指数再度下降,成交总额进一步萎缩,直至股价指数下跌至极低水平或是虽创新低,而成交总额已不能再萎缩时,下跌行情很可能即将结束。

3. 成交笔数分析

成交笔数分析主要是观察市场人气的聚集和离散,进而研究因人气的变化而可能产生的股价趋势。其分析要点为:当股价处于低价位区时,成交笔数缩小,表示已位于底部,大势可能要反转;当股价处于低价位区时,成交笔数放大,股价上升,表明市场反转,为买入时机;当股价处于高价位区时,成交笔数放大,股价上升,表明仍有一段上升行情;当股价处于高价位区时,成交笔数放大,股价下跌,表明股价即将进入下跌趋势,为卖出时机。

4. 平均成交量分析

平均成交量是每个交易日的总成交量(或成交额)除以成交笔数的结果。平均成交量分析主要用于观察主力和大户的买卖情况,以此来分析判断近期的价格走势。其分析要点为:平均成交量增大,表示有大额买卖,可能是主力或大户进入市场;平均成交量减少,表明参加交易者多为中小散户。在上升行情启动阶段,股价上升,平均成交量放大,表明有主力入市,行情可能进一步上升;在股价升至高价位区后,平均成交量放大,表明主力开始脱手出货,行情可能下跌;在行情下跌过程中,平均成交量突然放大,表明主力进一步打压,股价可能还会进一步下降;无论在上升还是在下跌行情中,平均成交量没有明显变化,表明行情还会维持一段时间。

分析平均成交量要注意,主力为掩饰其真实意图,往往采用分散小笔买卖的手法,所以不能以此为唯一依据。

(二)能量潮(OBV)

1. OBV 理论

OBV 指标又称人气指标,由美国投资专家葛兰维尔于 1963 年首次提出。他认为,股价走势基本上受市场上供求双方力量对比的影响,而成交量的多少既是市场人气兴衰的代表,也是股市的动能。因而,成交量是股价变化的先行指标,也即常说的"先见量后见价"。能量潮理论利用累计成交量变化来分析市场内人气是否汇集及涣散,进而研判股价的走势。能量潮理论的成立有三点依据。

(1)交易双方对股票价格的评价越不一致,成交量越大;反之,评价越一致,成交量越小。因此,可用成交量来判断市场人气的兴衰。

(2)股价上升需要的能量大,因而要以成交量增加伴随。股价下跌不必耗费很大能量,因而成交量不一定增加,甚至会有萎缩倾向。

(3)股价波动有惯性可循,但变动到某一点后,总会改变方向。

2. OBV 的计算公式和 OBV 线的绘制

OBV 主要计算累计成交量,其计算方法是,若当日收盘价高于上一交易日收盘价,则当日成交量为正值;若当日收盘价低于上一交易日收盘价,则当日成交量为负值;若当日收盘价与上一交易日收盘价持平,则当日成交量不予计算,然后计算累计成交量。

第一次计算 OBV 时,基数可用 0,也可用上一交易日成交量或若干日成交量之和。所采用的成交量可以是成交手数,也可以是成交值,计算的对象可以是股价指数与当日全部成交量,也可以是某一个股的收盘价与成交量(值)。

OBV 线是将计算所得 OBV 指标绘于坐标图上,以时间为横坐标,成交量或成交值为纵坐标,将每一交易日计算所得 OBV 值在坐标上标出位置并联结起来,即成为 OBV 线。

3. OBV 指标与 OBV 线的应用法则

OBV 指标与 OBV 线的应用法则主要有以下几种。

(1) 当 OBV 线超过前一波高点时,可视为短线买进信号;当 OBV 线低于前一波低点时,可视为短线卖出信号。

(2) 如果股价创新高,而 OBV 线也相应地升至新高点,表明股市会继续目前的上升趋势;若股价持续下跌,OBV 线也相应地下滑,表示目前的下降趋势还将继续。

(3) 当 OBV 线与股价发生背离现象时,是判断股市变动是否发生转折的重要参数指标。如果股价继续上升,而 OBV 线却已下降,表明买盘乏力,是卖出信号;如果股价仍在下跌,而 OBV 线已开始上升,表明逢低接手转强,是买进信号。

(4) 当 OBV 值从负值转为正值时,有可能形成上升趋势,是买进信号;当 OBV 值从正值转为负值时,有可能形成下降趋势,是卖出信号。

(5) 当 OBV 线伴随股价上涨而渐渐上升时,表明买盘逐渐增强,可以买入;当股市已近多头市场末期,股价急剧上升,OBV 线也突然急速上升,表明买盘大量涌入,要考虑卖出股票。

4. OBV 分析的优缺点

OBV 分析的优点是其可以将静态成交量转变为动态指标,投资者可借以分析市场内资金流量的变化。作为股价的先行指标,OBV 的指标有一定的预示作用,特别是在 OBV 值与股价发生背离时,其提示作用较明显。例如,当股价处于高价圈或低价圈时突然出现异常的大成交量,或是在股价突破盘局时有大成交量配合,都可提示投资者及时研判大势的转折变化。

OBV 分析的主要不足是 OBV 值的计算仅以当日收盘价与前一交易日收盘价作比较,不能反映盘中成交量发生在什么价位区域,尤其是当股价上下剧烈波动时,仅以收盘价计算不能真实反映量价关系,所以也有人提出用最高价、最低价、收盘价的加权平均价来反映当日股市涨跌情况。另外,OBV 分析无法反映成交量变化是否与某些突发消息有关,信号容易失真。所以,使用这一方法时,还要注意股价变动,并要参考其他技术指标同时分析。

(三) 量价线(VPT 曲线)

1. VPT 曲线的原理

VPT 曲线又称逆时针曲线,是根据量价理论设计的一种分析方法。量价的基本关系是"成交量与股价趋势同步同向",一旦量价背离就提示市场趋势可能在短期内将要反转。根据这一经验法则,可以分析多头市场和空头市场各阶段的量价关系,研判股价的未来走势,预示买卖股票的适当时机。由于量价线在图表上呈逆时针方向变动,所以又称逆时针曲线。

2. VPT 曲线的画法

VPT 曲线画在坐标系上,通常以横坐标代表成交量,纵坐标代表股价。计算股价与成交量的周期参数因人而异,一般以 25 天或 30 天为一个计算周期。所采用的股价和成交量均为简单移动平均价和简单移动平均量,若以 25 日为计算周期,则用移动方法逐日计算 25 日的简单算术平均价和简单算术平均成交量,并在坐标图上标出其位置。移动平均价和移动平均量的交叉点即为坐标点,将坐标点逐日连线所形成就是 VPT 曲线,这一曲线呈逆时针方向变动(见图 5-35)。

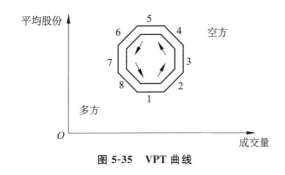

图 5-35　VPT 曲线

3. VPT 曲线的应用

如图 5-35 所示,量价关系的应用原则有八个阶段。

(1)价稳量增。股价经一段跌势后,下跌幅度缩小,甚至止跌转稳,在低位盘旋,成交量明显地由萎缩转向增加,表示低位接手转强,此为阳转信号。

(2)价量齐升。成交量持续扩增,股价回升,量价同步走高,逆时针方向曲线由平线上或由左下方向右转动时,进入多头位置,为最佳买进时机。

(3)价涨量稳。成交量扩增至高水准、维持于高档后,不再急剧增加,但股价仍继续涨升,此时为股价回档时,宜加码买进。

(4)价涨量缩。股价继续上涨,涨势趋缓,但成交量不再扩增,走势开始有减退的迹象,此时价位已高,宜观望,不宜追高抢涨。

(5)价稳量缩。股价在高价区盘旋,已难以再创新的高价,成交量无力扩增,甚至明显减少,此为警戒信号,宜有卖出准备,应卖出部分持股。

(6)价跌量缩。股价从高位滑落,成交量持续减少,量价同步下降,逆时针方向曲线的走势由平转下或右上方朝左转动时,进入空头倾向,此时应卖出手中持股。

(7)价快跌而量小。这是主跌段,股价下跌速度很快,市场上无人接盘,是空方为主的市场,此时应持续卖出。

(8)价稳量增。成交量开始递增,股价虽下跌,但跌幅缩小,表示谷底已近,此时多头不宜再往下追杀,空头也不宜放空打压,此时应观望,伺机回补。

VPT 曲线的变动主要揭示了多头市场与空头市场转化过程中的量价关系,以此向投资者提示买卖时机。它对底部的确认特别有效,有一定的应用价值。VPT 曲线是根据移动平均价和移动平均量制作的,因移动平均值通常有落后于股价变动的倾向,所以量价线的走势有滞后于股价的特点。使用量价线分析行情选择买卖时机,还需配合其他短线指标。

（四）TAPI 指标

TAPI(total amount per weighted stock index)的意思是"每一加权指数的成交值"。TAPI 指标的立足点仍是"量是价的先行指标"这一观念,但它引入了加权指数这一因素,通过分析每日的成交值和加权指数中的关系来研判未来大势变化。

1. TAPI 的计算公式

$$TAPI = \frac{每日成交总值}{当日加权指数}$$

2. TAPI 的研判要点

（1）TAPI 应随加权股价指数上涨而扩大,这是量价配合现象。发生 TAPI 与加权股价指数背离的现象,实际上是提示买卖的时机:若指数上涨,TAPI 下降,是卖出信号;指数下跌,TAPI 上升,是买进信号。

（2）若在股价走势的转折处 TAPI 与指数背离,也是买卖信号。在股价连续上涨过程中,股价明显转折处 TAPI 异常缩小,是向下反转信号;在股价连续下跌过程中,股价明显转折处 TAPI 异常放大,是向上反转信号。

（3）TAPI 随加权股价指数创新高峰而扩大,同时创新高点,是量价的配合现象。在多头市场的最后一段上升行情中,如果加权股价指数创新高峰而 TAPI 值已远不如前一段上升行情,此时呈现量价分离,有大幅回档甚至大势反转的可能。在空头市场尾声,加权股价指数已跌至很低水平,TAPI 也无法再下降或创新低,提示大势已近底部。

（4）TAPI 没有一定的高点或低点,应与大势、K 线、移动平均线等其他指标配合使用——因为每个股票市场的指数、成交值相差甚大,不能直接将其他市场的指数应用于当地的市场中。

（五）成交量比率（VR）

VR 是一定时期内股价上升日交易金额与股价下降日交易额总和的比率,反映了股市买卖的气势,并借以预测股市可能的变动趋势。

1. VR 的计算公式

$$VR = \frac{N\ 日内上升日成交额总和}{N\ 日内下降日成交额总和}$$

式中,N 日为设定参数,一般设为 26 日。

2. VR 分析要点

（1）VR 值低于 60％时是股价超卖区,特别是在 40％～60％区间时很容易探底反弹。

（2）VR 值在 80％～150％区间时,股价波动较小。

（3）VR 值在 160％～180％区间时,成交量会逐渐萎缩,很容易进入调整期。

（4）VR 值超过 350％时,股价进入超买区。

（5）股价处于低价位区时,VR 值上升而股价未升,为进货时机;股价处于高价位区时,VR 值上升,股价也上升,可考虑出货。

（6）VR 值急升,交易金额也突然增加,可能是大多头行情的开始。

3. VR 分析的不足

（1）成交量比率在观察低价区时,可信度较强;而在高价区间时,可信度相对较差。

（2）成交量比率无法保持与股价同步,往往因此降低了它的效果。

四、涨跌指标分析

涨跌指标根据股票价格的涨跌来衡量市场买卖双方的力量对比和强弱程度。涨跌指标分析时,将收盘价的上涨家数、上涨幅度等视为买方力量,将收盘价的下跌家数、下跌幅度等视为卖方力量,以它们的对比关系来评估市场供需双方的力量对比及可能的发展趋势。

(一)相对强弱指标(RSI)

1. RSI 的意义

RSI(relative strength index)是目前最流行、使用最广泛的技术分析工具之一。市场的价格走势取决于供需双方的力量对比,当市场上对某一股票的需求大于供给时,价格上扬;当需求小于供给时,价格下降;当供求基本平衡时,价格稳定。而相对强弱指标是以某一时间内整个股市或某一股票的涨跌平均值作为衡量供需双方力量对比的尺度,并以此作为预测未来股价变动的依据。

2. RSI 的计算公式

$$RS(相对强度) = \frac{N \text{ 日内收盘涨幅平均值}}{N \text{ 日内收盘跌幅平均值}}$$

$$RSI = 100 - \frac{100}{1+RS}$$

在计算出某一日的 RSI 值以后,可采用平滑运算法计算出以后的 RSI 值。根据 RSI 值在坐标图上连成的曲线即为 RSI 线。

计算 RSI 值时,一般以 10 日、14 日为单位,以 6 日、12 日、24 日为单位也较为普遍,还有以 5 日、8 日、13 日、21 日为单位的。一般而言,样本数小的 RSI 值易受当日股价变动的影响,图形上下振幅大;而样本数大的 RSI 值受当日股价变动的影响小,图形上下振幅小。计算周期过短或过长发出的信号往往过于敏感或迟钝,在分析股价变动方向时都会发生较大误差。所以选择计算周期时,一般需要根据分析对象价格波动的特性和一般幅度做出决定。

3. 相对强弱指标的研判要点

投资者利用 RSI 分析的取值区间设定有 30～70、20～80,甚至有人设定在 15～85。对取值区间的设定,应根据股票市场或个别股票的波动习性,以及投资者个人的风险承受能力而决定。对于取值区间的研判要点,简单归纳如下:

(1) RSI 值的含义。当 RSI 值为 50 时,表示买卖双方势均力敌,供求平衡;RSI 值在 40～60 波动的概率最大,表明市场正处于牛皮盘整行情;RSI 在 50 以上表示涨势强于跌势,若 RSI 指标上升至 70 或 80 以上,表示已有超买现象,继续上升则表示已进入严重超买警戒区,暗示股价极可能在短期内反转下跌;RSI 在 50 以下表示为弱势市场,若 RSI 指标下跌至 30 或 20 以下,表明已有超卖现象,一旦再度下跌表示已进入严重超卖警戒区,股价有可能止跌回升。

(2) RSI 的最大功能在于图形研判。若将 RSI 线与 K 线等配合分析,可以发现 RSI 线图形能显现出清晰的头肩形、头肩底、三角形、M 头、W 底等形状,较容易判断出突破点、买入点和卖出点;还可以利用切线画出支撑线和阻力线,以判定股价的未来走向。

(3) RSI 有比股价指数或个别股票价格先行显示未来行情走势的特征。在股价指数尚未上涨时,RSI 已先升,当股价指数未跌时,RSI 已先降,尤其在股价峰谷区域特别明显。利用这一特征,可作如下判断:在股市盘整时,若 RSI 一底比一底高,表示多头势强,相反则表示空头势强;股价尚在盘旋,而 RSI 已整理完毕,领先突破趋势线,暗示股价即将突破整理;在股价不断创新高的同时,RSI 也创新高点,表示后势仍属强势,可能还会上涨;在股价不断创新低点的同时,RSI 也创新低,表示后市仍弱,可能还会下跌;在超买区域,RSI 图形比 K 线图形提早出现顶部或底部图形(如 M 头或 W 底),此为反转或反弹信号。

(4) 背离信号。当 RSI 与股价或股价指数呈现反方向变动时,通常是市场即将发生重大变化的信号。当日 K 线图的走势不断创新高,而 RSI 线未能同时创新高甚至出现走低的情形时,表明出现了背离信号。这种背离显示股票价格有虚涨现象,通常是较大反转下跌的前兆。反之,若股价创新低而 RSI 未创新低,则暗示股价可能反转上升。

4. RSI 的缺点

RSI 指标虽被普遍使用,但也有不足之处,具体如下。

(1) RSI 的计算周期与取值区间要根据市场特征决定,特别是对超买区和超卖区的确定,有时会发生 RSI 信号与实际行情不一致的情形。在特殊的涨跌行情中,RSI 值涨至 95 以上或跌至 5 以下都不足为奇。此时,若根据 RSI 发出的信号在 70 附近卖出或在 30 附近买入,都隐含着一定的风险。

(2) RSI 值在 40～60 变化较为敏感,而在 20 以下和 80 之上区间往往有钝化、失真现象,要谨慎使用。

(3) 背离信号是难以事先确认的,有时,在二次、三次出现背离信号后,行情才真正反转,也有发出背离信号后行情并未反转的情况。因此,很难单纯以背离信号来确认行情的根本反转。

(二)腾落指标(ADL)

1. ADL 的意义

ADL(advance-decline line)是反映股价趋势的常用指标,它利用简单的加减每日股票涨跌家数来计算股市上所有股票的累计涨跌家数。ADL 不考虑股票发行量或成交量的权数大小,而是将所有股票等同对待,认为所谓"大势"就是多数股票的共同趋势,即:大多数股票上涨就是大势上涨,大多数股票下跌就是大势下跌,通过连续累计涨跌家数来反映股票价格走向的趋势。

ADL 的这一特点弥补了加权股价指数的不足。大盘股在股价指数中占了较大的权数,这就给主力操纵大盘创造了条件,也让中小投资者产生了错觉。有时,股价指数上涨,而市场上大多数股票的价格却没有上涨;有时,股价指数大幅下跌,而大多数股票的价格却跌幅不大。ADL 以逐个股票的涨跌为依据,计算累积涨跌家数。在多头市场里,不仅股价指数持续上升,每日股票上涨家数也应多于下跌家数,腾落指标应上升;在空头市场里,不仅股价指数持续下跌,每日股票下跌家数也应多于上涨家数,ADL 应下跌。通过将 ADL 与股价指数相互印证,可以分析股价趋势。

2. ADL 的计算公式

$$ADL = \sum_{i=1}^{n}(上涨家数 - 下跌家数)$$

ADL 就是每日股票上涨家数减去下跌家数的累积余额。将每日的 ADL 数值连接起来，就是 ADL 曲线。ADL 曲线走势可用趋势线方式研判，了解其支撑及阻力位。

3. ADL 的研判要点

（1）ADL 与股价指数走势一致时，可进一步确认大势的趋势。当股价指数连续下跌（创新低或未创新低），ADL 也持续下降甚至连创新低时，预计近期内股价会继续走低。当股价指数持续上升（创新高或未创新高），ADL 也不断上升甚至连创新高时，意味着近期内股价会继续上涨。

（2）当 ADL 与股价指数走势背离时，预示股市可能向相反方向变化。当股价指数持续数日上涨而 ADL 却连续数日下跌时，表示股票涨少跌多，向上攻击动量不足，这种不正常现象难以持久，通常是大势下跌的前兆。当股价指数持续数日下跌而 ADL 却连续数日上升，则表示多数股票已止跌回稳，大势底部已近，通常是大势上升的前兆。

（3）ADL 的变化往往领先于股价指数，在多头市场里 ADL 领先于股价指数下跌或在空头市场里 ADL 领先于股价指数反转上升，都提示大势可能变化。特别是股价在高价区域 ADL 先形成 M 头，或股价在底部区域 ADL 先形成 W 底，都是卖出买进的信号。

4. ADL 的优缺点

ADL 的优点是计算简便，可弥补加权股价指数的不足；缺点是只能反映大势的变化而不能提示买卖时机和个股的优劣。所以，ADL 一般不能单独使用，而要和其他指标结合运用。

（三）涨跌比率（ADR）

1. 定义

ADR（advance-decline ratio）又称回归腾落指数，是将一定期间内上涨的股票家数与下跌的股票家数进行统计，求出其比率。

其理论基础是"钟摆原理"。由于股市的供需有若钟摆的两个极端位置，当供给量大时，会产生物极必反的效果，则往需求方向摆动的拉力越强，反之亦然。其样本大小无硬性规定，随使用者需要选取。

2. 计算公式

$$ADR = N \text{ 日内} \sum_{i=1}^{n} \frac{\text{上涨家数}}{\text{下跌家数}}$$

采样天数可用 6 日、10 日、14 日、24 日、6 周、13 周、26 周等。采样太小，容易受当日股价变动影响而产生震荡性变动，从而失去作为重要参考指标的意义；若采样过大，又容易失去敏感性，也无多大参考价值。因此，通常采用 10 日进行移动合计计算。

3. 研判主要依据

（1）10 日 ADR 的常态分布为 0.5～1.5。

（2）当 ADR 大于 1.5 时，表示股价上涨已超出常态，产生了超买现象，股价容易回跌，是卖出信号。

（3）当 ADR 小于 0.5 时，表示股价下跌已超出常态，产生了超卖现象，股价可能会出现反弹或回升，是买进信号。

（4）若股票加权指数与 ADR 呈背离现象，大势可能即将反转。

（四）超买超卖指标（OBOS）

1. 定义

OBOS(Over Bought & Over Sold)是通过计算一定日期内的股票涨跌家数来测量市场买卖气势的强弱及趋势,以此作为投资决策的参考依据。OBOS 是专门研究股票指数走势的中长期技术分析工具之一。

2. 计算公式

OBOS 一般以 10 日为参数,采用逐日移动方法计算,计算公式如下:

$$OBOS = N\text{ 日内股票上涨家数总和} - N\text{ 日内股票下跌家数总和}$$

OBOS 开始计算的时候以当日为基准,向前推移 9 个交易日,计算近 10 个交易日的上涨家数和下跌家数。如果上涨家数总和大于下跌家数总和,OBOS 为正值,反之 OBOS 为负值。以后逐日向前推移,计算近 10 个交易日的涨跌家数。此外,也可将计算的 OBOS 值画在坐标上并连成趋势线加以分析。

3. 研判价值

OBOS 主要用于分析大势,因此要与股价指数联系起来加以分析。OBOS 对大势有先行指标的作用,但对个别股价走势无法提供明确的提示。对 OBOS 的研判主要是分析它与股票加权指数的分离现象。当 OBOS 走势与股价指数相背离时,应随时注意大势可能反转。如果加权股价指数持续上升,且位居高档,而 OBOS 开始下跌,显示大盘已是强弩之末,很多小股票已开始下跌而只能靠少数大盘股支撑指数,未来的市场可能走向弱势。如果加权股价指数持续下跌,且位居低档,而 OBOS 开始上升,则显示上升股票家数已超过下跌股票家数,未来市场即将反转上升。

OBOS 指标具有移动性特征,借之可看出一段时间的市场趋势,并可降低某些偶然因素的干扰。但是,以涨跌家数预测市场变化有较大的随机性,逐日移动计算又有一定的滞后性。所以,该指标一般仅作为辅助性工具。

（五）心理线（PSY）

1. 定义

PSY(psychological line)建立在研究投资人心理趋向基础上,它将某段时间内投资者倾向买方还是卖方的心理与事实转化为数值,形成人气指标,作为买卖股票的参数。

2. 计算公式

$$PSY = \frac{N\text{ 日内股价指数上涨天数}}{12} \times 100\%$$

N 一般设定为 12 日,最大不超过 24 日,周线的最长不超过 26 日。

3. PSY 的研判要点

(1) PSY 值在 25%～75% 变动属正常范围。

(2) PSY 值超过 75% 是超买,低于 25% 是超卖,股价回跌或上升的机会增多,可准备卖出或买进。

(3) 当 PSY 值高于 90% 时是真正的超买,低于 10% 时是真正的超卖,是卖出和买入时机。

(4) 一段上升行情展开前,超卖的低点通常会出现两次,因此低点密集出现两次是买入信号。一段下跌行情展开前,超买的高点也会出现两次,因此高点密集出现两次为卖出时机。

PSY 与其他技术指标(如量价线、成交量比率等)配合使用,精确度可更高。

五、价差指标分析

(一)威廉指标(W%R)

1. 定义

W%R(Williams %R)是由拉瑞·威廉姆斯(Larry Williams)于 1973 年首创的,其表示的是市场处于超买还是超卖状态。

2. 计算公式

运用 W%R 分析时,首先要决定计算周期。这一计算周期一般是取一个适当的市场买卖循环期的半数。一个买卖循环期通常可取 14 日、28 日或 56 日,扣除休息日之后,这些循环期的实际交易日分别为 10 日、20 日和 40 日,取其半数则为 5 日%R、10 日%R 和 20 日%R。计算公式如下:

$$威廉指标(W\%R) = \frac{H_T - C_t}{H_T - L_T} \times 100$$

式中,H_T 表示 T 日内最高价;L_T 表示 T 日内最低价;C_t 表示第 t 日收盘价;T 表示计算周期天数。

计算出的%R 值范围为 0～100,当%R=50 时表示多空力量均衡,当%R>50 时是空头市场,当%R<50 时是多头市场。

3. W%R 的研判要点

(1) 当%R 值进入 80～100 区间时,处于超卖状态,表示行情已进入底部,可作为买入时机,%R=80 这一横线可视作买入线。

(2) 当%R 值进入 0～20 区间时,处于超买状态,表示行情已近顶部,%R=20 这一横线可视为卖出线。

(3) 股价由超卖区(%R>80)向上攀升的初期,只是表示股价趋势转强。若涨破中轴线(%R=50),便开始转为强市,可以买入。股价由超买区(%R<20)回落,仅表示股价趋势转弱,待跌破中轴线方可确认转弱,再予以卖出。

(4) 股价进入超买区(%R<20)并非表示会立刻回落,在超买区内的波动表示目前仍处于强市,可继续持有股票;直到跌破卖出线(%R=20)或跌破过去曾回落至卖出线附近的最低点才是第一个转向信号,可见机卖出。同样,股价在底部超卖区(%R>80)波动也要等价格突破买入线(%R=80)和近期反弹高位时,才可以买进。

W%R 计算周期的选择很重要,关系到指标的准确程度。这一指标的敏感度较大,比较适合正常波动的股票或股市;但对人为操纵的市场并不合适,最好要与其他指标配合使用以提高准确度。

(二)随机指标(KDJ 指标)

1. 含义

KDJ 指标一般是用于股票分析的统计体系。该指标根据统计学原理,通过一个特定的周期(常为 9 日、9 周等)内出现过的最高价、最低价、最后一个计算周期的收盘价及这三者之间的比例关系,来计算最后一个计算周期的 RSV(未成熟随机值),然后根据平滑移动平均线的方法来计算 K 值、D 值与 J 值,并绘成曲线图,用来研判股票走势。

2. 计算公式

KDJ 指标的计算步骤如下:

(1) 计算周期的 RSV 值。

$$RSV = \frac{C_t - L_T}{H_T - L_T} \times 100\%$$

式中,C_t 表示第 t 日收盘价;L_T 表示 T 日内最低价;H_T 表示 T 日内最高价。

RSV 值始终在 1~100 之间波动。

(2) 计算 K 值与 D 值。

$$当日 K 值 = \frac{1}{3} 当日 RSV 值 + \frac{2}{3} 前一日 K 值$$

$$当日 D 值 = \frac{1}{3} 当日 K 值 + \frac{2}{3} 前一日 D 值$$

计算之初,可以设 K、D 值的初值为 50,代替前一日 K 值、D 值。

3. KDJ 指标的应用法则

KDJ 指标的应用法则主要有以下几点。

(1) 多空均衡区。当 K 值、D 值=50 时为多空均衡;K 值、D 值>50 时为多头市场,当 K 值、D 值回档至 50 时一般会得到支撑;K 值、D 值<50 时为空头市场,当 K 值、D 值反弹至 50 时,一般会有压力。

(2) 超买超卖。K 值线是短期敏感线,K 值在 90 以上为超买,10 以下为超卖。而 D 值是中期主干线,当 D 值在 70 以上时为超买,30 以下时为超卖。

(3) KD 线的交叉。K 值大于 D 值,显示目前是上升趋势。当 K 线向上突破 D 线时是较为准确的买入信号;D 值大于 K 值,显示目前是下跌趋势;当 K 线向下跌破 D 线时.是卖出信号。

(4) 背离信号。当股票价格创新高或新低,但 K 值、D 值却没有出现相应的新高或新低时,便产生了背离信号,这是非常准确的买进卖出时机。

(5) KD 线可用于日线图、分时图或周线图,也可短、中、长线兼用。

(三) 趋向指标(DMI)

1. 含义

DMI(drectional movement index)可译为动向指标或趋向指标,是由美国技术分析大师威尔斯·威尔德(Wells Wilder)所创造的,是一种中长期的股市技术分析方法。

DMI 是通过分析股票价格在涨跌过程中买卖双方力量均衡点的变化情况,即多空双方的力量的变化受价格波动的影响而发生由均衡到失衡的循环过程,从而提供趋势判断依据的一种技术指标。

2. DMI 的计算

DMI 的计算步骤如下。

(1) 计算趋向变动值(DM)。趋向变动值(DM)是前后两个交易日最高价、最低价的比较,取两日最高价差和最低价差中的最大数值代表价格变动趋向。

具体方法如下。

① 计算上升动向(+DM):当日最高价比前一日最高价高,当日最低价也比前一日最低价高,则取两日最高价的差为当日的上升动向值。当日最高价高于前一日最高价,最低价低于前一日最低价,则需比较两日价差的绝对数额。如果高价差大于低价差,则取高价差为当日的上升动向值。

② 计算下降动向(-DM):当日最低价较前一日最低价低,最高价也不及前一日最高价高,则取最低价之差为当日下降动向值。当日最低价比前一日最低价低,最高价比前一日最高价高,需比较两日的绝对差额;如果低价差绝对值大于高价差绝对值,则取低价差为当日下降的动向值。

③ 如果前后两个交易日的最高价与最低价相同,或者当日最高价、最低价与前一日最高价、最低价差额的绝对值相等,则当日动向值为零,即 $DM=0$。

(2) 计算当日真正波幅(TR)。

当日真正波幅是当日价格较前一日价格的最大变动值,取以下三项差额的数值最大值为当日真正波幅。

① 当日最高价与最低价之差。

② 当日最高价与前一日收盘价之差。

③ 当日最低价与前一日收盘价之差。

(3) 计算动向方向线(DI)。

$$上升方向线(+DI)=+DM_n \div TR_n \times 100$$
$$下降方向线(-DI)=-DM_n \div TR_n \times 100$$

式中,n 为计算周期的天数。为了使方向线指标具有参考价值,必须有相当时间的累积运算。威尔德认为,最适当的周期为 14 日,即将 14 日内的+DM、-DM 和 TR 累积合计,再加以计算。计算出某日的+DM、TR 和±DI 值之后,只需运用平滑移动平均数的运算方法即可。具体计算方法如下:

$$当日的\pm DM=前一日的\pm DM\times13+当日的\pm DM\div14$$
$$当日的\ TR=前一日的\ TR\times14+当日的\ TR\div14$$
$$当日的\pm DI=前一日的\pm DI\times13+当日的\pm DI\div14$$

DI 是一个相对值,其数值介于 0~100。$+DM_n$ 代表最近 n 日以来的实际上涨比率,$-DM_n$ 代表最近 n 日以来的实际下跌比率。当价格持续上升时,上升动向值+DM 不断出现,使上升方向线+DI_n 的数值不断升高,直至趋近于 100,同时,下降方向线($-DI_n$)的数值不断下降,直至趋向于零。此时,$+DI_n$ 与$-DI_n$ 之间的差值很大。当股价持续下跌时,下降动向值(-DM)不断出现并使下降方向线(-DI)的值不断升高,直至趋于 100,同时,上升方向线($+DI_n$)的值下降,直至趋向于零。而在价格盘整时,$\pm DI_n$ 之间的差值很小,说明涨跌比率相距不大。

(4) 计算动向指数(DX)。

动向指数的计算公式如下:

$$DX=\frac{DI_{DIF}}{DI_{SUM}}\times100$$

式中,DI_{DIF} 代表±DI 的差额;DI_{SUM} 代表 DI 的总和。

DX 是上升方向线与下降方向线的差(绝对值)占两者之和的比率。比率大,说明走势动向越明显;比率小,说明无明显动向趋势。由于 DX 的波动幅度较大,需要以 14 日平滑计算,得到平均动向指数(ADX)。

$$ADX=前一日 DX×13+当日 DX÷14$$

将计算出来的 ±DX 值和 ADX 值画于 K 线图的下方,可相互配合预测市场趋势变化。

3. 趋向指标的应用要点

(1) 当(+DI)由下向上穿过(−DI)时,是买入信号,表示多头愿意以新高价买入。如果 ADX 伴随上升,则涨势将更强劲。

(2) 当(−DI)由下向上穿过(+DI)时,是卖出信号,表示空头愿意以新低价卖出。如果 ADX 伴随上升,表明跌势更急剧。

(3) ADX 可以辅助判断行情的走势。当出现明显的上涨或下跌行情时,ADX 值持续上升,表示这轮行情还将继续;当市场行情反复涨跌时,ADX 值逐渐下降,并降至 20 以下,可断定为牛皮盘档;当 ADX 值由上升转为下降时,是大势见顶或见底、涨势或跌势即将反转的信号。

趋向指标是一个较为长期的指标,其信号不多,但较容易判别。如果市场行情明朗,持续向某一方向变化,那么运用趋向指标的买进卖出信号操作,会有比较明显的效果;但在盘整形态中,因其信号不多,效果可能不甚理想。

(四) 停损点转向操作系统

1. 含义

停损点转向操作系统(stop and reverse,SAR)于 1978 年在威尔德的著作《技术交易系统中的新观念》里提出,原名为抛物线指标(parabolic)。它是利用价格变动和时间变动双重功能随时调整停损点位置的技术分析方法,由于组成 SAR 线的停损点以弧线的方式移动,所以又称“抛物线指标”。该系统的图形和运用与移动平均线非常相似。

2. 停损点的计算

停损点的计算步骤如下。

(1) 在计算前,先要判断本次行情是上涨还是下跌行情。若是上涨行情,第一天的 SAR 必须是近期内的最低价;若是下跌行情,第一天的 SAR 必须是近期内的最高价,这一近期内的最高或最低价称为极点价。

(2) 第二天以及以后每日的 SAR 可用如下公式推算:

$$SAR_n=SAR_{n-1}+AF(EP_{n-1}-SAR_{n-1})$$

式中,SAR_n 表示第 n 日的 SAR;SAR_{n-1} 表示第 $(n-1)$ 日的 SAR;EP_{n-1} 表示第 $(n-1)$ 日的极点价(看涨行情的最高价或看跌行情的最低价);AF 表示调整系数。

(3) 调整系数(AF)的计算。第二日的 AF 为 0.02,如果某日的最高价高于前一日的最高价,AF 增加 0.02;如果没有创新高就沿用前一天的 AF,AF 的最高值为 0.2,那么即使再创新高,也不会超过 0.2。

(4) SAR 不得设于当日或前一日行情价格之内。在看涨买入期间内,如果计算出某日的 SAR 比当日或前一日的最低价高,则应以当日或前一日最低价为 SAR;若看跌卖出期间,计算出某日的 SAR 比当日或前一日的最高价低,则应以当日或前一日最高价为 SAR。

3. 停损点的操作要点

当股价线从下向上穿过 SAR 线时,是买进时机;当股价线从上向下穿过 SAR 线时,是卖出时机。

停损点指标发出的买卖信号明确,操作简便,适宜中长期投资者使用,在大行情中效果尤为明显,但在盘整行情中失误率较高。另外,调整系数也应根据不同市场不同股票的特征,寻找最佳参数。

市场指标除以上介绍的以外,还有动量指标(MTM)、震荡量指标(OSC)、逆势操作系统(CDP)、买卖气势指标(AR)、买卖意愿指标(BR)、中间意愿指标(CR)等。

六、市场指标分析应注意的问题

(一)任何技术指标都有自己的适应范围和应用条件

任何技术指标都有自己的适应范围和应用条件,得出的结论也都有前提和可能发生的意外。因此,不问这些结论成立的条件,盲目绝对地相信技术指标,是一定会出错误的。当然,也不能认为技术指标有可能出错误而完全否定技术指标的作用。

每种指标都有自己的盲点,也就是指标失效的情况。在实际应用中,应不断总结,并找出盲点所在,这对减少技术指标应用时出的错误是很有益处的。当一个技术指标失效时,应考虑其他技术指标。

(二)在实际应用时,应将多种技术指标结合起来,进行组合分析

使用多个具有互补性的指标,可以大大提高预测的精度。因此,在实际应用时,常常以四五个互补性的指标为主,辅以其他技术指标。

课 后 练 习

一、名词解释

技术分析、道氏理论、K 线理论、切线理论、形态理论、波浪理论、技术指标、量价指标、涨跌指标、价差指标、主要趋势与次要趋势、K 线图、趋势线、支撑与阻力、缺口理论、突破缺口、波浪理论、反转形态与整理形态、乖离率、空头陷阱与多头陷阱

二、简答题

1. 简述技术分析的三大假设与四大基本要素。
2. 简述道氏理论的主要原理。
3. 试分析成交量与价格趋势的一般关系。
4. 简述技术分析方法的分类。

5. 简述 K 线图组合应用的基本原则。

6. 简述判断趋势线的有效突破的方法。

7. 简述突破缺口的含义、特征及市场意义。

8. 简述移动平均线及其运用法则。

9. 简述 MACD 的应用法则及其优缺点。

10. 把握不同技术指标的应用特点。

课后拓展："李鬼"是怎么"割韭菜"的

日前,投资者张某突然接到来自中国香港的电话:"我们公司新建了一个免费股票交流群,群里会有甲证券的分析师推荐股票,很有经验。"随后,一位自称"甲证券"客服人员的人士向张某发来入群邀请。几天后,又有一位自称是"乙证券"客服人员的人士对张某说:"我们的老师是乙证券的分析师,去年收益率有 68%,每 2~3 个交易日会推荐一只股票。买了上次老师推荐的股票后,我自己赚了 4 000 元。"作为刚工作不久的 90 后,张某今年年初股市热起来时开始投入少量资金炒股,平时喜欢逛逛股吧,也偶尔看看视频网站上的证券投资"老师"的课。

中国证券报记者调查发现,张某遇到的所谓"甲证券""乙证券",并非相关券商,都是"李鬼"机构,是非法荐股组织"拉人头"的一种说辞。纵观非法荐股获利的主要手段,既有前台"老师"直播授课,后台"客服"引导"投资"骗取高额会费,又有"股市大 V"联手"庄家"诱骗投资者接盘,更有甚者还有个人或组织诱骗投资者使用配资软件赚取高额利息,甚至是组织、操纵虚拟盘交易。

一、"股神"出没寻"韭菜"

"这个股票,跌到 8 元时你们买进去等,绝对不会亏,这是个好股。"

"老师肯定知道主力庄家的动作。不然,怎么会买进和卖出都这么精准?"

……

诸如此类的消息在张某所在的"股票交流群"里不断出现。

真的绝对不会亏吗? 张某很怀疑。

张某所在的群叫"抱团取暖迎新春08"。经过长期观察,张某发现群内经常分享信息的"老师"所在机构为"橡树资本-游资密码"。

中国证券报记者在天眼查上查询,发现有"橡树资本有限公司"和"北京橡树资本管理有限公司"等机构,但并未查询到"橡树资本-游资密码"这家机构。可见,这很可能是一家"李鬼"机构。

张某说,"抱团取暖迎新春08"群里的"老师"多次强调:"只要严格按照指令操作,确保可以获利出局。即使万一亏损,也都有严格的止损点。止损点会根据个股来定。在大多数情况下不会亏。"

"你们是免费提供服务吗?"张某觉得不会有免费的午餐。

"老师"回答得很"坦诚":"我们会从您盈利的部分分成。具体方式是,您操作自己的账户,我们告诉您股票信息和具体买卖点位,盈利后再分成。投资金额如果小于 10 万元,那么按盈利部分的四六分成;如果投资金额在 10 万元以上,就按三七分成。您拿大头。"

真有这样的好事吗?张某向朋友咨询,这位朋友以"过来人"的口吻告诫他要当心。

"此前,我也在炒股群里跟着指导'老师'炒股,小赚一笔。后来,'老师'反复暗示、明说甚至是逼迫式地游说我增加资金投入,还向我推荐配资软件,号称最高提供 15 倍杠杆,远低于市场月息。在注册认证后,准备缴纳配资保证金。尽管交易人员称,这个 App 运营多年,而且是与多家知名券商合作的,但幸亏我在转账前搜索了这个 App 的情况。结果发现,已有多位投资者在网络举报,该 App 疑似虚拟盘,且在该平台配资交易盈利后无法提取现金。由于没有转账,我后来被管理员直接踢出了这个炒股群。"张某的这位朋友说。

果然,在张某试了几次后,"老师"就劝诱他加入"高级群",前提是缴纳一笔会费。联想到朋友的情况,再加上"老师"推荐股票的市场表现也并不是像吹嘘的那样让投资者包赚不赔,张某担心后续还会有一环扣一环的"诱骗",就果断退群了。

事实上,张某拒绝的正是非法荐股。与早年间在电视等传统媒体上出现的非法荐股相比,当前通过互联网和相关平台进行的非法荐股活动的"捕获面"更广,门槛更低。像蜘蛛网伸向四面八方的非法荐股信息,通过手机微信和网络直播等途径铺天盖地向投资者袭来。个人证券账户信息泄露,也让非法荐股的操作人员可以更精准地"收割"。

二、非法荐股"套路"深

中国证券报记者调研发现,各类非法荐股活动背后是斩不断的利益链,不法分子通过各种套路骗取投资者的巨额钱财。目前,非法荐股活动的"盈利模式"大致分为三类。

(1)收取会员费、服务费、咨询费。例如,被广东警方查处的某投资机构,通过在网络平台投放广告,以免费领取"金股"的噱头吸引股民关注。

(2)与"庄家"联手,吸引股民入场"抬轿子"。上海证监局披露的一个案例显示,不法团伙利用电话、直播间、微信群等途径进行"忽悠式荐股",诱骗投资者高价接盘,掩护"庄家"顺利出逃。

(3)不法分子通过在社交平台拉群荐股、直播间讲课,忽悠股民到虚假投资平台上投资,骗取投资资金或平台充值费。这些所谓"荐股群"大多是彻头彻尾的"骗子群",群里从"管理员"到"老师""助理"甚至是部分"群友",皆由骗子伪装。

业内人士提醒,如果说第一类还与"股"相关的话,那么,第二类和第三类就是赤裸裸的诈骗了。尽管监管部门不断加大对违法活动的行政处罚和刑事打击力度,大力清理网络和媒体违法信息,但"非法荐股"现象仍屡禁不止。

南开大学金融发展研究院院长田利辉说,社交媒体、视频网站兴起为不法分子提供施展骗术的平台。除微信、QQ 等平台外,随着视频网站兴起,一些所谓知识区领域 UP 主、证券投资大 V 队伍也是鱼龙混杂,其中不少 UP 主、大 V 以"荐基""荐股"谋生,但并不合规。

监管难度大是非法荐股乱象难以根治的另一个原因。从调查取证看,打击"非法荐股"存在一定难度,此类案件查证难度比较大,需要很大的耐心和持续的投入。囿于执法力量和监管资源不足,打击非法荐股活动还没有形成合力。

此外,不法分子越来越狡猾。张某说,在他所在的"股票交流群"里,"老师"发的信息大多会采用图片方式发送,部分敏感词语会用谐音字代替。另一些案例表明,不少实施诈骗的不法分子身在境外,这给追责和执法带来很大的难度。

三、从严打击需合力

尽管有关部门持续从严打击非法荐股等乱象,但投资者仍频受侵扰。公安部网安局2021年4月9日公布的一则案例显示,浙江宁波余姚网警大队查清了一个为境外"杀猪盘"开发和制作虚假股票App的犯罪团伙。在抓获犯罪嫌疑人后,当事人才如梦方醒——原来自己始终在犯罪团伙模拟的虚假股市App内转悠,根本从来没进过合法股市。

专家指出,从"杀猪盘"等乱象分析,不法分子大多是利用微信、微博、网络直播室、论坛、股吧、QQ等互联网工具或相关平台进行非法荐股活动。由于网络虚拟电话技术水平的提高,打电话的形式也比较常见。在这种情况下,各方要形成合力,才能发挥出最大的打击力度。

张某也对中国证券报记者提出了疑问:"荐股的这些人是怎么拿到我的电话号码的?"针对目前股民信息通过证券相关App大量外泄的情况,北京盈科(杭州)律师事务所律师方超强建议,证监、网信、工信等主管部门应出台相应规范或技术标准,提高定期检查和测评频率,进一步提升此类App的信息安全防护能力。

在张某看来,天下没有免费的午餐,投资者自己更要多一分小心、多一分清醒、多一分谨慎,看好自己的"钱袋子",自觉强化"买者自负"的风险意识和理性思维,不然就真的要成为下一茬"韭菜"了。

资料来源:https://www.cs.com.cn/tj/04/02/202106/t20210608_6174114.html.

第六章 风险与收益

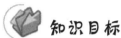

知识目标

了解风险、股票投资风险、系统性风险、非系统性风险、股票投资收益、股利收益率、股票回收率、持有期收益率等基本概念。

能力目标

1. 能够识别股票投资的风险。
2. 能够理性安排股票投资风险的处置逻辑。
3. 能够计算股票投资的各类收益率。

第一节　股票投资风险

一、股票投资风险简介

从理论与实践的发展来判断,人类对于股市运作逻辑的认知,是一个极具挑战性的世界级难题,这也是股票投资风险的根源所在。迄今为止,尚没有任何一种理论和方法能够令人信服并且经得起时间检验,"确定的是不确定本身",而这也正是股市投资的魅力之所在。

(一)风险的含义

风险(risk)即不确定性,既包括收益的不确定,也包括成本或代价的不确定。进一步讲,风险是未来事件是否发生、发生的时间、发生后的结果、发生后的损失及其大小等的不确定性。

若风险表现为收益或者代价的不确定性,说明风险产生的结果可能带来损失、获利或是无损失也无获利,这属于广义风险。金融风险就属于广义风险。若风险表现为损失的不确定性,说明风险只能表现出损失,没有从风险中获利的可能性,这属于狭义风险。

（二）股票投资风险的含义

股票投资风险是股票投资者购进股票后遭遇股价下跌，继而导致账面或实际损失的可能性。一般可理解为卖出价格低于预期价格的差距，或实获股息未能达到预定的标准。

股票的市场交易价格往往一日数变，价涨即获利，价跌即亏损，有时连涨数日获利丰厚，有时连跌数日损失惨重。股票市场上的机遇和风险总是同时存在、同时发展、同时减退的。投资者在期望获取高额收益的同时，必然要承担相应巨大的风险。

二、股票投资风险的分类

与股票投资相关的所有风险，统称为总风险（total risk）。总风险按照能否将其分散，分为系统风险（systematic risk）与非系统风险（nonsystematic risk）两大类。

（一）系统性风险

社会、政治、经济等某种或某几种全局性因素使整个股票市场发生价格波动，由此造成的风险被称为系统性风险，又称市场风险、不可分散风险。这种风险是在企业外部发生的，企业自身无法控制和回避。系统性风险主要有如下类型。

1. 政策风险

经济政策和管理措施可能会造成股票收益的损失，如财税政策的变化可以影响到公司的利润，股市的交易政策变化也可以直接影响到股票的价格。此外，还有一些看似无关的政策（如房地产调控政策），也可能会影响到股票市场的资金供求关系，进而导致收益风险。

2. 利率风险

在股票市场上，股票的交易价格是按市场价格而不是按其票面价值进行交易的。市场价格的变化会受市场利率水平的影响。当利率向上调整时，企业财务成本增加，利润下降，使得股票的相对投资价值随之下降，从而导致股价的下滑。

3. 购买力风险

由物价变化导致的资金实际购买力的不确定性，称为购买力风险，或通货膨胀风险。一般理论认为，轻微的通货膨胀会刺激投资需求的增长，从而带动股市的活跃；当通货膨胀超过一定比例时，未来的投资回报将大幅贬值，货币的购买力下降，导致投资的实际收益下降，这可能给投资者带来损失。

4. 市场风险

市场风险是股票投资活动中最普通、最常见的风险，是由股票价格的涨落直接引起的。

（二）非系统性风险

非系统风险又称公司个别风险（firm-specific risk），是因个别公司、行业及特殊状况引发的风险，属于可分散风险。非系统性风险主要有如下四种。

1. 经营风险

经营风险主要指因上市公司经营不善、失败、倒闭而给投资者带来损失的风险。

2. 财务风险

财务风险是指公司因筹措资金而产生的风险,即公司可能丧失偿债能力的风险。

3. 信用风险

信用风险也称违约风险,是指不能按时向股票持有人支付本息而给投资者造成损失的风险。

4. 道德风险

道德风险主要是指上市公司管理者的不道德行为给公司股东带来损失的风险。

三、股票投资风险的分析方法

股票投资分析的目的是规避风险、获取收益,相应的,股票投资分析的方法,如基本分析、技术分析以及演化分析也可用于分析股票投资风险。在实际应用中,它们既相互联系,又有重要的区别。

(一)基本分析

基本分析以企业内在价值作为主要研究对象,从决定企业价值和影响股票价格的宏观经济形势、行业发展前景、企业经营状况等方面入手,进行详尽的分析。基本分析的目的是大概测算上市公司的投资价值和安全边际,并与当前的股票价格相比较,形成相应的投资建议。

基本分析认为,股价波动轨迹不可能被准确预测,而只能在有足够安全边际的情况下买入并长期持有,在安全边际消失后卖出。

(二)技术分析

技术分析以股价涨跌的直观行为表现作为主要研究对象,以预测股价波动形态和趋势为主要目的,从股价变化的 K 线图表与技术指标入手,是对股市波动规律进行分析的方法总和。

技术分析有三个前提假设,即市场行为包含一切信息、价格以趋势方式波动、历史会重演。国内比较流行的技术分析方法包括道氏理论、波浪理论、江恩理论等。

(三)演化分析

演化分析(evolutionary analysis)以股市波动的生命运动内在属性作为主要研究对象,从股市的代谢性、趋利性、适应性、可塑性、应激性、变异性、节律性等方面入手,对市场波动方向与空间进行动态跟踪研究,是为股票交易决策提供机会和风险评估的方法总和。

演化分析从股市波动的本质属性出发,认为股市波动的各种复杂因果关系或现象,都可以从生命运动的基本原理中找到它们之间的逻辑关系及合理解释,并为构建科学合理的博弈决策框架提供令人信服的依据。

四、股票投资风险管控的原则

股票投资风险管控的目标包括确定风险管控的具体对象和风险管控的程度,具体对象包括基本因素风险、行业风险、企业风险、市场风险等。投资者如何确定自己的目标既取决于自己的主观投资动机,也取决于股票的客观属性。在对股票投资风险管控的目标作出选择之后,接下来要做的就是确定风险管控的原则。风险管控通常包括回避风险、减少风险、留置风险和共担(分散)风险这四大原则。

(一) 回避风险

回避风险是指事先预测风险发生的可能性,分析和判断风险产生的条件和因素,在经济活动中设法避开风险或改变行为的方向。在股票投资中,回避风险的具体做法是:放弃对风险性较大的股票的投资,转而投资其他金融资产或不动产;或改变直接参与股票投资的做法,转投基金,间接进入市场等。相对来说,回避风险原则是一种比较消极和保守的风险管控原则。

(二) 减少风险

减少风险是指人们在从事经济活动的过程中,不因风险的存在而放弃既定的目标,而是采取各种措施和手段设法降低风险发生的概率,减轻可能承受的经济损失。在股票投资过程中,投资者在已经了解到股票投资有风险的前提下,不放弃股票投资动机,同时运用各种技术手段,努力抑制风险发生的可能性,削弱风险带来的消极影响,从而获得较丰厚的风险投资收益。对于大多数投资者来说,这是一种进取性的、积极的风险管控原则。

(三) 留置风险

留置风险是指在风险已经发生或已经知道风险无法避免和转移的情况下,正视现实,从长远利益和总体利益出发,将风险承受下来,并设法把风险损失减少到最低程度。在股票投资中,投资者应在自己力所能及的范围内确定承受风险的度,在股价下跌、自己已经亏损的情况下,果断"割肉斩仓"以"停损",进行自我调整。

(四) 共担风险

共担风险指在股票投资中,投资者借助于各种形式的投资群体合伙参与股票投资,以共同分担投资风险。这是一种比较保守的风险管控原则。它使投资者承受风险的压力减弱了,但获得高收益的机会也可能少了,遵循这种原则的投资者一般只能得到平均收益。

五、股票投资风险管控的计划

投资者确定了风险管控的目标与风险管控原则后,应当依据既定的原则,制订一套具体的风险管控计划,以便减少行为的盲目性,确保管控风险的目标得以实现。风险管控计划与投资计划通常是合并在一起的,既然有赚取更多收益的计划,就应有更少地承受风险的计划。投资计划是落实风险管控原则和实现风险管控目标的必要条件,同时,又受后两者制约。现有的投资计划形式虽然很多,但大体上可以归为三类:趋势投资计划、公式化投资计划、保本或停损投资计划。

（一）趋势投资计划

趋势投资计划是一种长期的投资计划，适用于长期投资者。这种投资计划主要以道氏理论为基础，认为投资者在一种市场趋势形成时，应保持自己的投资定位，待主要趋势逆转的讯号出现时，再改变投资定位。市场主要趋势不断变动，投资者可以顺势而动，以取得长期投资收益。

趋势投资计划的一个典型代表是哈奇（Hatch）计划，又称百分之十投资计划，其基本内容是：投资者将某段时期（通常以月为单位）股票价格的平均值与上段时期的最高值或最低值进行比较，在平均值高于最高值10％时卖出，低于最低值10％时买进，其中月平均值采用周平均值之和的算术平均数计算。

（二）公式化投资计划

公式化投资计划是一种按照定式投资的计划。它遵循减少风险、分散风险和转移风险等风险管控原则，利用不同种类股票的短期市场价格波动管控风险，获取收益。具体有等级投资计划、平均成本投资计划、固定金额投资计划、固定比率投资计划、可变比率投资计划等。这些计划的形式各不相同，但基本原理基本相同，其主要特点可归纳为以下三个方面。

（1）各种投资分类方法都把资金分为两部分，即进取性投资和保护性投资。前者投资于价格波动比较大的股票，其收益率一般比较高，风险也比较大；后者投资于股价比较稳定的股票或投资基金，收益平稳，风险也比较低。

（2）在进取性投资和保护性投资之间确定一个恰当的比率，并随着股价的变化，按照定式对两者的比率进行调整，使两者的搭配能满足预期的收益水平和风险管控目标。

（3）投资者根据市场价格水平的变化，机械地进行股票买卖活动。

（三）保本或停损投资计划

保本或停损投资计划是投资者在股市前途莫测、股价动荡不定时，为了避免或减轻投资本金损失，遵循留置风险的原则所采取的一类投资计划。这种投资主要有两种具体形式：一种是保本投资计划，另一种是摊平投资计划。

六、股票投资风险管控的措施

在确定了风险管控的原则和计划之后，采取什么样的具体管控措施，就成了投资者需要解决的实际问题。

（一）客观认识和评价自己

几乎所有投资者在投资股市之前，总是认为自己会取得成功。然而，事实却往往并不遂人愿。这在很大程度上是由于投资者在自我认识和评价上出现了偏差。要正确认识和评价自己，关键是要客观地分析自己在投资动机、资金实力、股票投资知识和阅历、心理素质等方面的情况。

这四个因素综合在一起,决定了投资者是否应该参与投资活动以及对投资风险的承受能力。投资者必须按照自己对风险的承受力来决定自己的投资行为和投资组合,才能避免亏本给自己造成严重打击。

(二) 股票信息的获取与决策

信息之于股市的重要性就如同氧气之于人的重要性一般,充分及时掌握各种股票信息是投资成功的法宝。掌握信息的关键在于获取信息、分析处理信息和利用信息。涉及股市的信息范围很广,有反映系统性风险的宏观信息(如总体社会政治、经济、金融状况信息)和反映非系统性风险的微观信息(如上市公司经营状况信息、股市交易与价格信息、证券管理信息等)。

投资者可以针对自己的投资目的或风险管控目标,有选择地收集各种信息,收集的途径主要有:新闻媒体、企业正式发布的各种资料、交易所信息网络、证券投资咨询公司、专业书籍等。收集到各种信息以后,投资者还应对这些信息进行处理,判断信息的准确性以及其可能对股市产生的影响;最后,利用已掌握的信息,作出自己的投资决策。在这个过程中,信息的准确与否十分重要。否则,不仅不能规避风险,反而会加大风险,造成不必要的损失。

(三) 市场敏感度

所谓市场敏感度,是指投资者对股票市场上影响价格和投资收益的不确定因素的敏感程度以及正确判断这些因素变动方向的"灵感",是一种心理状态。市场敏感度高的人,善于抓住战机,从市场上每一细小的变化中揣摩价格趋势变动的信号,或盈利,或停损;市场敏感度低的人,即便机会摆在眼前,也可能熟视无睹,任其溜掉,甚至因此而蒙受经济损失。要培养良好的市场敏感度,必须保持冷静的头脑,逐步积累经验并加以灵活运用,同时要有耐心,经常进行投资模拟试验,相信自己的第一感觉。

七、股票投资风险管控的技巧

关于股票投资风险管控的技巧众说纷纭,主要有以下三类。

(一) 技术分析法

所谓技术分析,是指投资者根据股票的市场价格和交易量变动的趋势及两者之间的联系,对市场未来行情作出预测,择机买卖股票,以期免受价格下跌造成的损失并谋取投资收益。这种技能的主要依据是统计数据和图表。

技术分析的理论基础是道氏理论,主要工具有价格走势图表、移动平均线、乖离率、相对强弱指标(RSI)、腾落线(ADL)、成交量分析(OBV)、价量经验法则等。

(二) 投资组合法

投资组合法是最能体现分散风险原则的投资技巧。投资组合又称资产组合或资产搭配,是指投资者将资金同时投入到收益、风险、期限都不相同的若干种资产上,借助资产多样化效应,分散单个资产风险,进而减少所承受的投资总风险。有效的投资组合应当具备以下三个条件。

(1) 所选择的各类资产,其风险可以部分地互相冲抵。

(2) 在投资总额一定的前提下,其预期收益与其他组合相同,但可能承受的风险比其他投资组合小。

(3) 在投资总额一定的前提下,其风险程度与其他投资组合相同,但预期的收益较其他投资组合高。

为了使自己所进行的投资组合满足这三个条件,投资者应当尽可能地实现投资多元化,包括股票品种多元化、投资区域多元化和购买时间多元化。

(三) 借助股票指数期货交易套期保值

股票指数期货交易是一种可以对冲风险的金融交易品种。投资者运用股票指数期货进行套期保值,以此减少投资风险。

第二节　股票投资收益

股票投资的收益包含两大部分,一部分是货币化的经济收益,另一部分是股权化的权益性收益。

一、货币化的经济收益

股票投资的货币化经济收益是狭义的收益,由收入收益和资本利得两部分构成。

(一) 收入收益

收入收益是指股票投资者以股东身份,按照持股的份额,在公司盈利分配中得到的股息和红利的收益。

(二) 资本利得

资本利得是指投资者在股票价格的变化中所得到的收益,即:将股票低价买进、高价卖出,由此得到差价收益。

二、股权化的权益性收益

投资人进行股权投资后,身份发生转变,成为股东,从被投资方取得的非货币形式的收益,就是股权自身附带的权益性收益。

假设将公积金转增股本、送红股、配股带来的股票数量增加视作收益,老股东的股份所占比例不变,但是由于持有的股票数量增加,投票权等参与权的数量也相应增加。

三、股票投资的成本

股票投资的成本是由机会成本与直接成本两部分构成。

(一) 机会成本

在资金量既定的前提下,当投资者打算进行投资时往往面临着多种选择。如果选择了股票投资,就必然要放弃其他的投资,即放弃了从另外的投资中获取收益的机会。这种因选择股票投资、放弃其他投资获利机会而可能获得的最大收益,就是股票投资的机会成本。

(二) 直接成本

直接成本是指股票投资者花费在股票投资方面的资金支出,它由股票价款、交易佣金、税金和为了进行有效的投资、取得市场信息所花费的开支(信息费)四部分构成。

1. 股票价款

股票价款的计算公式为

$$股票价款＝委托买入成交价格×成交股数$$

2. 交易佣金

交易佣金是指投资者在股票交易中需向券商交纳的费用,主要包括委托买卖佣金、委托手续费、记名证券过户费、实物交割手续费。

在正规的证券交易所进行股票交易时,投资者之间并不是直接交易,而是通过券商分别向交易所发出买或卖的指令,符合成交规则的就达成交易。显然,券商不是免费为投资者服务的。目前,券商佣金率一般在 0.2‰左右。

3. 税金

股票交易在上海、深圳和北京三大交易所都是要交税的,包括印花税和个人所得税。但在不同的历史阶段,税率有所变化。

(1) 印花税。目前,印花税率为成交金额的 1‰,向出让方单边征收,受让者不再缴纳印花税,此税由券商代扣后由交易所统一代缴[①]。

(2) 个人所得税。目前,个人从公开发行和转让市场取得的上市公司股票,持股期限在1 个月以内(含 1 个月)的,其股息红利所得全额计入应纳税所得额;持股期限在 1 个月以上至 1 年(含 1 年)的,暂减按 50%计入应纳税所得额;上述所得统一适用 20%的税率计征个

---

① 经国务院批准,财政部、国家税务总局决定从 2008 年 9 月 19 日起,调整证券(股票)交易印花税征收方式,将现行的对买卖、继承、赠与所书立的 A 股、B 股股权转让书据按千分之一的税率对双方当事人征收证券(股票)交易印花税,调整为单边征税,即对买卖、继承、赠与所书立的 A 股、B 股股权转让书据的出让方按千分之一的税率征收证券(股票)交易印花税,对受让方不再征税(来源:http://www.mof.gov.cn/zhengwuxinxi/caizhengxinwen/200809/t20080919_76432.htm)。根据 2022 年 7 月 1 日起施行的《中华人民共和国印花税法》第三条:本法所称证券交易,是指转让在依法设立的证券交易所、国务院批准的其他全国性证券交易场所交易的股票和以股票为基础的存托凭证。证券交易印花税对证券交易的出让方征收,不对受让方征收。

人所得税[①]。

4. 信息费

信息费包括为分析股票市场行情,股票上市公司经营及财务状况,广泛搜集有关信息、情况资料所发生的费用开支,以及为搜集、储存、分析股票行情信息所添置的通信设备、个人计算机等所花费的资金。

四、收益率

股票收益率是反映股票收益水平的指标。衡量股票收益率的指标主要有股利收益率、持有期收益率和拆股后持有期收益率等。

（一）股利收益率

股利收益率(dividend yield)又称获利率,是指股份公司以现金形式派发的股息或红利与股票市场价格(股票买入价)的比率。其计算公式为

$$股利收益率 = \frac{股息}{股票买入价格} \times 100\%$$

该收益率可用于计算已得的股利收益率,也可用于预测未来可能的股利收益率。股利收益率是挑选收益型股票的重要参考标准。如果连续多年年度股利收益率超过 1 年期银行存款利率,则这只股票基本可以视为收益型股票。股利收益率越高,越吸引人。

（二）持有期收益率

持有期收益率(holding period yield)指投资者持有股票期间的股息收入同买卖差价之和与股票买入价的比率。其计算公式为

$$持有期收益率 = \frac{现金股利 + \dfrac{出售价格 - 购买价格}{持有年限}}{购买价格} \times 100\%$$

股票没有到期日,投资者持有股票的时间短则几天,长则数年。持有期收益率就是反映投资者在一定的持有期内的全部股利收入和资本利得占投资本金的比重。持有期收益率是投资者最关心的指标,但如果要将它与债券收益率、银行利率等其他金融资产的收益率作比较,须注意时间的可比性,即:要将持有期收益率转化为年率。

---

① 根据 2019 年 1 月 1 日起施行《中华人民共和国个人所得税法》第三条:个人所得税的税率;利息、股息、红利所得,财产租赁所得,财产转让所得和偶然所得,适用比例税率,税率为百分之二十。根据 2015 年 9 月 8 日施行的《财政部国家税务总局 证监会关于上市公司股息红利差别化个人所得税政策有关问题的通知》和 2019 年 7 月 12 日施行的《财政部 税务总局 证监会关于继续实施全国中小企业股份转让系统挂牌公司股息红利差别化个人所得税政策的公告》:一、个人从公开发行和转让市场取得的上市公司股票,持股期限超过 1 年的,股息红利所得暂免征收个人所得税。个人从公开发行和转让市场取得的上市公司股票,持股期限在 1 个月以内(含 1 个月)的,其股息红利所得全额计入应纳税所得额;持股期限在 1 个月以上至 1 年(含 1 年)的,暂减按 50%计入应纳税所得额;上述所得统一适用 20%的税率计征个人所得税。二、上市公司派发股息红利时,对个人持股 1 年以内(含 1 年)的,上市公司暂不扣缴个人所得税;待个人转让股票时,证券登记结算公司根据其持股期限计算应纳税额,由证券公司等股份托管机构从个人资金账户中扣收并划付证券登记结算公司,证券登记结算公司应于次月 5 个工作日内划付上市公司,上市公司在收到税款当月的法定申报期内向主管税务机关申报缴纳。

（三）持有期回收率

持有期回收率（recovery rate in holding period）是指投资者持有股票期间的现金股利收入同股票卖出价之和与股票买入价的比率。其计算公式为

$$持有期回收率 = \frac{现金股利 + 股票卖出价}{股票买入价} \times 100\%$$

该指标主要反映投资回收情况。如果投资者买入股票后股价下跌或是操作不当，均有可能出现股票卖出价低于买入价的情况。此时，持有期回收率可作为持有期收益率的补充指标，用来计算投资本金的回收比率。

（四）拆股后的持有期收益率

投资者在买入股票后，在该股份公司发放股票股利或进行股票分割（即拆股）的情况下，股票的市场价格和投资者持股数量都会发生变化。因此，有必要在拆股后对股票价格和股票数量作相应调整，以计算拆股后的持有期收益率。其计算公式为

$$拆股后的持有期收益率 = \frac{调整后的现金股利 + \dfrac{调整后的资本利得}{持有期限}}{调整后的购买价格} \times 100\%$$

（五）股利支付率

股利支付率也称股息发放率，是指净收益中股利所占的比重，即上市公司向股东分配派发的股息占公司盈利的百分比。股利支付率的计算公式为

$$股利支付率 = \frac{股利总额}{净利润总额} \times 100\%$$

或者

$$股利支付率 = \frac{每股股利}{每股净收益} \times 100\%$$

它反映公司的股利分配政策和股利支付能力，以及股东从每股的全部净收益中分得的数额。对普通股投资者来讲，这一指标比每股净收益更能直接体现当前利益，是实实在在"到手"的收益。

例如，某上市公司本年度的净利润总额为 1 亿元，向股东分红 1 000 万元，则其股利支付率 $= 0.1 \times 100\% = 10\%$。

再如，某公司 2020 年股利支付率为 91%，2021 年股利支付率为 100.39%，这意味着该公司在这两年几乎将所有利润都作为股息发放给股东。

（六）现金股利支付率

现金股利支付率一般指支付现金股利比率，是本期经营活动净现金流量与现金股利支付能力的比率。传统的股利支付率反映的是支付股利与净利润的关系，并不能反映股利的现金来源和可靠程度，所以现金股利收益率的概念应运而生，其计算公式为

$$现金股利支付率 = \frac{现金股利或分配的利润}{经营现金流量} \times 100\%$$

现金股利支付率反映的是本期经营现金净流量与现金股利的关系。比率越高,企业支付现金股利的能力就越强。

课 后 练 习

一、名词解释

风险、系统性风险、非系统性风险、股票投资、资本利得、价差收益、股利收益率、持有期收益率、持有期回收率。

二、简答题

1. 简述股票投资风险的分析逻辑。
2. 简述股票投资风险的分析方法。
3. 简述股票投资风险管控的原则。
4. 简述股票投资风险管控的措施。
5. 简述制定股票投资风险管控的技巧。
6. 简述股票投资的收益构成。
7. 简述股票投资的成本包含的内容。

课后拓展一:A股庄家简史

"我当时就问我们公司的投资部,你们怎么做得这么屎? 这么烂? 账户里面的G公司停牌之前还有3 800万元,复牌后你们为什么卖掉? 假如不卖掉,现在都5 200万元了!"2016年年底的一天,江苏常州,苏某正和自己的客户金某吐槽自己公司投资部同事的无能。

苏某这次是来给金某赔罪的。2015年,苏某是丙券商江苏分公司的总经理助理,他和金某签了一份投顾协议——金某一个5 000万元资产的账户由丙券商代为操盘一年,收益三七分成。

最开始的时候双方约定不保本,但是后来当账户亏损了1 000多万元,金某要清仓止损的时候,丙券商却转变了态度——为了留住金某这个大客户,双方又签了一份保本协议,约定假如发生亏损,丙券商全额赔偿。

真等到协议到期的时候,金某账户的余额让所有人都傻眼了:翻了一倍,但翻倍的不是余额,而是亏损。

按照协议,这亏损的2 000多万元应该都由丙券商补偿。但是,当苏某向公司总部汇报的时候,得到的答复却是:保本是不可能保本的,这辈子都不可能保本的,只能按照"倒三七"这样分摊下损失。也就是说,这亏损的2 000万元,丙券商最多只认30%。

平白无故要亏 1 400 多万元,金某当然不干了。当时,丙券商正在 IPO 排队的关键时期,金某态度很明确,要么赔钱,要么法庭和媒体上见。

这才有了文章开头,苏某向金某赔罪的一幕。

除了怒喷投资部的同事之外,苏某还带来了自己和公司协商之后确定的方案:双方再续约 6 个月。

苏某信誓旦旦地和金某保证,如果不出意外的话,两三个月账户就能翻倍,连本带利都回来了。

怕金某不信,苏某还加了一句:"实在不行就拿公司别的客户的账户去拉,确保您的账户能出来!"

不知道当时丙券商其他客户看到苏某这句话后会是什么感受。谁能想到,在抬轿子这件事上,大户和散户实际上没什么区别,都只不过是券商辗转腾挪的棋子罢了。

他们先是割散户,散户收割完了,开始割大户;大户割完,就割那些产品还没到期的大户。原来,韭菜也内卷了,有韭菜,自然就有庄家。

20 世纪 90 年代末,几乎在沪深交易所成立的同时,庄家便出现了。只不过,那时候,他们还不叫"庄家",而是一个更市场化的名字——"操盘手"。

和很多人印象中阴郁狡诈的庄家印象不同,A 股市场上第一批操盘手中不乏读书人——在期货市场上把金融大鳄刘某打得体无完肤的张某,不仅自己是一个读书人,其第一桶金更是来自于一家名为"读来读去读书社"所收取的读者会员款;而庄家吕某不仅熟读诗书,而且文笔了得,其《国运》《龙年邪说》等作品更是因其先锋性的手法而广受评论界好评。

这些嘴上满是仁义道德、互称江湖兄弟、往往以"善庄"自居的庄家们,背地里却做着连赌徒都唾弃的勾当——"出老千""抢帽子""抬轿子",或者如"爆料门"中叶某说的那样"市值管理"。

实际上,"市值管理"并不是一个贬义词,而是一个曾被官方认定的制度性用语——2014 年 5 月,新国九条首次提出"鼓励上市公司建立市值管理制度"。

1. 无人区

2001 年,A 股市场上的初代庄家吕某逃跑,从此便销声匿迹。有人说他潜逃出境,有人说他自杀,但究竟结果如何,一直是一个谜。而就在吕某逃跑前的一年,吕某还是 A 股市场上呼风唤雨的"K 先生"。那一年的 2 月,吕某新婚大喜之前,对操盘手说:"你能送我一份特别的礼物吗?"。第二天,吕某坐庄的 Z 公司收盘价恰好停在 72.88 元(谐音为"妻儿发发")。

吕某之所以能够在 Z 公司这只股票上只手遮天,是因为他和他的合作伙伴朱某掌握了 90% 以上的流通盘。吕某和朱某相识于 1998 年。那一年的年中,朱某到北京找到吕某,要求对其深套的 K 公司(Z 公司的前身)股票施以援手。朱某当时已经持有 K 公司 90% 的流通盘,本来已经准备动手割韭菜了,但由于香港突然暴发禽流感,所以主营业务为养鸡的 K 公司股票暴跌,朱某无法出货。

两人一拍即合,随即达成了协议:吕某组织资金接下手中 50% 的 K 公司流通盘,而朱某配合长期锁仓 5 年。随后,吕某开始了自己的坐庄表演。

首先,他利用自己的舆论影响力在报纸上为 K 公司造势,并通过收购法人股控制了 K 公司的董事会,接着连续发出利好消息。

在一篇文章中,吕某将蹭概念的手法运用得炉火纯青,文章写道"K 公司经资产重组后,将涉足优质农业、生物医药、网络信息设备、网络电信服务、高技术产业投资等多个新兴产业领域。""K公司具有广阔的发展前景,将有望发展成为中国的伯克希尔·哈撒韦。"

在这个过程中,K公司的股东们对吕某的态度也相当暧昧。据说,当吕某初次见到K公司当任董事长曾某时,后者握住吕某的手久久不放,热情表示他们"就像盼望解放军一样"盼望吕某"前来重组他们,解放他们"。

与此同时,吕某指挥丁某、董某等人,利用自己的信誉进行融资,融资50多亿元炒作股价,K公司从最初的9元最高炒到了84元。

不过,在2000年8月一天,故事迎来了转折。

那天的深夜两点左右,吕某被人从睡梦中叫醒,紧急召到某公司在北京的总部大厦。吕某被告知,一艘"大飞"(据说是对一种可用于偷渡的快艇的俗称)将一笔港币现金运到了香港。这笔钱的主人就是朱某,"至少有4亿元"。

朱某背叛吕某后,消息没有走漏,所以股市上依然是一片欣欣向荣的景象。

但两个月后,吕某突然又获知了另一个危机信号:他手下的重臣申某受到一项重大案件的牵连,已被有关部门看管起来。更让吕某有危机感的是,申某居然背着自己开了数千万的"老鼠仓",而一旦进入调查,这些"老鼠仓"就会被强行平仓。

被兄弟背叛,紧接着又被手下"偷鸡",吕某慌了。

他下令在深圳、北京Z公司内部查"老鼠仓",并要求所有Z公司资金于年底以前结清。大规模平仓出货之后,便引发了2000年年底的深圳公司大规模崩盘。从当年的12月25日开始,一直平稳运行的Z公司突然连拉9个跌停板,跌去50个亿元市值。随后,吕某被查,上演了前面的"夜奔"一幕。

吕某消失之后,和他私交甚笃的另一个庄家"汤司令"汤某用一句话为初代庄家们做了一个总结性陈词:"老吕倒了,一个时代结束了!"而"汤司令"自己也在吕某失踪的8年后,因突发脑溢血而死在了自己的公寓中。这个曾经将亿安科技从6元钱打到30元钱的庄家,据说晚景相当凄凉——死时无人在身边,发现时已死了十几小时。汤某一生未婚,有人说这是因为他早年间曾经被自己最信任的港籍合伙人骗走了全部家当,所以对人性一直抱有怀疑。

坐庄,究竟是一个伤天害理的事,钻了人性的漏洞,最终也被人性的漏洞所吞噬。在人性堕落的阴沟里,无人生还。

2. 德隆败局

如果说吕某算是初代庄家的代表,那来自西北边陲的唐某就算是初代庄家的集大成者了,他和他的"德隆系"后来被称为"A股第一强庄"。

唐某起家的公司,不是德隆,而是一家彩印社,他把自己的彩印社取名为"朋友"。胡子拉碴的唐某有着让周围人着魔的能力,一个被人津津乐道的例证是,德隆欧洲区总裁朱某曾经是前罗兰贝格中国区首席代表,多年生活在国外,但自从他1999年加入德隆。

这份已经接近于"蛊惑"级别的魅力也传染到了A股市场上。在短短几年间,唐某靠着自己"产业整合"的理论,将德隆从一个西北边陲的小企业,打造成了超过1 200亿美元的金融和产业帝国。

1998年,德隆出资1 000万美元购进苏联明斯克号航空母舰,停泊在深圳大鹏湾的沙头角,打造成航空母舰主题公园。从此开始,德隆以"中国民营企业的航母"自居。

在资本市场上,德隆系似乎也是一艘"不沉的航空母舰"。在2001—2004年这三年,A股市场跌了30%多,但德隆系的"老三股"新疆屯河、合金股份、湘火炬,股价却分别上涨

1 100%、1 500%和1 100%。

但唐某过完40岁生日的第10天,德隆系的股票开始崩盘。等到证监会的调查结果出来,人们才发现,德隆系"老三股"之所以能够在大盘大跌之际依然坚挺,是因为德隆系几乎掌握了30%的流通盘筹码,而且德隆系交易"老三股"的天数占市场总交易天数的比例全部在92%以上,交易量占市场总交易量的最高比例全部在99%以上。

而为了保证德隆系的股价只涨不跌,在长达7年的时间里,唐某等人利用自有资金和部分委托理财资金,使用24 705个股东账号(俗称拖拉机账户),集中资金优势、持股优势,采取连续买卖、自买自卖等手法,长期大量买卖老三股,造成三只股票价格异常波动。

后来的调查表明,德隆操纵老三股的账户分布在全国30多个省市区90多个城市的500家证券营业部。与此同时,中国证监会稽查局仅调查取证的资料就达到600多卷。

2004年12月17日,唐某因涉嫌变相吸收公众存款和操纵证券交易价格非法获利被拘,德隆系一干旧部鸟兽散。此后两年中,德隆系共104人被拘押,84人被捕,最后被判处有期徒刑以上的人员达70余人。

3. 徐某陨落

在2015年穿着白色阿玛尼被捕之前,徐某就是A股的"神"。他17岁带3万入市,几年后成为宁波敢死队的龙头老大,被称为"总舵主"。

那是一段徐某将"涨跌停板"制度利用到极致的岁月。

由于有10%的涨停限制,以徐某为首的敢死队习惯于用大单拉升一只股票,其他散户看到股价突然拉升,将跟风推动股票封涨停。而一旦股票在第一天涨停,势头将会持续。到了第二天,急于交易的交易员们冲进去买股票,再次将其封板。在这一过程中,市场产生了自我宣传效应。再过几天,敢死队就会砸盘获利卖出。

一般来说,当游资转为私募之后,由于操盘的资金太多,过往的涨停板战法会受到诸多限制,过去的辉煌也会难以为继。但在2009年成立了泽熙这个阳光私募之后,徐某依然继续着自己的神话。即便是他管理的表现最差的基金,也在五年时间里增长了近800%。

可以作为对比的是,从2010年3月到2015年10月,沪指仅仅上涨了11.6%,但徐某的泽熙一期基金却产生了逾3 270%的回报。

公众对于徐某的崇拜已经到了无以复加的程度,称其为"中国的卡尔.伊坎""徐神奇"和"私募一哥"。如果说如今的"基金一哥"张坤可以穿越牛熊的话,那当时的徐某就是更高一级的"神"——他甚至可以穿越股灾。

从2015年初开始,泽熙旗下一只基金的净值增长了357%,在中国的1 649只基金里排名第一;另一只基金的净值增长了187%。在6月份为期三周的股灾行情中,泽熙的五只上市基金全部增长了至少20%。

但是,唯物主义告诉我们,世界上没有神,只有人为创造出来的偶像。当徐某的审判书公布之后,人们惊奇地发现,徐某并不是什么奇才,他所使用的坐庄手法几乎和自己的老前辈吕某如出一辙。

判决书显示,在2010—2015年,徐某单独或伙同他人,先后与13家上市公司的董事长或者实际控制人合谋操纵相关上市公司的股票交易。

基本的坐庄逻辑就是,徐某和上市公司董事长密谋,约定由上市公司公布"高送转""业绩预增""乙型肝炎治疗性疫苗""石墨烯"等利好消息,然后徐某买入拉升股价,股价上涨后,徐某利用大宗交易接盘上市公司股东的股份,随后在二级市场全部抛售。而套现的股东会将收益与徐某五五或者四六分成。靠着这种坐庄手法,徐某等人赚了足足有70亿元。

2017年1月23日,青岛市中级人民法院开庭宣判,时年40岁的徐某被判有期徒刑五年半,罚金110亿元。

4. 消灭庄家

曾经有人统计过第一代庄家的下场,29名庄家的结局不外乎7种:现状窘迫的有8人;逃亡的有7人;入狱的有5人;转行和赔光的各有3人;剩下3人的结局分别是禁入、失踪和"胜利"。唯一"胜利"逃跑的赵笑云,辗转回国之后落得一个产品清盘的下场,再没有翻身的机会。

自从2015年之后,证监会针对操纵市场等违规行为的惩处力度越来越严,越来越多的庄家开始在严监管的约束下现出了原形。

2017年,庄家唐汉博被罚没逾12亿元,庄家朱康军被罚没5.36亿元,前发审委员冯小树被罚没将近5亿元,庄家鲜言被罚没34.7亿元;2018年,庄家北八道被罚没55亿元,创下了证监会行政处罚的金额纪录。从2015年至2020年,证监会罚没金额达到了357.84亿元。

更有意思的是,这些年来,坐庄越来越不赚钱了,坐庄反亏钱的案例越来越多。庄家刘晓东操纵D公司股票,涉及账户44个,股票交易金额高达103亿元,但刘晓东最终亏损5.29亿元。熊模昌、吴国荣因操纵H公司,利用196个账户坐庄,最终怒亏3.24亿元;而J公司控股股东、实际控制人、前董事长三人调动大量操纵J公司股票长达两年半时间,最终却亏损了1.57亿元。

不过,前私募冠军叶某的爆料却让人们发现,这个市场上的老虎少了,但是苍蝇却远远没有灭绝。光是叶某这个落寞的私募冠军就举报了18家上市公司和四家券商,其余潜伏在水下的暗庄,不知道还有多少。而且,叶某为了区区5万元钱就愿意充当庄家的掮客,很难想象如果有100%的利润,会有多少人愿意铤而走险。

吴敬琏在21世纪初曾经说过,A股连赌场都不如。20年后,A股肯定比当初更加规范了,但是偷鸡的人却从来没有消失。如今,叶某打牌输急眼了,掀翻了牌桌,然后开始报警。但究竟还有多少人在暗自狂欢,依然还是未知。要想让庄家销声匿迹,除了监管高压之外,韭菜们也应该加强自我修养。

2008—2017年,散户每年的换手率接近700%,是机构投资者的4倍还多。如此急功近利的散户土壤,自然会培育出杀人如麻的庄家。

有一句话说得好,牛(bulls)可以赚钱,熊(bears)可以赚钱,但是猪(pigs寓意贪婪的人)赚不了钱。要想没有庄家,只能没有韭菜。

资料来源:https://ishare.ifeng.com/c/s/v002IOS2nnhOLiTZ-PuoiEPXcK2foqrLFJs4EU0j9PVOEZk_.

课后拓展二:叶某引爆A股史诗级大片

叶某引爆A股
史诗级大片

第七章 股票投资的原则与方法

 知识目标

了解哈奇趋势投资计划法、等级定量投资计划法、逐期定额投资计划法、固定金额组合操作法、固定比率组合投资法、变动比例组合投资法、杠铃型计划组合法、渔翁撒网操作法、反渔翁撒网法、摊平操作法、博傻操作法、拔档操作法、顺势操作法、跟庄操作法等基本概念。

 能力目标

1. 能够掌握并遵循股票投资的一般原则。
2. 能够掌握并运用股票投资的典型计划操作方法和灵活操作方法。

第一节 股票投资的一般原则

股票投资的目的是赚取收益,但为了赚取收益,不可避免地会承担一定的风险。不同投资者对股票投资的不同态度以及采取的不同策略,实际上就是人们对收益与风险大小的权衡,有的人倾向于承担高风险,以便赚取高收益;而有的人宁愿选择低收益,承担低风险;也有的人介于两者之间。无论哪一种投资者,其共同点都是在预期收益一定的前提下,尽可能地利用各种方法和手段,降低甚至避免投资风险;或者,在预期投资风险一定的前提下,尽可能提高收益率。为了达到此目标,投资者必须遵循一定的投资原则。

一、慎重选择、分散投资原则

分散投资是指在资金投入时不能过于集中,其目的主要是分散风险。

(一)分散投资的含义

1. 平衡布局的种类
不要将资金过于集中地投入到一种或少数几种股票,而是要注意选择不同行业和种类的股票进行搭配组合。要建立合理的股票组合,避免一招不慎,全军覆没,这也就是通常所说的"不要把鸡蛋都装在一个篮子里"。仅选择一种股票,一旦该公司经营不善甚至倒闭,就会血本无归。如果对多种股票或几家公司同时投资,即使其中一种或数种股票不能盈利,但其他股票有效益好的,绩优股票抵消绩差的,其投资收益起码能达到整体的平均水平。另外,在股票搭配上,也不能都集中在某一个行业。

2. 平衡布局的时间

不要将资金在一个时点上集中投入,而是将资金分批分期地投入。股票的价格具有波动性,应将其分期分批地投入股市,使资金的投入在时间上有一定的跨度,在价格选择上留有一些余地,避免在最高价位上一次投入,有效地防止整个股市暴跌的风险。因为股市的涨跌要受政治、宏观经济、国际形势等多方面的因素影响,难以确定和把握,特别是现行股市震荡起伏的频率和幅度很大,如果在某一点位上将全部资金倾囊抛出,就有可能招致全部资金套牢而难以自拔的危险局面。

(二)分散投资的意义

分散投资虽不能完全消除投资风险,但通过股票组合,可将不同类型的股票互相搭配,避免单个股票带来的风险。通过分期分批投入,可将高低价格予以平均,虽然失去了在最低价位一次性买入的机会,但却能避免资金在最高价位被全部套牢的风险。

坚持分散投资的原则,其实是在股票风险难以预测和把握这一前提下的一种无奈的选择。如果股民能把握和预测所购股票的风险,理所当然地应该将全部资金都押在一只股票上,在最低价位投入,在最高价位卖出,这样收益也能达到最大值。但遗憾的是,股票投资的风险是不可预测的。无论是预测大师,还是著名股评家,也不论采用什么方法,都不能准确地预测股价的涨跌。迄今为止,没有人能完全预测并把握股市的风险,只有极少数人在有限的几次机会中能碰巧在最低价买入、在最高价卖出。

二、保持清醒、自主的投资原则

在股票投资中,股民必须保持理智,克服自己的情绪冲动,避免受市场气氛和他人的干扰,切忌跟随他人追涨杀跌。

股市上挂牌的股票种类繁多,各公司的股票也有各自的特点,且受各方面因素的影响,股价也总是处在不断地变化中。一些投资者看到股票涨涨跌跌,也就心猿意马,今天炒这个概念,明天追那个板块,其投资目标总是跟着市场变化,毫无理智和原则。到头来,虽然操作经营的股票有一大堆,但买来抛去的手续费、税收支出难抵那有限的价差收入,也未必能保证低买高卖。

在股票投资中,大部分股民特别是散户都是赔钱的,因而股市上有"一赚、二平、七赔"一说。如果盲目跟风炒作,一味地模仿他人,自己最终也难以逃脱亏损的命运。所以股民在股票投资时,应保持三分净静、七分慎重,勤于独立思考,坚持自己的投资原则。对于该选择什么股票,以及在什么点位买进抛出,都要有所计划。而为了减少和排除传媒或其他股民对自己的影响,必要时可少听或不听股评、少去股票营业部。无论是传媒还是股民,往往是自己买了股票以后才向别人推荐,其真实目的是诱使其他投资者做接盘侠。所以,若听信他人建议,那么在操作中总是会慢一拍。股票投资只能是自己对自己的资金负责,其他人不会为你的盈亏承担任何责任。

三、投资性买入、投机性抛出原则

在股票投资中,把握买进卖出的机会是至关重要的,低价买、高价卖是永恒不变的真理,是股票投资中股民追求的最高境界。但遗憾的是,没有几个股民能经常性地做到这一点。若能做到在股票具有投资价值时买入,在高于投资价值时卖出,那么投资者在每一轮的涨跌中都将会小有收获。长此以往,必能聚沙成塔、积水成河,获得丰厚的投资回报。

所谓投资性买入,就是当股市具有投资价值以后才买进股票。此时并不一定就是股价的最低点,多少有些风险。但此时,投资者即使被套牢,坐等股息红利,也能和储蓄或其他的债券投资收益相当。所以,股民没有什么后顾之忧,也不会有太多心理压力。而现行股市真正进入投资价值区域的机会并不多,在投资价值区域内购买股票,即使被套,也不会被套太长时间。

所谓投机性卖出,是指待股价涨到偏离它的投资价值、市场的投机气氛较浓的时候再考虑卖出。此时的股价一般较高,回调的可能性较大。选择在此时卖出,价差较大,即使卖出的价格不是最高价,其成交价也会在顶部区域附近。

四、平均利润率获利原则

平均利润率获利原则是指在股票投资中的获利预期以社会平均利润率为基准,并依此制订相应的投资计划,来指导具体的股票操作。换言之,投资目标应适度,力戒贪婪。

具体地讲,假定现在一年期的定期存款利率和债券利率都在5%左右,可以认为各种投资的年平均利润率为5%。在股市投资上,股民就可以5%的收益率为收益目标,不贪大、不求多,每次交易的收益达到或接近5%就抛出了结,从而保持心理稳定,实现理性操作。

通过固定收益目标,股民可克服急躁的情绪和心理,避免盲目追涨杀跌,控制投资风险。而一旦5%的收益目标达到后,如果没有较好的机会,就暂不入市;即使将资金再存入银行,其一年的盈利也能高于将其单纯存入银行获得的储蓄利息。

五、剩余资金投资原则

投资股票的资金来源有自有资金,也有借入资金。但是,采取借入资金投资股票是不可取的。股票投资的资金必须是家庭较长时间闲置不用的剩余资金,或称自有资金。这是因为,股票投资是一种风险较大的经济活动,意味着赚钱和亏本的机会同时存在。如果把全部资金都投入股票,一旦发生亏损,就会危及家庭收支计划,从而给正常的生活带来极大的风险。一种妥善可靠的做法是把全部资金合理分配,留足家庭生活的必备资金,所剩余的有可能长时间闲置的资金,才能用来进行股票投资。投资者应该在估计全部资产和风险承受能力的基础上,再决定是否进行股票投资和用多少资金进行股票投资。

第二节　股票投资的计划操作方法

一、哈奇计划法

（一）含义

哈奇计划法（Harch plan method）又称 10％转换法、赚 10％法，属于趋势投资计划法，但仅适用于短期股价趋势。它是以发明人哈奇的名字命名的股票投资方法。

哈奇计划法的含义可归结为以下两点。

（1）涨则跟进，以赚差价；跌则撤出，以减免损失。在上涨行情中，任何一点买入都是正确的，除了最高点；在下跌行情中，任何一点卖出都是正确的，除了最低点。

（2）追涨杀跌只适用于变化幅度较大的趋势，而不适合于日常的振荡。哈奇计划法以 10％的变动幅度来滤除日常振荡，引导投资地位的改变。10％只是一个经验数值，它应当由市场实际及投资人选择的趋势的长短来调整。

（二）操作方法

哈奇本人在每个周末计算所购进的股票的平均数，月底时将各周的平均数相加，求出月平均数。如果本月的平均数较上月的最高点下降了 10％，则卖出全部股票，不再购回；到他出卖股票的平均数由最低点回升 10％时，再行买卖。该投资计划是以市场变动趋势的 10％作为投资变动的依据的。

哈奇实施这种方法不作卖空交易。在实行此计划的 53 年中，先后改变了 44 次地位，其所持股票的期限，最短的为 3 个月，最长的为 6 年。哈奇在 1882—1936 年的 54 年中，利用这个方法，将其资产由 10 万元提高到 1440 万美元。这个计划直到哈奇逝世后，才被伦敦金融新闻公布。

（三）优点

哈奇计划法的优点是判断简单，且注意了股价的长期运动趋势，可供投资者进行长线投资选用。采用这种方法的投资者还可根据股类的不同，改变转换的幅度，使这种具有机械性的投资方法更具有灵活性。

二、等级定量投资计划法

（一）含义

等级定量投资计划法又称尺度法，投资者投资前按照一个固定的方法进行股票与债券投资的组合，"低进高出"是它的操作要领。这种方法主要是利用股市短期内的波动来获利。

在采用公式投资计划时，投资者不必对股市行情走势作任何预测。只要股价水平处于不断波动中,投资者就必须机械地依据事先拟定好的计划进行股票买卖,而买卖股票的时机取决于股票市场的价格水平。

（二）操作方法

投资者在确定以某种股票作为买卖对象后,即可确定所选股票市场变动的某一等级作为买卖时机。当以后股价下降一个等级时,就买进预先确定的一个单位的股数;当股价上升一个等级时,就出售一个单位的股数。

（三）局限性

该投资方法不宜在股价持续上涨或股价持续下跌的行情中运用。如果股价在短时间内持续上涨,那么这种分段抛售的办法就会使投资者失去本可以获取的更大利润;反之,如果股价在较长时间内持续下跌,投资者要是按照事先确定的分级标准不断地购买,就可能在高价被"套牢",继而失去股票出手的机会。

三、逐期定额投资计划法

（一）具体做法

逐期定额投资计划法的做法是,先在内心确定股价变动的某一幅度为一个买卖单位(如认定股价上涨或下跌 5 元、19 元为一个等级),当股价升降达到这一等级时,就买进或者卖出一定数量的股票,这样就可以达到使平均买入价低于平均卖出价的目的。

（二）操作步骤

(1) 选择某种具有长期投资价值的股票,且这种股票的价格最好具有较大的波动性。

(2) 投资者可以选择长或者短的投资时间,但在这段时间中必须以相同的金额定期地购买股票——无论股价上涨还是下跌都必须持续地投资,这样可以使投资者的每股平均成本低于每股平均价格。

（三）评价

1. 优点

在这种方法中投资者只定期投资,而不必考虑投资时间的确定问题,它适用于一些股票市场的新手操作。

2. 缺点

这种方法很难使投资者获取巨额利润;不论投资者有无资金,都要求定期定量投资;如果股价持续下跌,则必然发生亏损。

四、固定金额组合操作法

（一）具体步骤

固定金额组合操作法的步骤如下。

（1）投资者分别购买股票和债券。

（2）把投资于股票的资金确定在某个固定的金额上，并不断地维持这个金额。

（3）在固定投资金额的基础上确定一个百分比，当股价上升使所购买的股票市值超过该百分比时，就出售股票的增值部分，来购买债券；同时，确定另一个百分比，当股价下降使股票市值低于该百分比时，就出售债券来购买股票，以弥补不足的部分。

这期间，首先需要确定股票的恰当固定金额；其次需要确定适当的购买时间；最后需要确定适当的购买时机，避免在股价达到高峰时买进或者在股价达到低谷时卖出。

（二）评价

1. 优点

除了操作简单，该方法最大的优点是在经济繁荣和萧条时都可能盈利。因为，在正常情况下，股价的变动幅度高于债券价格的变动幅度。而固定金额计划以股票价格为操作目标，遵循"逢低进，逢高出"的原则，即当股价高时卖出股票，股价低时买进股票。在这样的不断循环中，投资者是可以获利的。从长期来看，随着经济周期的变动，在繁荣阶段，上市公司盈利增加、股价上升，同时银行利率也会上升，这就导致债券价格下跌。因此，卖出股票、买进债券，可以获得价格差额；反之，在经济萧条时，股价下跌，债券价格上升，使得买进股票、卖出债券也可以获利。

2. 缺点

如果购买的股票价格是持续上升的，当股票价格上升到一定阶段并达到预定的比例时，投资者出售股票来买进债券，那就减少了股票投资金额在总投资中的比例，从而降低了因股价上升而获取的收益。反之，如果股价持续下跌，投资者要不断地出售债券来购买股票，这也可能导致亏损扩大。所以，该方法不适合股价持续上升或者下降的股票。

五、固定比率计划组合法

固定比率计划组合法是公式投资计划法的一种，其原理也是通过投资组合的手段，减少整体股票投资的风险。

投资组合的构成可以简单地分为两部分：一部分是防御性构成，主要由价格相对稳定的债券组成；另一部分是进取性构成，主要由普通股构成。

各部分在投资总额中应占多大的规模，最终决定于投资者的目标。如果其目标是期望资本增值，其投资组合中进取性构成部分的比例可能占到70%左右；反之，如果投资者仅以维持眼前收益为目标，该比例则相反。由于上述比例是事先确定的，所以称之为固定比率投资法。

固定比率计划与固定金额计划的差别是，前者是股票投资额在总投资中的比例固定；后者是股票投资金额固定，进行调整时不考虑调整后股票投资与债券投资所占比例的分配问题。

六、变动比率计划组合法

变动比率计划组合法又叫常值变化定式计划，可分为以市值为基础的常值变化计划和以内值为基础的常值变化计划两种。其操作方法是,将投资对象分成两组,一组是富有进取性、成长性而颇有风险的股票,另一组则是具有防守性、安全性的债券。这里所谓的"变化",是指根据整个市场行情的变化,调整两组之间的投资比例。

这种方法更加灵活多变,不易掌握,其难点主要在于调整比率。采用这种方法时,一般是根据长时期的股价统计资料,计算其"中央价值",以求得一个"正常价值"作为调整比率的依据。

七、杠铃型计划组合法

杠铃型计划组合法因其以图形表示的形状如两头大、中间小的杠铃而得名,又称杠铃式到期期限法和杠铃投资战略。这种方法是投资者把资金集中投放于短期和长期证券上,相应减少对中期证券投资的一种保持证券头寸的方法。

投资长期证券的优点是收益回报率高,利率变化小,价格起伏不大,证券增值和资本损失小;缺点是投资缺乏流动性和灵活性,不能满足投资者临时变现的要求。投资于短期证券的优点是高度的灵活性和流动性,易于变现,缺点是回报率低。鉴于上述两方面的特征,杠铃型计划组合法集中资金把长短期证券组合在一起,在一定程度上克服了二者的缺点,发挥了二者的优点。

第三节　股票投资的灵活操作方法

一、渔翁撒网操作法

(一) 含义

渔翁撒网操作法指的是在股票投资的时候要像渔翁撒网一样,在同一个时期之内将资金投向多只股票,当哪只股票上涨到其相应的比率时就卖掉,从而在股价的涨落中获取盈利和降低风险。

渔翁撒网操作法是一种短期投资的组合策略。投资者买进在交易所挂牌且每天有交易的多数或所有股票,每种只买一个单位。如果资金力量不够,则可在每个行业选择一种股票,各买进一个单位;如果资金力量允许,也可对每种股票各买进几个单位。撒网法的投资者可以自己定个原则,把涨到一定程度的股票卖出,把跌到一定程度的股票买回来。

(二) 优缺点

1. 优点

渔翁撒网操作法既能获取股票投资的收益,又可分散投资以降低风险。当出现牛市时,会形成各种股票轮番上涨的局面。此时,投资者可以寻机抛出所持有的股票;当出现熊市时,由于投资者手中持有多样化的股票,其中有一些价格上涨的强势股票,这样可以使涨跌相抵而不至于亏损太多,还有可能获利。

2. 缺点

渔翁撒网操作法降低了股民投资股票的获利能力。虽然这种方法能够通过分散投资来降低风险,但是,按照"哪种股票价格上升,便卖哪种股票"的法则行事,可能就把手中的强势股票在涨势低微时卖出,丧失了本来可能获取高利润的机会。

投资者采用此法时,还要有不赚不卖的决心,要排除外界消息的影响,耐心等待。此外,还要注意,不要买进过分冷门的劣质股票——这种股票不好买进卖出,买进后就会长期握在手中,相当于冻结了部分资金,不适合"撒大网"的中小投资者。

二、反渔翁撒网操作法

(一)含义

为了弥补渔翁撒网操作法的缺陷,一些投资者设计了反渔翁撒网法。这种方法有选择地购进多种股票,哪种股票价格最先上升就追加买进,之后再择机卖掉价格下跌或长久不动的股票,来使投资组合中获得较多的强势股票,提高总体的获利水平。

(二)优缺点

1. 优点

在股市中有一个常识,大多数情况下强势股持续强势,弱势股持续弱势。所以,按照反渔翁撒网操作法来进行操作,可能会使投资者保留较多的强势股,从而保障了投资者的未来获利能力。

2. 缺点

反渔翁撒网操作法奉行的是"哪种股价下跌,就卖出哪种股票"的原则,所以特别容易降低已成交股票的盈利水准。

三、摊平操作法

(一)含义

摊平操作法是指投资者在买进股票后,由于股价下跌,使得手中的股票形成亏损状态,而当股价跌落一段时间后,投资者以低价再买进一些股票,以便匀低成本的操作方式。

摊平操作法的实质是降低平均成本,而股票的底部很难确定,所以这是一种扩大亏损的被动操作法。采用这种方法时,一般"低进高出",以正三角形方式往下买进筹码,以倒三角形方式出脱筹码。

(二)分类

摊平操作方法大体上可以分为以下三种。

1. 逐次平均买进摊平法

逐次平均买进摊平法是指将要投入股票的资金分成三部分,第一次买进全部资产的三分之一,第二次再买进三分之一,剩余的三分之一在最后一次买进。无论行情如何,这种方法都不会有太大的风险。

2. 加倍买进摊平法

加倍买进摊平法分为二段式和三段式两种。

(1) 二段式是将总投资资金分成三份,第一次买进三分之一;如果行情下跌,则利用另外的三分之二买进。

(2) 三段式是将总投资资金分成七份,第一次买进七分之一;如行情下跌,则第二次买进七分之二;如行情再下跌,则第三次买进七分之四。此法类似于"倒金字塔买进法",适用于中、大户的操作。

3. 加倍卖出摊平法

加倍卖出摊平法适用于出现浮动盈利的情况。它将资金分成三份:第一次卖出三分之一的;如发现市场状况逆转,行情确已下跌,则第二次卖出三分之二,即要多卖出一倍的股票。这种方法可以尽快摊平成本,增加获利机会。

(三) 评价

摊平操作法试图回避证券操作中最重要的判断能力,但这是回避不了的,投资者获利必须有较正确的判断做基础。俗话说,智者千虑,必有一失。任何精明的投资人,都不可避免地会做出错误的决策,如买进的时机不对,或者买进价格较高等。因此,有经验的股票投资者都会摒弃赌徒心理,讲究逐步操作,即任何买卖进出都不用尽全部财力,以便下档摊平或上档加码。上档加码是指买进股票之后,股价上升了,再加码买进一些,以使持股数量增多,扩大获利的比率。

四、博傻操作法

有的投资者把股票投资当成是"博傻游戏",即投资者自扮傻瓜,在行情上涨之后继续买入,在行情下跌之后继续卖出,和追涨杀跌有相同之处,是进行短期股票投资的策略之一。博傻操作法完全是一种投机性交易行为。

(一) 含义

博傻操作法是指投资者在高价时大胆买进,在低价时又将持股卖出,是一种典型的"击鼓传花"式投机技巧。投资者期待上涨的股票能进一步上涨,让自己能够抛出。如果猜准了,自然就"博傻"成功。但如果猜错了,没有一个投资者比自己更傻,股票传到自己手里再也传不出去了,这样就会面临巨大的损失。

博傻操作法是大户操纵股市的惯用伎俩。即使价位已高,但大户仍大胆地收进,这就导致成交量日增,价位日益上涨,许多投资者纷纷跟进购买。这时,大户便可以在高价位时不露声色地卖出获利。有些利用博傻操作法的普通投资者因为没有察觉大户操纵,在股票价格日益上涨时仍然高位买进,却不知这时的大户已悄悄出手。于是,这些投资者便可能成为最后一个"傻子",所购的股票被高位套牢。

(二) 操作方法

博傻操作法的指导思想是,不怕自己是"傻子"而买了高价货,只要别人比自己更"傻",

愿意以更高的价格进货,自己就可以通过将股票卖给别人而赚钱。博傻操作法只适宜在股市行情处于上升阶段时采用,由于这种策略是在高价位投入,故被形象地称作一种"傻瓜赢傻瓜"的办法,其具体做法是在较高价位上买入股票后,等行情继续上涨到有利可图时迅速卖出。

(三)评价

"博傻"投资法是一种风险很大的投资方法。一旦判断失误,自己在市价高峰时购入股票,无法再以更高的价格售出,股票被高价套牢,自然只能赔钱割肉;如果售出股票时股价正好处于低谷,就再也没有更低的价格可以买回来了。因此,心理承受能力较弱和收入不够宽裕的投资者不宜采用此种投资法。

五、拨档操作法

拨档操作法是多头降低成本、保持实力的操作方式之一,是一般短线操作的常用手法。

(一)含义

拨档操作法又称"回补投资法""滑坡刹车法""拨档子",是指股票投资者在股价较高时卖出所持股票,等股价下降之后再予以补回的投资方法。

投资者采取拨档子策略,并非都是看坏后市,也不是为了获利了结,其多数只是希望进行高卖低买,以赚回一段差价。在这种方法中,卖出与买回之间的相隔时间不会太久,短则相隔一天即可回补,长则一两个月。这种方法是投资者用以降低投资成本的操作策略。

股票投资大户也常运用"拨档子"方式对股价的涨跌进行技术性调节。但这种投资方式是以正确预测为前提条件的。如预测错误,股票卖出后股价反而一路上升,则投资者将增加投资成本、减少获利甚至亏损。

(二)操作方法

"拨档子"一般有以下两种操作方法。

1. 上升期间拨档子

上升期间拨档子是多头在推动股价行情上升时,见价位已上涨不少,或者股价上涨遇到了沉重的阻力区,就自行卖出、多翻空,使股价回跌,化解上升阻力,推动股价行情再度上升,以获取价差收益。

2. 滑降期间拨档子

滑降期间拨档子是投资者预期股价行情下跌,局势无法挽回,于是趁价位高时卖出,多翻空;等股价继续跌落后再买回,反攻空头。这样,不仅能减少和避免套牢损失,有时还能反亏为盈,反败为胜。

前者是多头推动行情上升之际,见价位已上升不少,或者遇到沉重的压力区,干脆自行卖出,希望股价回落,以化解上升阻力,待行情方便时再度冲刺;后者则为套牢多头,或多头自知实力弱于卖方,于是在股价尚未跌低之前,先行卖出,等价位跌落后再买回。

六、顺势操作法

一般情况下,许多股票的价格都呈现某种趋势性变动;而上升趋势或下降趋势一旦出现,便可维持相当长的时间。投资者如果确认股票价格已形成某种趋势,就要继续保持自己的地位,直至出现某种迹象表明趋势已经改变时再改变其地位。而如果逆势操作,即使资金雄厚,也会得不偿失,甚至遭受重大损失。"不做死多头,不做死空头,要做老滑头",这是对顺势而为的生动描述。

(一)含义

顺势操作法是指投资者的操作与大市节奏保持一致,当股市上涨时就顺势买进,当股市下跌时便顺势卖出,且操作持续时间与股票涨或跌的时间长度大致吻合。

一般来说,顺势操作法关心的是市场的基本趋势或长期趋势,而不是利用短期的股价波动来获利。

(二)实施注意事项

采用顺势操作法必须确保两个前提:一是涨跌趋势必须明确;二是必须能够及早确认趋势。具体来说,有如下五个注意事项。

(1)中长期趋势比较容易预测,趋势越短,越难预测。因此,投资者应多注意股价波动的长期和中期趋势,而不应过分注意短期趋势。

(2)如果是进行长期投资,可在长期上升趋势的底部和中部选择买入,在股价上涨到顶部时即可择机抛出以获利。只要对长期趋势预测正确,不论股价在达到高段前有多少中期性回落,都应坚定股价会反弹的信心,等待理想的卖出时机与价位。

(3)如果是进行中期投资,则当于股价在中期波动的底部时考虑买进。因为股价中期波动的上涨距离一般较短,如果在股价上涨了一段时间后才买入,很可能会碰到股价反转的情况。

(4)利用股价长期下跌趋势中的中期波动进行买卖操作,即:在中期波动的底部买进,高位卖出,从而获利。

(5)如果是进行短期投资,因难以预测短期趋势,就应该争取在中期上升趋势中进行短期的买卖操作。这样,即使出现预测失误,也还可以持有一段时间,等待股价的反弹回升,将短期投资中期化,从而减少损失甚至获利。

七、跟庄操作法

(一)含义

跟庄操作法是指跟踪庄家动向进行操作的方法。庄家是指持有巨额资金,掌握着某种股票较多的流通筹码,在一定时期内对该种股票进行集中操作,以从中牟取利润的机构投资者或大户。

（二）庄家分类

根据坐庄时间的长短，可将庄家分为短线庄家、中线庄家和长线庄家三类。

（三）操作特点

1. 短线庄家操作的特点

短线庄家的坐庄时间最短，从吸货到派发一般不超过一个月。其操作特点如下。

（1）收集筹码少，通常是占流通盘的5％～10％；收集期特别短，吸货行动十分隐蔽，不易被发现。

（2）涨幅有限，一般为10％～20％。

（3）借助于朦胧利好进货，待利好明朗、众人追涨时，便出货。

（4）快进快出、获利即退、落袋为安。短线庄家的预期利润一般只有10％～15％。

2. 中线庄家操作的特点

中线庄家进行收集、拉高、派发操作的全过程起码在两个月以上，最长可达半年。其操作特点如下。

（1）收集的筹码可达到流通盘的30％～50％，收集时间较长。

（2）涨幅可观，一般在50％以上。中线庄家的拆借资金比重较大，成本较高，必须确保有相当数量的盈利。

（3）派发时间较长，多采用高位震荡方式完成。

3. 长线庄家操作特点

长线庄家的坐庄时间通常在一年以上。其操作特点如下。

（1）在大盘跌至底部时，埋头苦干，吃进筹码；大势好转后，则进入拉升。当大盘人气高涨、指数进入高位时，再悄然撤退。

（2）重视基本面分析，一般选择成长性好、具备长期投资价值的股票。

（3）收集筹码的比例相当大。由于建仓时总是在低位，而出货时已有很大的涨幅，故无论进货、出货时均不太计较价位。

（4）盈利目标很高，所坐庄股票通常可有成倍地涨升，且往往能走出独立行情，呈现出台阶式上升趋势。

（四）庄家操作手法

庄家的操作通常要经历五个阶段，即调研策划、吸货、洗盘、拉升和派发。这五个步骤很多时候是以复合的形式出现的。例如，吸筹与洗盘同时进行，拉升与洗盘同时进行，拉升与出货同时进行，等等。

1. 调研策划

庄家坐庄的第一步必须从调研策划开始，其主要内容如下。

（1）对当前的周边环境、经济形势、政策导向等进行分析。

（2）筹措资金。资金的来源对于庄家坐庄时间的长短、坐庄的方式等都会产生重大影响。

（3）精心选择炒作对象。庄家通常依据目标公司的经营业绩、行业地位、发展潜力、综合实力、股本结构、流通股本、历史股性、有无旧庄、潜在题材等各个方面,对目标公司进行全面评估。

（4）根据大盘情况确定入市时机。

2. 吸货

庄家坐庄的第二步是吸货,即收集筹码的过程。坐庄必须吸货,只有掌握了足够的筹码,仓位达到了一定比例（通常为 10%～30%）,才能有货用来砸盘、震仓,才能操纵股价。庄家吸货的手法主要有以下几种。

（1）大幅度打压吸货。庄家借助某些利空消息或其他不利因素,先打穿某一重要的技术支撑位,形成股价破位下行的态势,动摇持股者的信心,引起恐慌性抛盘,然后再低位顺势吸纳。

（2）低位横盘吸货。在市场人气低迷,股价长期在低位徘徊,投资者对其价格走势丧失信心,持股心态不稳的时候,庄家耐心俟机吸货。

（3）拉高吸货。庄家大幅度地拉高股价,引出大批获利或解套筹码,从而实现快速建仓。这种方法一般是在大市反转、即将有利好消息出现,庄家不得不快速介入时采用。

3. 洗盘

庄家坐庄的第三步是洗盘,这是中长线庄家在将股价由底部拉升一段后进行的中间整理活动。

洗盘的主要目的有三个,一是清洗出获利筹码,抬高散户成本,以减轻日后拉抬时的压力;二是赚取阶段性差价,以降低成本,并为进一步的拉升准备资金,同时继续逢低吸货;三是将不坚定的跟庄者清理出局,并通过与反复拉升结合运用,培植坚定的跟庄者,为将来顺利派发预埋伏笔。

常用的洗盘手法包括震荡式、拨档式、大幅跳水式、平台整理式、边拉边洗式等。

对于中长线庄家来说,洗盘往往要进行多次;短线庄家有时可能不洗盘。在洗盘过程中,股价或是横盘滞涨,或是反身向下,常给人以庄家派发的错觉。因而,洗盘是一种空头陷阱,也是庄家刻意折磨跟庄者的阶段。

4. 拉升

庄家完成洗盘任务后,会迅速进入第四步拉升阶段。拉升的初期,成交量温和放大,股价依托 5 日、10 日均线缓慢攀升,均线系统向上发散,成多头排列。在这一阶段,阳线多、阴线少。随着股价的进一步上扬,日上涨幅度也越来越大,上升角度也越来越陡,换手率也越来越高,成交量也放出天量。当个股交易过热时,拉升阶段也即将结束。拉升成功与否,直接关系到庄家能否获利以及获利水平的高低,这是非常重要的阶段。

庄家拉升主要有高举高打式、平台推进式和慢牛盘上式等手法。有短期利好消息,且庄家实力又较强时,常采用第一种手法;业绩优良、有长期利好题材,且庄家坐庄时间较长者,多采用后两种手法。

5. 派发

庄家坐庄的第五步是派发,也称出货。庄家出货的方式有很多,常见的方式包括震荡出货、跳水出货、拉高出货等。出货顺利与否,对庄家来说是生死攸关。庄家此前的炒作再成功,纸面上的盈利再大,如果不能出货兑现,也是毫无意义的。

课 后 练 习

一、名词解释

哈奇趋势投资计划法、等级定量投资计划法、逐期定额投资计划法、固定金额组合操作法、固定比率组合投资法、变动比例组合投资法、杠铃型计划组合法、渔翁撒网操作法、反渔翁撒网操作法、摊平操作法、博傻操作法、拨档操作法、顺势操作法、跟庄操作法。

二、简答题

1. 你认为股票投资应遵循什么原则？
2. 你认为哪一种计划操作法适合你？为什么？
3. 你认为哪一种灵活操作法最有价值？为什么？

课后拓展一：股票投资八项注意

一、注意波段操作，追求利润更大化

掌握一种得心应手的指标，紧盯手中个股，在其出现相对阶段头部的时候卖出，等待回落到相对底部时再买回来，有经验和有条件的投资者甚至可以每日做部分 T＋0 操作。如果运用得当，在同一时间段内，在同一股票上，可以比一直持股不动多获得30％以上的收益。

二、注意热点转换，学会见风使舵

每一波大的行情的启动，都是先由局部热点带动起来的。善于观察，注意思考，跟上热点，捉住领头羊，就会获得更大的收益。每当行情进入亢奋阶段，必定是其他热点开始轮换、各领风骚的时候。此时，应适时换股，踏准节奏，才能争取到最大的收益。

三、注意突发事件，学会当机立断

在行情运行过程中，如果遇到突发事件，一定要审时度势，当机立断。此时稍有犹豫，就会错过时机。突发事件的出现无非是两个方面：一方面是利空，足以影响大盘趋势的利空出现之后（如突发的地质自然灾害等），要争取在第一时间离场。如果不能在第一时间离场，也要在事件出现之后的反弹时，坚决离场。另一方面是突然有利好出现，这时可以及时入，力争从中分杯羹。

四、注意持股信息，做到先人一步

要对自己持股的公司信息保持密切关注。一旦出现足以影响其股价走势的消息，立即

根据消息内容,及时做出抉择。

五、注意突然放量,做到落袋为安

手中持有的股票在行进到一定的上升阶段之后,突然放出巨量,当日换手率达到20％以上。大多数情况下,这是主力出货离场,散户也应该及时离场观望。出现这种情况之后,股价有时还会有一定的涨幅。即使这样,也没必要冒险非要吃到这最后一块利润。股市里永远不缺少机会,落袋为安,保存胜利果实,这才是上策。

六、注意高开低走,时刻准备离场

持有的股票在连续的上升途中,突然有一天大幅高开(一般在5％以上),继而不断有大的抛单涌出;并且,在开盘后的1小时内,几次上冲不能突破高开的价格。此时,应该高度警惕,这极有可能是主力在高开出货。如果此时你不能及时离场,该股收盘时出现实体阴线或是中阴线,次日再一低开,就会有8％左右的利润化为乌有。

七、注意好日子的莅临,清仓过节

大多数股民都有一个节日情结,热切期盼股市能在好日子里走出一番波澜壮阔的节日行情,让股市和喜庆的节日一样,红红火火。可是,股市的运行有着自己的规律,与国家的大方针和经济发展状况相关,但不会与是否是喜庆的日子相关。遇到好日子来临的时候,不但不要盲目憧憬股市的节日行情,反而应该审时度势,结合有关技术指标给予的提示,提前清仓离场,给自己的身心放个假,以轻松愉悦的心情过节,这似乎才是上策。

八、注意跳空缺口,适时回避补缺

正在上升通道运行的股票,忽然有一天出现向上的跳空缺口,幅度在5％左右。这时,投资者们应该加以关注,这往往是机构抢盘所致。此后必有一个再次回补缺口、彻底洗盘的动作,约在三到五天完成。有经验的投资者是不会忽视这个20％左右的跳空缺回补的过程。这个过程一般是当日跳空高走,次日顺势冲高震荡,以后逐渐回落,直至完全补缺。投资者应该在其冲高过程中适时减仓,尔后在缺口附近捡回,以求利润的最大化。倘若对其不予理睬,就会成为股市过山车上的乘客,只能得到一时的纸上富贵。

资料来源:http://www.chinadaily.com.cn/hqcj/2009-12/03/content_9111855.htm.

课后拓展二:股票投资八大策略

一、大型股票投资策略

大型股票是指股本在12亿元以上的大公司所发行的股票。这种股票的特性是,其盈余收入大多呈稳步而缓慢的增长趋势。由于炒作这类股票需要较为雄厚的资金,因此,投资者一般都不轻易介入这类股票的炒买炒卖。

投资者可以在不景气的低价圈里买进股票,而在业绩明显好转、股价大幅升高时予以卖出。同时,由于炒作该种股票所需的资金庞大,故较少有主力大户介入拉升,因此,可选择在经济景气时期入市投资。大型股票在过去的最高价位和最低价位上,具有较强支撑阻力作用。因此,其过去的高价价位是投资者现实投资的重要参考依据。

二、中小型股票投资策略

中小型股票炒作的资金较之大型股票要少,较易吸引主力大户介入,因股价的涨跌幅度较大,其受利多或利空消息影响股价涨跌的程度,也较大型股票敏感得多。所以,中小型股票经常成为多头或空头主力大户之间互打消息战的争执目标。

投资者耐心等待股价走出低谷,开始转为上涨趋势,且环境可望好转时予以买进;其卖出时机可根据环境因素和业绩情况,在过去的高价圈附近获利了结。一般中小型股票在1～2年内,大多有几次涨跌循环出现。

三、成长股投资策略

成长股是指迅速发展中的企业所发行的具有报酬成长率的股票。成长率越大,股价上场的可能性就越大。

1. 准确地选择出适合投资的成长股

成长股的选择,一是要注意选择属于成长型的行业。二是要选择资本额较小的股票,资本额较小的公司,其成长的期望也就较大。因为较大的公司要维持一个迅速扩张的速度将是越来越困难的,一个资本额由5 000万元变为1亿元的企业就要比一个由5亿元变为10亿元的企业容易得多。三是要注意选择过去一两年成长率较高的股票,成长股的盈利增长速度要大大快于大多数其他股票,一般为其他股票的1.5倍以上。

2. 要恰当地确定好买卖时机

由于成长股的价格往往会因公司的经营状况变化发生涨落,其幅度较之其他股票更大。在熊市阶段,成长股的价格跌幅较大。因此,可采取在经济衰退、股价跌幅较大时购进成长股,而在经济繁荣、股价预示快达到顶点时予以卖出。而在牛市阶段,应在牛市的第一阶段投资于热门股票,在中期阶段购买较小的成长股,而当股市狂热蔓延时,则应不失时机地卖掉持有的股票。由于成长股在熊市时跌幅较大,而在牛市时股价较高,所以成长股的投资一般较适合积极的投资者。

四、投机股买卖策略

投机股是指那些易被投机者操纵而使价格暴涨暴跌的股票。投机股通常是内地的投机者进行买卖的主要对象。由于这种股票易涨易跌,投机者可以通过经营和操纵这种股票在短时间内赚取相当可观的利润。

1. 选择公司资本额较少的股票作为进攻的目标

对于资本额较少的股票,一旦投下巨资,就容易造成价格的大幅变动。投资者可能通过股价的这种大幅波动,来获取买卖差价。

2. 选择优缺点同时并存的股票

对于优缺点同时并存的股票,当其优点被大肆渲染,容易使股票暴涨;而当其弱点被广为传播时,又极易使股价暴跌。

3. 选择新上市或新技术公司发行的股票

这类股票常被人寄予厚望,容易导致买卖双方加以操纵而使股价出现大的波动。

4. 选择那些改组和重建的公司的股票

当业绩不振的公司进行重建时,容易使投机者介入股市来操纵该公司,从而使股价出现大的变动。

需要特别指出的是,投机股极易被投机者操纵而人为地引起股价的暴涨与暴跌。因此,一般的投资者需采取审慎的态度,不要轻易介入;若盲目跟风,极易被高价套牢,而成为大额投机者的牺牲品。

五、蓝筹股投资策略

蓝筹股的特点是,投资报酬率相对优厚稳定,股价波幅变动不大;当多头市场来临时,蓝筹股不会首当其冲地使股价上涨,而是在其他股票已经连续上涨一截,才会缓慢攀升;而当空头市场到来,投机股率先崩溃、其他股票大幅滑落时,蓝筹股往往仍能坚守阵地,不至于在原先的价位上过分滑降。

一旦在较适合的价位上购进蓝筹股后,不宜再频繁出入股市,而应将其作为中长期投资的较好对象。虽然持有蓝筹股在短期内可能在股票差价上获利不丰,但以这类股票作为投资目标,不论市况如何,都无须为股市涨落提心吊胆。而且,一旦机遇来临,能收益甚丰。长期投资这类股票,即使不考虑股价变化,单就分红,往往也能获得可观的收益。对于缺乏股票投资手段且愿作长线投资的投资者来讲,投资蓝筹股不失为一种理想的选择。

六、循环股买卖策略

循环股是指股价涨跌幅度很明显,且一直在某一范围内徘徊的股票。由于循环股的价格是经常固定在一定范围内涨跌。因此,对应的买卖策略是趁跌价时买进,涨价时卖出。实施此项策略的关键是有效地发现循环股。寻找循环股的一般方法是从公司的营业报表中,或者根据公司有关的资信了解近年来的股价涨跌幅度,进而编制出一份循环股一览表。循环股一览表能反映出股价的涨跌幅度和范围,投资者据此可确定循环股的买点和卖点。

采取循环股买卖策略时,应避开以下三种股票。

1. 股价变动幅度较小的股票

因为波幅较小的股票,纵然能在最低价买进和最高价卖出,但扣除股票交易的税费后,所剩无几,因而不是理想的投资对象。

2. 股价循环间隔时间太长的股票

间隔时间越长,资金占用的成本越大,宜把股价循环的时间限在一年以内。

3. 成交量小的股票

成交量小的股票常会碰到买不到或卖不出的情形,所以也应尽量避免。

七、业绩激变股的投资策略

业绩激变股是受景气或其他因素的影响,公司经营业绩呈现不规则性极端变动的股票。业绩激变股的股价,大多与公司经营业绩的好坏呈正方向变动趋势——业绩看好,股价涨升,业绩转劣股价跌落。一般来讲,这类股票的价格涨跌幅度较大,而其涨势与跌势的时间也比其他类股票为长。

1. 待其涨势明显后赶紧买进

有时也可抓住时机,抢其短线,以增加利润。

2. 在跌势明朗时,应将所持股票尽快抛出,甚至可融券放空

采取业绩激变股的投资策略,要求投资者密切注视公司经营业绩变化。如果能抢在公司业绩变动之前进行此类股票的买卖,则投资效果更为理想。

八、偏高做手股的投资策略

偏高做手股是指由于人为炒作而使股价明显偏高的股票。

这类股票涨升状况有时脱离常理,股价习性也较难以捉摸。有时在公司处于亏损状态时,因某项未来利多情况在背后支撑;或是多空之间,已演成轧空的做手战,也导致股价明显偏高;甚至在股价已明显偏高的情况下,仍有有心人在不断做手买进,使股价继续一路上扬。一旦做手者停止操作,股价就出现大幅下跌。

除了熟悉内幕的经验行家之外,最好不要受股价暴涨的诱惑而轻易介入买卖;在其股价盘整之后的涨升之初,可以小额资金短线抢进;若遇主力撤离股市、使该股转为跌势之时,则要迅速忍痛卖出所持股票,千万不可期望反弹再卖,以免被高价套牢,从而蒙受更大的损失。

资料来源:https://www.163.com/dy/article/FA621CJV0519CCGA.html.

参 考 文 献

[1] 邢天才,王玉霞. 证券投资学[M]. 5 版. 大连:东北财经大学出版社,2020.

[2] 金铁. 股票操作入门全攻略[M]. 北京:中国宇航出版社,2020.

[3] 王玉霞. 证券投资学[M]. 大连:东北财经大学出版社,2017.

[4] 赵涛,永良. 股票操作学[M]. 上海:立信会计出版社,2015.

[5] 吴晓求. 证券投资学[M]. 北京:中国人民大学出版社,2014.

[6] 张玉明. 证券投资学[M]. 上海:上海财经大学出版社,2013.

[7] 梁红霞. 股票投资原理与实务[M]. 北京:清华大学出版社,2009.

[8] 霍雯雯. 证券投资学[M]. 3 版. 北京:高等教育出版社,2008.

[9] https://www.econ.sdu.edu.cn/jrtzx/jrtzx.htm.